KANN MAN GOTT AUS DER NATUR ERKENNEN?

QUAESTIONES DISPUTATAE

Begründet von
KARL RAHNER UND HEINRICH SCHLIER

Herausgegeben von
HEINRICH FRIES UND RUDOLF SCHNACKENBURG

125

KANN MAN GOTT AUS DER NATUR ERKENNEN?

KANN MAN GOTT AUS DER NATUR ERKENNEN?

Evolution als Offenbarung

CARSTEN BRESCH
SIGURD MARTIN DAECKE
HERBERT GAHMIG
VIGGO MORTENSEN
HELMUT RIEDLINGER
GÜNTHER SCHIWY
BÉLA WEISSMAHR

HERAUSGEGEBEN VON
CARSTEN BRESCH, SIGURD MARTIN DAECKE,
HELMUT RIEDLINGER

HERDER
FREIBURG · BASEL · WIEN

SCHRIFTLEITUNG FÜR DIESEN BAND
SIGURD MARTIN DAECKE

CIP-Kurztitelaufnahme der Deutschen Bibliothek
Kann man Gott aus der Natur erkennen? / Carsten Bresch ...
Hrsg. von Carsten Bresch ... – Freiburg im Breisgau ; Basel ;
Wien : Herder, 1990
(Quaestiones disputatae ; 125)
ISBN 3-451-02125-0
NE: Bresch, Carsten [Hrsg.]; GT

Herstellung: Freiburger Graphische Betriebe 1990
ISBN 3-451-02125-0

Inhalt

Vorwort

Die Frage nach einer „neuen natürlichen Theologie", in der die „Evolution als Offenbarung" Gottes gesehen werden könnte, wird im vorliegenden Band in sehr unterschiedlicher, zum Teil sogar gegensätzlicher Weise beantwortet. Einig sind sich die Autoren jedoch darüber, daß es sich lohnt, über diese Fragen weiter nachzudenken, die zu den wichtigsten Problemen des Verhältnisses von Gott und Natur, von Theologie und Naturwissenschaft gehören. Dieses interdisziplinäre Gespräch zu ermöglichen und zu fördern ist das Interesse der Stiftung „Theologie und Natur".

Diese hatte im Frühjahr 1989 nach Goldegg (Salzburger Land) zu einem Symposium unter dem Titel „Evolution als Offenbarung" eingeladen. Die dort gehaltenen Vorträge werden hier in überarbeiteter Form vorgelegt zusammen mit dem Text einer Diskussion, welche Teilnehmer der Tagung sowie der Salzburger Biochemiker Günther Kreil im Landesstudio Salzburg des ORF-Fernsehens führten.

Das hier dokumentierte Symposium war der vorläufige Abschluß einer Reihe von interdisziplinären Tagungen zur Frage einer „neuen natürlichen Theologie", zu denen Naturwissenschaftler und Philosophen, katholische und evangelische Theologen auf Einladung von zwei Professoren der Universität Freiburg im Breisgau, die seit etwa einem Jahrzehnt dieses Problem diskutieren, zusammengekommen waren: des Genetikers Carsten Bresch und des katholischen Dogmatikers Helmut Riedlinger. Ihnen danke ich für den Impuls zu diesem Denkprozeß, dafür, daß sie mit dem riskanten interdisziplinären Dialog in zwei so verschiedenen Sprachen, der des Natur- und des Geisteswissenschaftlers, und mit dem noch schwierigeren Gespräch zwischen dem christlichen Theologen und dem religiösen Naturwissenschaftler begonnen haben. Ich danke ihnen für vielfältige, fruchtbare Anstöße und Anregungen, ohne die unsere gemeinsame Arbeit nicht zu diesem vorläufigen Ergebnis gekommen wäre. Vor allem danke ich aber auch Hans Martin Schmidt (Köln), der nicht nur die Tagung in Goldegg, sondern auch die dorthin führenden Gespräche der Vorjahre in jeder Hinsicht reich gefördert hat. Er kommt hier nicht selbst zu Wort, aber ihm und seinem Einsatz verdankt sich dieser Band.

Aachen, im Juli 1990 *Sigurd Martin Daecke*

Einführung: Kann man Gott aus der Natur erkennen?

Von Sigurd Martin Daecke

Kann man Gott aus der Natur erkennen? Diese Frage erscheint auf den ersten Blick nicht aktuell, nicht mehr unsere heutige Frage zu sein. Ein großer Teil der philosophischen und theologischen Tradition hat sie – wie Helmut Riedlingers Überblick in diesem Band zeigt – in mehr oder weniger differenzierter Weise mit „ja" beantwortet. Und die Diskussion über diese Frage schien bereits 1870 definitiv abgeschlossen worden zu sein, als einerseits das I. Vatikanische Konzil – diese Überlieferung verbindlich machend – konstatierte: „Gott, aller Dinge Grund und Ziel, kann mit dem natürlichen Licht der menschlichen Vernunft aus den geschaffenen Dingen mit Gewißheit erkannt werden" – und als andererseits etwa zur gleichen Zeit der methodische und weithin auch materiale Atheismus der beginnenden modernen Naturwissenschaft allein schon die Frage für illegitim erklärte, sofern nicht der weltanschauliche Atheismus vieler Naturwissenschaftler aus der Naturerkenntnis sogar die Nichtexistenz Gottes postulierte. Die Frage „Kann man Gott aus der Natur erkennen?" schien für beide Seiten also ein für allemal beantwortet zu sein, mit „Ja" oder aber mit „Nein".

Die evangelische Theologie hielt sich aus diesem Streit weitgehend heraus und stellte sich die Frage erst gar nicht. Sie fragte zwar nach Gott und nach dem Geist, nach dem Menschen und seinem Selbstbewußtsein, nach der Religion und ihrem Subjekt – aber nicht mehr nach der Natur als Hinweis auf Gott, wie sie es zuletzt in der Physikotheologie des 18. Jahrhunderts noch getan hatte. Die Frage nach der Erkenntnis Gottes konzentrierte sich im Protestantismus sowieso auf die Wortoffenbarung Gottes in der Heiligen Schrift, in Jesus Christus. Und auch im Gespräch mit der Philosophie stellte sich die Frage einer „natürlichen Gotteserkenntnis" nicht. Denn diejenige, auf die die liberale Theologie sich stützte, war ebenso spiritualistisch, personalistisch und subjektivistisch orientiert.

Im 20. Jahrhundert wurde die natürliche Theologie dann einerseits durch Karl Barth tabuisiert (s. u. S. 140f), andererseits durch

Rudolf Bultmann und Friedrich Gogarten eliminiert, indem Gott „unwelthaft“ und der Glaube „entweltlicht“ wurde und „der Mensch zwischen Gott und Welt“ (F. Gogarten) existierte: im Glauben diente er Gott, mit der Vernunft beherrschte er die Welt. Der Weg zu Gott und der Weg zur Natur führten gleichsam in entgegengesetzte Richtungen, und jede Synthese von Glauben und Wissen, von Gott und Natur, galt als illegitime „Weltanschauung“ und – im negativen Sinne – „religiöse“ Ideologie. Für Gogartens „Säkularisierungsthese“ bedeutete jede Verquickung von Gott und Natur eine Vergöttlichung der Natur und damit „Säkularismus“, während – so hieß es – der christliche Schöpfungsglaube die „Säkularität“, die bloße, pure Weltlichkeit der Natur entdeckt habe, einer Schöpfung, über der der Schöpfer thront und über die der Mensch herrscht.

Evangelische Naturwissenschaftler bis hin zu Carl Friedrich von Weizsäcker machten sich damals diese „Säkularisierungsthese“ gerne zu eigen und empfanden sie als befreiend – ließen sich doch der methodische Atheismus der neuzeitlichen Naturwissenschaft und ihr Selbstverständnis als wertneutral mit dem christlichen Gottes- und Schöpfungsglauben bequem harmonisieren, wenn auf beiden Seiten die Natur als rein weltlich verstanden und in ihr nichts Göttliches gefunden und erkannt wird. Kann man Gott aus der Natur erkennen? Naturwissenschaftler und evangelische Theologen, für die übereinstimmend die weltliche Natur Objekt kritischen Forschens und nicht ehrfürchtig staunenden Glaubens war, antworteten einmütig: nein!

Doch in dieser Trennung und Entgegensetzung von Gott und Natur sah Pierre Teilhard de Chardin nicht nur einen die Wirklichkeit spaltenden Dualismus, sondern auch eine das Bewußtsein des christlichen Naturwissenschaftlers und des die Natur bejahenden Christen spaltende „Schizophrenie“. Für ihn führen die Wege zu Gott und zur Natur nicht in entgegengesetzte Richtungen, sondern der Weg zu Gott führt eben durch die Erkenntnis und Gestaltung der Natur hindurch; Gott ist nur aus der Natur und durch sie hindurch zu erkennen: Durch „Erziehung der Augen“ möchte Teilhard „lehren, Gott überall zu sehen: ihn im Geheimsten, im Konsistentesten, im Endgültigsten der Welt zu sehen“. Gott erwartet uns *in* den Dingen und kommt uns in ihnen entgegen. „Kraft der Schöpfung und mehr noch der Inkarnation ist hier unten nichts profan für den, der zu sehen versteht ... Alles ist im Gegenteil geheiligt.“ Und genau im Gegensatz zum profanen Verständnis der Natur, nach dem sie undurchsichtig für Gott ist, betont Teilhard „nicht das Erscheinen, sondern das Durchscheinen Gottes im Universum ... Nicht Deine

Epiphanie, Jesus, sondern Deine Diaphanie“ [1]. Kann man Gott aus der Natur erkennen? Teilhard antwortet also eindeutig: ja! Und da er in seinem späteren Werk die Natur als in Evolution begriffene Wirklichkeit versteht, sieht er, mit der Formulierung Carsten Breschs, die „Evolution als Offenbarung“ Gottes – den er allerdings sehr persönlich mit „Jesus“ anredet, weil er ihn aus der Wortoffenbarung und durch die Inkarnation kennt.

Während der Arbeit an seinem Buch „Zwischenstufe Leben – Evolution ohne Ziel?“, das 1977 erschien, stieß Bresch auf Teilhards Schriften und fand dort – nach anfänglicher Ablehnung wegen dessen mystischer Sprache – vieles von dem ausgesprochen, was auch er in der Evolution erkannte, allerdings ohne dieses „Alpha“ und „Omega“ mit Gott dem Schöpfer und Vollender im spezifisch christlichen Sinne oder gar mit Christus zu identifizieren. Bresch fragte nun nach dem Wunderbaren und Staunenswerten, das die Evolution offenbart, und entdeckte die Nähe seiner Fragestellung zu dem, worüber die abendländische Philosophie und christliche Theologie bereits seit mehr als zwei Jahrtausenden nachgedacht hatte und was als „natürliche Theologie“ bezeichnet wurde. Anfang der achtziger Jahre fand der Freiburger Genetiker Bresch dann in seinem Kollegen an der dortigen katholisch-theologischen Fakultät, Helmut Riedlinger, einem profunden Kenner der überlieferten natürlichen Theologie, einen aufgeschlossenen Gesprächspartner. Neben interdisziplinären Seminaren, die Bresch und Riedlinger noch heute gemeinsam halten, fanden dann seit 1983 Kolloquien statt, an denen auch Philosophen, evangelische Theologen sowie – neben Bresch und Riedlinger – weitere Naturwissenschaftler und katholische Theologen teilnahmen. Zum vorerst letzten dieser Gespräche hatte die Stiftung „Theologie und Natur“ (Köln) im Frühjahr 1989 nach Goldegg (Salzburger Land) eingeladen. Die Vorträge dieses Symposiums sowie eine Fernseh-Diskussion mit dem Titel „Evolution als Offenbarung. Kann man Gott aus der Natur erkennen?“, die sich im ORF-Landesstudio Salzburg daran anschloß, werden in diesem Band dokumentiert.

Die Fragen blieben hier allerdings offen, die Antworten darauf kontrovers. Die Teilnehmer der Gespräche waren sich darin einig, daß sie die Frage nach einer „neuen natürlichen Theologie“, die diesmal nicht von Philosophen und Theologen, sondern von Naturwissenschaftlern gestellt wurde, für berechtigt und notwendig hal-

---

[1] *P. Teilhard de Chardin,* Das göttliche Milieu, Olten, Freiburg [7]1969, 21 f., 51 f., 156. Vgl. dazu *S. M. Daecke,* Teilhard de Chardin und die evangelische Theologie, Göttingen 1967, 328 ff.

ten. Sie sind unbefriedigt davon, daß die Christen unseres Jahrhunderts das „Buch der Natur", in dem früher auch die Theologen von Gottes wunderbaren Werken lasen, zugeklappt haben, während die Naturwissenschaftler das „Buch der Heiligen Schrift" als überholt und unverbindlich betrachten. Der Gesprächskreis, der in diesem Band zu Wort kommt, stimmt also zwar darin überein, daß die alte Frage nach einer „natürlichen Gotteserkenntnis" gerade in unserer Zeit, in der die Naturwissenschaft eine so entscheidende Rolle spielt wie nie zuvor, nicht mehr mit einem Tabu belegt oder zumindest vernachlässigt werden darf. Aber die Antworten auf die Fragen, ob und inwiefern man die Evolution als Offenbarung verstehen kann, wer oder was sich in der Evolution offenbart und welchen Gott man aus der Natur erkennen kann – diese Antworten lassen sich nicht so einfach auf einen gemeinsamen Nenner bringen. In der Fragestellung war man sich einig, aber die Antworten blieben differenziert.

Carsten Bresch steht mit seinem Impuls unter Naturwissenschaftlern nicht allein. Auch der englische Physiker Paul Davies meint, daß „die Naturwissenschaft einen sichereren Weg zu Gott als die Religion" bietet[2]. Und der Oxforder Zoologe Sir Alister Hardy betrachtet in seinem Buch „The Biology of God" Gott als „Faktor der Evolution"[3]. Der Physiker Erich Jantsch geht sogar noch weiter: Gott „*ist* die Evolution"[4]. Und für den Biochemiker Friedrich Cramer ist die Materie ein „Vehikel für Ideen" und damit ihreEvolution „ein Vehikel für das Göttliche"[5]. Wenn Gott also zur Evolution in Beziehung gesetzt oder sogar mit ihr identifiziert wird – wie es undifferenziert pantheistisch auch der in den USA einflußreiche Naturphilosoph Ralph W. Burhoe[6] und differenzierter A. N. Whiteheads Prozeßphilosophie und die ihr folgende Prozeßtheologie[7] tun –, dann könnte man in der Tat mit C. Bresch von der „Evolution als Offenbarung" sprechen und „Gott aus der Natur erkennen".

---

[2] *P. Davies,* Gott und die moderne Physik, München 1986, 15; vgl. u. 146f. 170f.

[3] *A. Hardy,* The Biology of God, New York 1976 (Der Mensch – das betende Tier, Stuttgart 1979), 27.186f.

[4] *E. Jantsch,* Die Selbstorganisation des Universums. Vom Urknall zum menschlichen Geist, München 1979, 411f.

[5] *F. Cramer,* Chaos und Ordnung. Die komplexe Struktur des Lebendigen, Stuttgart 1988, 238, 240.

[6] *R. W. Burhoe* in zahlreichen Aufsätzen der nordamerikanischen Zeitschrift Zygon, Journal of Religion & Science.

[7] *A. N. Whitehead* (Process and Reality (Corr.Ed.), New York 1978) und seine theologischen Schüler wie J. B. Cobb, D. Griffin und D. D. Williams verstehen Gott als „fließende Welt", als „schöpferischen Prozeß" und als Teilhaber eines dynamischen Welt-Prozesses.

In „den Anfängen der natürlichen Theologie“, von denen Helmut Riedlinger berichtet, wurde die Natur zwar als Offenbarung eines „Gottes“ oder eines „Göttlichen“, aber selbstverständlich noch nicht dynamisch als Evolution, sondern statisch als Kosmos, als Ordnung verstanden. Dennoch kann Riedlinger mit Recht von der „bleibenden Bedeutung“ auch dieser „Anfänge der natürlichen Theologie“ sprechen. An diese vorchristliche alte natürliche Theologie schließt die nachchristliche „neue“ natürliche Theologie – obwohl Carsten Bresch sie aufgrund seines *evolutionären* Naturverständnisses entwickelt – bruchloser an als die christlichen Ansätze zu einer natürlichen Theologie, die Riedlinger in seinem abschließenden Überblick darstellt. Die Diskontinuität im Naturbegriff (statische Ordnung oder dynamische Evolution) spielt eine geringere Rolle als die Kontinuität im Offenbarungsverständnis, die bei Bresch ebenso wie bei den vor- und außerchristlichen Philosophen eine „durch den Verstand erfahrene ..., direkte Offenbarung des Weltenschöpfers“ ist, „die nicht ... durch menschliche Sprache verzerrte Bilder liefert“, die Bresch als „beleidigende Vermenschlichung Gottes“ betrachtet (s. u. S. 23). Der Gott des christlichen Glaubens dagegen wird nicht nur als Schöpfer des Kosmos und der Natur, sondern auch als in Jesus Christus Menschgewordener erfahren, und zwar im Glauben, nicht nur durch den Verstand, und ferner in der Tat durch das Medium menschlicher Sprache, durch die Gott nach christlicher Auffassung aber nicht „verzerrt“, sondern verkündigt wird, weil diese Sprache „Wort Gottes“ werden kann.

Wenn in diesem Band also die natürliche Theologie heutiger Naturwissenschaftler direkt an die natürliche Theologie antiker Philosophen anschließt, so ist das ein Sprung nur im zeitlichen Sinne, über zwei Jahrtausende hinweg. Sachlich dagegen knüpft die vernünftige Frage nach dem „unerreichbaren Grund des Universums“ (Bresch, S. 85) unmittelbar an diejenige des Aristoteles nach dem „Ursprung“ und nach dem „Ersten der Seienden“ an (s. u. S. 39). Nur daß die „physis“, die „Gott“ offenbart, heute eben prozeßhaft als Evolution verstanden wird.

Daher müssen wir, um verstehen zu können, was „natürliche Theologie“, „natürliche Offenbarung“ und „natürliche Gotteserkenntnis“ meinen, wenn „Natur“ als „Evolution“ gesehen wird, uns zunächst einmal über diese Evolution berichten lassen. Das tun hier Herbert Gahmig als Chemiker und Carsten Bresch als Physiker und Biologe. Der eine Evolutionsprozeß wird von ihnen als kosmische, molekulare, organische, intellektuelle und soziale Evolution dargestellt. Auch wenn der Salzburger Gesprächspartner Günther Kreil in der Fernseh-Disputation gegen Bresch einwandte, die „Evolution eines Spiralnebels“ sei „etwas anderes als die Evolution der Lebewesen“, und beides habe nur den Namen „Evolution“ zufällig gemein, so ist es doch einleuchtend, wenn Bresch den Evolutionsprozeß „vom Kochen der ersten Atomkerne bis zur menschlichen Gesellschaft“ als zusammenhängende „Kette von stufenförmigen, hierarchischen, also aufeinander folgenden Integrationen, Zusammenschlüssen“ versteht (S. 160). Breschs „Alpha-Prinzip der Natur“ besagt nun, daß die „Alpha-Bedingungen“, die Anfangsbedingungen des Universums und die Naturgesetze, „zu Mustern immer höherer Komplexität“ führen (S. 85), zum Leben und zum Geist. Das ist extrem, „wahnsinnig unwahrscheinlich“, und so folgert Bresch, „daß die Evolution auf dem Drahtseil stattgefunden hat“. Durch dieses „ungeheure Wunder“, über das man nur staunen kann, „wird man religiös“ (S. 168). Wenn er „vor all diesen ungeheuren, faszinierenden Wundern“ der Evolution steht, sagt Bresch, ist das für ihn eine Begegnung mit „Alpha“, dem „unergründlichen Geheimnis“, das er aber „vom christlichen Gott abheben“ möchte, der sich ja nicht nur dem „Verstand“ in der Evolution offenbart hat, sondern – gerade für viele Naturwissenschaftler nicht nachvollziehbar – vor allem dem Glauben in der Christus-Offenbarung. Bresch aber sieht die einzige direkte Offenbarung des Schöpfers allein in der Evolution. Das steht nun in der Tat dem „Ursprung“ und „Ersten“ des Aristoteles näher als dem christlichen Glauben an den Schöpfer, der sich zugleich als Retter und Befreier, Erlöser und Vollender in Jesus Christus durch das Wort der biblischen Botschaft offenbart hat.

Breschs Ansatz berührt sich mit dem Denken Teilhard de Chardins, was die Verbindung von Gott und Evolution betrifft. Das zeigt Günther Schiwys Beitrag über Teilhard, „Der Gott der Evolution“. Doch auch die Differenz zwischen Teilhard und Bresch wird bereits in Schiwys Untertitel deutlich: „Der kosmische Christus im Werk von Teilhard de Chardin“. Denn Teilhards „Gott der Evolution“ – so der Titel einer Schrift von ihm – ist eben kein anderer als der „Christus Evolutor“, der „Christus-Universalis“, der „Super-Christus“, wie andere Aufsätze heißen, also der kosmische Christus, von dem Schiwys Untertitel spricht. Es geht Teilhard zentral um – mit wieder anderen Titeln – „Christologie und Evolution“, „Christentum und Evolution“, „das christliche Phänomen“ oder – so Teilhards spezifische Wortprägung – „das Christische“ (Le Christique). Teilhards Hauptproblem war nicht die übliche Frage, wie der Schöpfungsglaube mit der Evolutionstheorie zu verbinden sei (daß Gott in der Evolution und durch sie schöpferisch wirkt, war für ihn selbstverständlich), sondern wie das Werk Jesu Christi, Erlösung und Versöhnung, evolutionär verstanden werden können: der „Christus Redemptor“ eben als „Christus Evolutor“.

Das für Bresch so wichtige „Alpha“, das sich in der Evolution offenbare, spielt bei Teilhard kaum eine Rolle – ihm geht es vielmehr entscheidend um „Omega“, womit er zugleich den „Punkt Omega der Wissenschaft“ meint *und* den „Christus des *Glaubens*“. Teilhard versteht den kosmischen „Christus als Punkt Omega der Evolution“ (s.u. bei Schiwy S. 110). Für Teilhard ist die Evolution Offenbarung nicht eines unpersönlichen Alpha, sondern des in höchstem Maße personalen Omega, des Christus-Universalis, des Christus Evolutor, des kosmischen Christus, den Teilhard aus der Heiligen Schrift kennt und in der Evolution lediglich wiedererkennt (S. 112, vgl. 104f.).

Teilhards Werk ist gleichsam eine evolutionäre Hermeneutik: er will die Botschaft von Christi Werk der Erlösung und Vollendung übersetzen aus dem überholten Weltbild des statischen Kosmos in dasjenige der „Kosmogenese“. So „rettet“ nach Teilhard die Evolution Christus, und zugleich „rettet“ Christus die Evolution: der Christus Evolutor „trägt die Last einer Welt im Zustand der Evolution“[8]. Bei Teilhard ist die Evolution nicht die Offenbarung selber, sondern – nach Schiwy (S. 104) – eine „Stütze der Offenbarung“, während Inhalt der Offenbarung der Christus Evolutor ist.

Kann man Gott aus der Natur erkennen, ist die Evolution Offenbarung Gottes? Teilhard de Chardin geht den Weg in der umgekehrten Richtung, von Jesus Christus zur Evolution: „Um die von unserer Generation erwartete Synthese zwischen dem Glauben an Christus und dem Glauben an die Welt zu bewirken“, will Teilhard, wie er 1945 in „Christentum und Evolution“ schrieb, „in der Person Christi das kosmische Antlitz und die kosmische Funktion dogmatisch herausstellen, die ihn, organisch, als ersten Beweger und Lenker“ (also als „Alpha“) „der Evolution konstituieren“. „Der Christus-Universalis“ kann nur dann „auf dem Gipfel der Welt erscheinen“, wenn er sich „vorher ... durch Geburt“ in sie „hineinbegeben hat“. Teilhard betont, daß „Christus Omega aus seinem konkreten Keim, dem Mann aus Nazareth, ... für unsere Erfahrung all seine Konsistenz“ gewinnt[9].

In diesem Sinne schrieb ich bereits 1984: „Eine *Theologie der Natur* muß keine *natürliche Theologie* sein, sie muß sie nur einschlie-

---

[8] Vgl. *S. M. Daecke*, Putting an End to Selection and Completing Evolution: Jesus Christ in the Light of Evolution, in: *S. Andersen / A. Peacocke* (eds.), Evolution and Creation, Aarhus 1987, 153–161.

[9] *P. Teilhard de Chardin*, Mein Glaube, Olten 1972, 216f.

ßen, um nicht nur Gott, sondern auch die Natur erkennen zu können. Der genuin christliche Erkenntnisweg führt aber von der Wortoffenbarung zur Schöpfungsoffenbarung Gottes, von Jesus Christus zur Natur. Eine natürliche Theologie aufgrund der Evolution als Offenbarung führt nur zur Erkenntnis der Evolution als Schöpfung und Vollendung durch Gott. Eine Theologie der Natur aufgrund der Christus-Offenbarung erkennt in der Natur aber auch den in Christus ‚natürlich' gewordenen Gott, den Erlöser und Befreier, der nach Römer 8,21 auch die Natur aus ihrer Knechtschaft befreien wird"[10]. *Natürliche Theologie* kann also, auch nach Teilhard de Chardin, nur *Theologie der Natur* sein, das heißt eine Theologie, die den hier aus der Heilsgeschichte bekannten Jesus Christus als kosmischen Christus, etwa als „Omega", als „Lenker" und „Ziel" der Evolution, der Natur wiederentdeckt.

Dieses Begriffspaar greift in diesem Band Viggo Mortensen, z. Zt. Dekan der Theologischen Fakultät der Universität Aarhus, auf, fragt aber umgekehrt: „Theologie der Natur als natürliche Theologie?" Wie läßt sich eine wissenschaftliche natürliche Theologie „rekonstruieren", fragt er weiter, und im Sinne des bedeutenden Aarhuser Religionsphilosophen Knud E. Løgstrup sagt er: aufgrund einer erneuerten Metaphysik und Ontologie – also philosophisch und theologisch zugleich. Die Frage nach dem Verhältnis von Gott und Natur beantwortet Mortensen zunächst „narrativ", indem er das „kreationäre Epos", die Schöpfungs-Geschichte, als „evolutionäres Epos" erzählt, wobei die beiden „Epen" in einem spannungsvollen, aber auch komplementären Verhältnis zueinander stehen. Im Anschluß an Løgstrup steht Mortensen gar nicht so weit von Bresch entfernt, wenn er den Zugang zu einer evolutionär verstandenen Wirklichkeit in metaphysischen Betrachtungen findet, „die zu einer religiösen Deutung einladen ... Der Ausgangspunkt ist ein einfaches Wundern." Bei dieser „religiösen Ontologie" liegt „das Gewicht auf den Phänomenen der Natur ..., die diese transzendieren und die deshalb eine religiöse Deutung nahelegen. In diesem Lichte wird die Unterscheidung zwischen Gott und Natur eine andere" (V. Mortensen, s. u. S. 133).

Eine Theologie, die mit der Naturwissenschaft in „freundlicher", in „lebendiger Wechselwirkung" steht, also eine „Theologie der Natur", wird auch zur „natürlichen Theologie". Als Offenbarung könnte die Evolution bei Mortensen in dem Sinne verstanden wer-

[10] *S. M. Daecke*, Gott erkennen in der Natur. Die natürliche Theologie zwischen Glaube und Wissenschaft, in: EvKomm 1984, 184.

den, daß sie hier Gegenstand einer religiösen Ontologie und einer Metaphysik wird, die sie als transzendierend betrachten.

Damit steht der dänische Lutheraner Mortensen dem ungarisch-deutschen Katholiken Béla Weissmahr, wie auch er zugleich Theologe und Religionsphilosoph, gar nicht so fern. Auch nach Weissmahr bezeichnet die Natur eine „Tendenz zur Selbstüberbietung auf das seinsmäßig Höhere hin" (s.u.S. 101), weil die Evolution aufgrund einer inneren Dynamik auf das Hervorbringen von stets Vollkommenerem ausgerichtet ist. Andererseits setzt der evolutionäre Prozeß, der größere Freiheit und Selbständigkeit hervorbringt, eine die Freiheit in der Natur begründende und deshalb selbst freie unbedingte Wirklichkeit voraus, die Weissmahr „Gott" nennt. Die im Evolutionsprozeß sich manifestierende, sich offenbarende Freiheit kann nur gedacht werden, wenn ihr Ursprung die unbedingte Freiheit, „Gott", ist. Die Evolution setzt also Gott voraus und führt auf die „Selbstvervollkommnung der gesamten Natur" hin. Und damit schließt sich wieder der Kreis zu „Alpha" und „Omega", hin zu Bresch und Teilhard. Mortensen und Weissmahr verzichten als Religionsphilosophen hier jedoch auf Teilhards christologische Begründung und erleichtern damit das Gespräch mit den Naturwissenschaftlern und Naturphilosophen. Sie folgen in dieser bewußten Beschränkung auf evolutionäre Metaphysik und religiöse Ontologie nicht dem Schritt Teilhards vom „Omega der Wissenschaft" (oder der Metaphysik) hin zum „Omega des Glaubens", dem vom historischen Jesus nicht zu trennenden kosmischen Christus.

Verhindert diese „Grenzüberschreitung" von der naturwissenschaftlichen und ontologischen zur theologischen Argumentation, von der religiösen zur christlichen Sprache, vom Denken zum Glauben die „freundliche Wechselwirkung" (Mortensen im Anschluß an Grundtvig) zwischen Naturwissenschaft bzw. Naturphilosophie und Theologie? Ist das Gespräch beendet, wenn der Christ neben, ja vor der Evolution eine andere, eine Wortoffenbarung Gottes kennt und anerkennt, wenn er Gott nicht nur aus der Natur, sondern vor allem in Jesus Christus erkennt? Zerstört die christliche und vor allem protestantische Konzentration auf die worthafte Christus-Offenbarung (vgl. auch u. S. 138ff, 141ff) die „gemeinsame Plattform" (Mortensen), auf der auch dieses hier dokumentierte Gespräch zwischen Naturwissenschaftlern, Naturphilosophen, Religionsphilosophen und Theologen geführt worden ist?

Carsten Bresch befürchtet solches. Aber das ist doch wohl nur dann der Fall, wenn das versäumt wird, was Teilhard de Chardin vorbildlich und beispielhaft als erster unternommen hat: die Christus-Botschaft, das, was den christlichen Glauben konstituiert und für ihn spezifisch ist, zu übersetzen aus dem antiken statischen in das heutige evolutionäre Weltbild, von der dualistischen in die ganzheitliche Weltanschauung, die man mit Carl Friedrich von Weizsäkker einen spiritualistischen (im Gegensatz zum überholten materialistischen) Monismus nennen könnte. Mit einer solchen „evolutionären Hermeneutik“ wird Jesus Christus, wie bei Teilhard, aus der Transzendenz in die Immanenz, vom Himmel auf die Erde, in den natürlichen Werdeprozeß geholt. Aber da Teilhard seine Gedanken nur als „Anregungen und nicht als Behauptungen oder Lehren“ verstand und sagte: „Nehmen Sie von mir das, was Ihnen paßt, und bauen Sie Ihr eigenes Gebäude“, sind wir nicht auf Teilhards Modell der evolutionären Hermeneutik verpflichtet. Wichtig ist lediglich, daß – wie bei Teilhard – die kosmische und universale Dimension Christi erkannt wird, daß Gott nicht mehr als „Übernatürlicher“ und rein „Transzendenter“ hoch über der Schöpfung thront, sondern daß auch der Aspekt seiner Immanenz in der Natur theologisch berücksichtigt wird.

Man kann schöpfungstheologisch von der Immanenz des Schöpfers im Schöpfungsprozeß, man kann christologisch von der Immanenz des menschgewordenen Gottes, man kann sakramental von der Immanenz des in die Natur eingegangenen Gottes, man kann pneumatologisch von der Immanenz des Geistes in der Materie sprechen – das alles sind theologische Modelle zur Begründung der Gegenwart Gottes in der Natur. Und wenn Gott in der Natur präsent ist – ohne in ihr aufzugehen, das war das Interesse des panentheistischen Modells gegenüber dem pantheistischen –, dann müßte man ihn auch aus der Natur erkennen können.

Doch wenn man Gott in erster Linie nicht in seiner natürlichen, sondern in seiner geschichtlichen Offenbarung erkennt, die ihr Zentrum in Jesus Christus hat, – wenn man Gott zwar auch, aber nicht nur als im evolutionären Werdeprozeß Gegenwärtiger, als dessen Alpha und Omega, erfährt: ist das dann nicht doch wieder ein Rückfall in einen Dualismus, in eine Spaltung von Immanenz und Transzendenz, Natur und Übernatur, die gerade überwunden werden sollte? Nein, damit wird gerade im Gegenteil die Ganzheit der Wirklichkeit, die Einheit von Geist und Materie, von Geschichte und Natur zum Ausdruck gebracht. Wer die Natur von Gott trennt, für wen die Natur gottlos und Gott übernatürlich ist – und darin treffen sich ja Theismus und Atheismus, theologische und naturalistische Bestreitung der „natürlichen Theologie“ –, der trennt oder halbiert die Wirklichkeit, der reduziert ihre Fülle und Vielfalt auf Gott *oder* die Natur.

Wo dagegen Gott *und* die Natur, die Offenbarung *und* die Evolution als ein Ganzes gesehen werden, da ist es nicht so entscheidend, ob Gott in der Natur oder aber ob die Natur in Gott erkannt wird – wie es der Panentheismus ausdrückte und damit meinte, daß Gott größer, umfassender und universaler ist als die Natur. Vielmehr kommt es darauf an, daß Gott in seiner Beziehung zur Natur und daß die Natur in ihrer Beziehung zu Gott erkannt werden. Und darin besteht Übereinstimmung zwischen den Gesprächspartnern, die in diesem Band zu Wort gekommen sind – mit Ausnahme des Biochemikers Günther Kreil in der Fernseh-Diskussion, der in diesem Sinne einen reduktionistischen Standpunkt vertritt und in der Natur keine Hinweise auf Gott findet (worin er sich – die Extreme berühren einander – wiederum mit den Wort-Gottes-Theologen einig ist, die ebenfalls die Natur rein säkular verstehen).

Die anderen aber, die die Natur nicht von Gott und die Schöpfung nicht vom Schöpfer trennen wollen – weder theistisch noch atheistisch –, kommen auf ganz verschiedenen Wegen zu dieser gemeinsamen ganzheitlichen Schau: Carsten Bresch und Herbert Gahmig gehen von der Naturwissenschaft, Viggo Mortensen und Béla Weissmahr von Religions- und Naturphilosophie aus, während ich mich einerseits wiederum mit Mortensen in einer „Theologie der Natur" treffe, andererseits aber den christologischen Weg zu gehen versuche, den Günther Schiwy am Beispiel Teilhards dargestellt hat und der zugleich der Weg der christlich-theologischen Überlieferung ist, über die Helmut Riedlinger den komprimierten Überblick gegeben hat. Die Unterschiede, ja Gegensätze zwischen diesen Zugängen zu einem ganzheitlichen Verständnis von Gott und Natur, also zu dem, was die von Riedlinger dargestellte Tradition „natürliche Theologie" nannte, bleiben bestehen, und sie werden durch die verschiedenen formalen und stilistischen Mittel noch betont. Ist die Evolution Offenbarung eines unpersönlichen „Alpha" oder eines personalen kosmischen, universalen Christus, den wir auch in seinem Wort hören und zu dem wir in unserem Gebet reden können? Und kann man aus der Natur ein „unergründliches Geheimnis" erkennen oder den auch in der Heiligen Schrift geschichtlich bezeugten Schöpfer und Vollender der Welt? Muß man ihn schon aus Geschichte und Wort kennen, um das in der Natur erfahrene Wunderbare wiedererkennen und als „Gott" identifizieren zu können, oder ist die Evolution allein die direktere und sicherere Offenbarungsquelle?

Auf diese Fragen gab es gegensätzliche Antworten. Aber gegenüber allen theistischen wie atheistischen Ansätzen, die Natur nur weltlich zu verstehen, die auch heute noch vorherrschend sind, waren wir Gesprächspartner uns einig in der Frage nach Gott (wie wir ihn auch immer verstehen) *in* einer Natur, die in ihrer Deutung als Evolution Offenbarung von Staunenswertem und Wunderbarem ist. Darin meinen einige von uns den biblischen Lobpreis Gottes des Schöpfers wiederzuerkennen – ein Bekenntnis, das aber übersetzt werden muß in die Sprache unserer naturwissenschaftlich geprägten Zeit –, während andere in der Evolution eine Offenbarung sehen und allein in der Natur Gott erkennen können.

Aber wenn die Theologen die Gegenwart Gottes in der Natur sowie seine Erkennbarkeit aus ihr und durch sie so begründen, daß sie auf den christlichen Glauben an die Schöpfung Gottes, an seine Inkarnation (die als „Fleischwerdung" auch Natur-, nicht nur Menschwerdung ist) und an seine Präsenz im Geist hinweisen – so wollen sie diese Glaubensvorstellungen ihren naturwissenschaftlichen und philosophischen Gesprächspartnern nicht aufdrängen. Vielmehr wollen sie lediglich sich selbst und untereinander Rechenschaft darüber ablegen, warum auch der Christ – trotz einer übermächtigen theistischen Tradition – gleichfalls von einer Immanenz Gottes in der Natur, im evolutionären Werdeprozeß sprechen kann. Der Theologe redet also gerade deshalb von der Schöpfung, der Inkarnation und dem Geist Gottes, um sich dann ganz auf das einlassen zu können, was der Naturwissenschaftler oder Naturphilosoph vom Gott *in* der Natur oder von der Offenbarung in der Evolution sagt. Auf dieser Basis kann dann ein offenes Gespräch darüber beginnen, ob eine „neue natürliche Theologie" möglich ist – ein Gespräch zwischen Naturwissenschaftlern, Philosophen und Theologen, aber auch deren gemeinsamer Dialog mit denjenigen, die aus theistischer oder aus atheistischer Sicht bestreiten, daß man Gott in der Natur erkennen kann.

Einführung: Die alte und die neue Offenbarung der Schöpfung

Von Carsten Bresch

Die vorwiegend anglikanische Physiko-Theologie des 18. Jahrhunderts von Nieuwentyt, Derham und John Ray über William Paley und William Whewell bis zu den Bridgewater Treatises suchte in der verblüffenden Eignung der physikalischen und chemischen Natur für die Existenz von Mensch, Tier und Pflanze den Nachweis für die Allmacht, Güte und Weisheit im Plan des göttlichen Schöpfers und fand in dieser „Offenbarung der Natur" den kosmologischen und teleologischen Gottesbeweis bestätigt. Die Fülle ihrer Argumente und der ihrer Epigonen lassen sich in vier klar trennbare Gruppen einteilen:

1. *Unsinnige* Argumente, wie z. B. die Notwendigkeit der Existenz von Läusen, Motten, Ratten und anderem Ungeziefer als Mahner zur Sauberkeit oder die Aufgabe der Sterne als Wegweiser für nächtliche Seefahrt oder gar der menschlichen Nase zum festhalten von Brillen.

2. Argumente der *Eignung unseres Planeten* für Lebewesen verschiedenster Art. Angeführt werden hier mit Recht der richtige Abstand unserer Erde von einer in Lebens-förderlicher Weise strahlenden Sonne, die Jahres- und Tages-Zyklen, die Masse unseres Planeten sowie seine Ozeane und seine Atmosphäre etc. Im Untergrund dieser Argumentation schwingt sicher noch das schon durch Kopernikus abgelöste alte geozentrische Weltbild mit. Bei heutigen Naturwissenschaftern kann nämlich solche Planeteneignung keine sonderliche Verwunderung auslösen, denn in der ungeheuren Fülle der Milliarden von verschiedenen Galaxien mit Milliarden von Zentralsternen aller Größe und den verschiedensten Varianten von Planeten werden irgendwo auch geeignete Welten dabei sein und können durch das Leben entsprechend genutzt werden. Eine geplante Schöpfung eines Planeten speziell für das Leben ist nicht erforderlich – das Schrotschuß-Prinzip genügt.

3. Argumente, die umgekehrt die außerordentliche *Eignung von Lebewesen* für die spezielle Umgebung ihres Lebensraumes hervorheben. Vom weißen Fell des Polarbären bis zur Empfindlichkeit des menschlichen Auges gerade in demjenigen Spektralbereich, für den

die Erdatmosphäre durchlässig ist, liefert dieses spezielle Passen der Lebewesen in ihre Welt eine Liste all jener Fragen, die durch natürliche Selektion zu erklären sind.

Tatsächlich war Charles Darwin bestens in dieser Argumentation geschult. Er kannte - wie er einmal sagte - die „Natürliche Theologie" des William Paley fast auswendig. So konnte er mit seiner Vorstellung einer Evolution aller Lebewesen durch zufällige Änderungen und durch das Überleben nur des jeweils in eine bestimmte Umgebung Passendsten (the survival of the fittest in the struggle for existence) den Argumenten dieser dritten Gruppe eine gänzlich neue Erklärung geben.

Die Folge der Darwinschen Erkenntnis war einschneidend. Die bis dahin so weitverbreitete Natürliche Theologie geriet bei Theologen ebenso wie bei Naturwissenschaftlern schnell in Mißkredit. Die Trennung von Wissen und Glauben schien endgültig, selbst wenn noch die vierte Gruppe von alten Argumenten Bestand hatte.

4. Diese letzte Gruppe von Argumenten betraf die auf wundersame Weise so *Lebens-geeigneten Eigenschaften der Materie*. Als Beispiel können verschiedene Eigenschaften des Wassers angeführt werden: seine Dielektrizitätskonstante, seine Schmelz- und Verdampfungswärme, seine Temperatur-abhängige Ausdehnung usw. oder auch die Bindungs-Fähigkeiten des Kohlenstoffatoms als Grundlage aller organischen Chemie.

Seit Darwins Zeiten ist die Liste solcher Merkwürdigkeiten der Materie und des gesamten Universums ständig angewachsen. Dabei ist eine völlige Umkehr des Bestaunten eingetreten. Während die Physiko-Theologie die Eigenschaften des besonders Komplexen als Beweis für die Weisheit des Weltenkonstrukteurs betonte, steht jetzt umgekehrt das Elementarste im Mittelpunkt des Interesses, d. h. die Anfangsbedingungen des Universums und die grundlegenden Eigenschaften von Materie und Raum-Zeit, deren erstaunliches quantitatives Zusammenpassen gerade den Ablauf einer Evolution ermöglicht, die als anthropisches Prinzip der Physik und als Systemzwänge der Evolutionsbiologie die Grundlage einer erneuerten natürlichen Theologie bilden.

Wenn zunehmend auch wieder Theologen und Naturwissenschaftler darüber ins Gespräch kommen, so sollte man sich dabei nicht der Illusion einer wieder gewonnenen Einigkeit hingeben. Von theologischer Seite und natürlich auch vom christlich-gläubigen Naturwissenschaftler wird die neuerlich mögliche religiöse Erfahrung im Rahmen der Evolutionserkenntnis als willkommene Bestätigung und Ergänzung der biblischen Wortoffenbarung begrüßt. Sie bietet sich als Gesprächseinstieg und Brückenschlag geradezu an, obwohl man sich dabei bewußt bleiben muß, daß „die rechte natürliche Gotteserkenntnis nur der Christ hat, d. h. der Mensch, der zugleich in der Christusoffenbarung drinsteht.“ Dieser Satz stammt von Emil Brunner (in „Natur und Gnade“, 1935). Karl Barth war härter. Er meinte, eine auf Vernunft gegründete natürliche Theologie wäre nur der Kirche des Antichrist bekömmlich, während Luther gar die Vernunft zu des Teufels Hure erklärte. Das I. Vatikanische Konzil befindet 1870 dagegen: „Der Mensch kann den einzig wahren Gott und Schöpfer mit Sicherheit durch das natürliche Licht des menschlichen Verstandes erkennen“.

Andere Theologen stellen (zur Sicherung der Notwendigkeit einer Wort-Offenbarung?) fest, daß die Offenbarung der Natur nur einen immanenten natürlichen Gott entdecken könnte. Sie registrieren erfreut, daß auch der Physiker Paul Davies erklärt, daß von der naturwissenschaftlichen Erkenntnis aus nur ein endlicher – ein vergänglicher Gott gefunden werden könnte.

Ihnen gegenüber stehen (wenige!) Naturwissenschaftler, die in der durch den Verstand erfahrenen Offenbarung der Evolution die einzig direkte Offenbarung des Weltenschöpfers sehen können, die einzige, die nicht nur durch menschliche Sprache verzerrte Bilder liefert und daher allen dogmatischen Texten der verschiedenen Religionen übergeordnet sein muß. Jeder denkende Mensch kann sie erfahren, und zwar um so intensiver, je mehr er sich die Mühe macht, in die heutige Naturwissenschaft einzudringen. Einstein gab auf die Frage „Glauben Sie an Gott?“ zur Antwort: „Ich glaube an Spinozas Gott, der sich in der Harmonie alles Bestehenden offenbart, nicht an einen Gott, der sich mit dem Schicksal und den Taten einzelner Menschen beschäftigt.“

Die Begegnung mit dem Urgrund ist so ausschließlich, daß alle Texte von Religionen, die mit Verben und Adjektiven der gewöhnlichen, sonst auf Menschen angewandten Sprache, Aussagen über Gott zu machen versuchen, manchen religiösen Menschen fast blasphemisch erscheinen. Sie wirken als beleidigende Vermenschlichung Gottes, die ja zugleich immer auch eine Selbstvergöttlichung des Menschen ist.

„Die letzte menschliche Gotteserkenntnis ist das Wissen von Gottes Unbegreiflichkeit.“ – Hoc est ultimum cognitionis humanae de Deo: quod sciat se Deum nescire (Thomas von Aquin, De potentia 7,5 ad 14).

I

„Gott“ und „Natur“

Zu den Anfängen der „natürlichen Theologie“ und ihrer bleibenden Bedeutung

Von Helmut Riedlinger

Die im ersten Jahrtausend vor Christus aufgekommenen Deutungen des Wortpaars, das in der deutschen Übersetzung „‚Gott‘ und ‚Natur‘“ heißt, haben der „natürlichen Theologie“ die Wege bereitet. Der gedankliche Rang dieser Deutungen war im ganzen so hoch, daß die anspruchsvollen Vertreter der „natürlichen Theologie“ ihnen auch in den beiden folgenden Jahrtausenden fortwährend begegnen, sich von ihnen messen lassen und ihre Wegweisungen beachten mußten. So ist es in den gegenwärtigen Auseinandersetzungen um die „natürliche Theologie“, und so mag es auch in absehbarer Zukunft sein.

Daher lautet meine Leitfrage: Wie deutete das frühe außerjüdische und außerchristliche Denken Europas die Äquivalente der Worte „Gott“ und „Natur“ im Kontext ihres gegenseitigen Verhältnisses? Diese Leitfrage könnte ins grenzenlos Weite geöffnet werden. Hier sind jedoch viele Begrenzungen notwendig.

Es kann ja nicht um alle frühen Religionen und Seinsverständnisse im ganzen gehen. Ich befasse mich unmittelbar nur mit charakteristischen Bestimmungen des Gott-Natur-Verhältnisses. Was zu diesem Verhältnis in der Deutungsperspektive verwandter Wortpaare – zum Beispiel „‚Gott‘ und ‚Welt‘“, „‚Gott‘ und ‚All‘“, „‚Gott‘ und ‚Seiendes‘“, „‚Eines‘ und ‚Vieles‘“, „‚Logos‘ und ‚Natur‘“, „‚Idee‘ und ‚Materie‘“, „‚Theologik‘ und ‚Physik‘“ – zu sagen wäre, kann also höchstens da und dort angedeutet werden, obwohl es stets einschlußweise mitzubedenken ist.

Ich spreche auch nicht von dem, was angesichts des Gott-Natur-Verhältnisses in den sogenannten Naturreligionen gefühlsmäßig erlebt und symbolisch dargestellt oder in den außereuropäischen Hochreligionen beim Gebrauch ähnlicher Wortpaare zur Sprache gebracht wurde. Denn das Interesse gilt dem außerjüdischen und außerchristlichen Denken Europas, das in der zweiten Hälfte des ersten Jahrtausends im griechischen Sprachraum ein einzigartiges, klassisches Niveau erreicht und das Denken im lateinischen Sprachraum und später in den romanischen, germanischen, angelsächsischen und slawischen Sprachräumen tief geprägt hat. Zweifellos werden durch diese Wahl die für ein tieferes Verständnis der „natürlichen Theologie“ zu gewinnenden Einsichten beschränkt. Aber die Wahl beruht weder auf einem latenten Eurozentrismus noch auf einer Überschätzung der theologisch denkenden Philosophen des griechischen Sprachraums. Es geht lediglich darum, die ursprüngliche Kraft und Tragweite der griechischen Deutungen des Gott-Natur-Verhältnisses im Blick auf die Anfangsentscheidungen der „natürlichen Theologie“ in geschichtlich angemessener Weise zu würdigen.

Daraus ergeben sich weitere Beschränkungen. Denn vieles, was in einer Gesamtbeschreibung der frühen außerjüdischen und außerchristlichen Gottesgedanken und Naturgedanken Europas über die zwischen beiden Denkbereichen herrschenden Gegensätze, Spannungen und Sperren anzumerken wäre, bleibt ungesagt. Auf das Schweigen mancher Denker zum Gott-Natur-Verhältnis und auf die Spuren eines radikalen Skeptizismus oder Atheismus wird nicht näher eingegangen. Die Versuche, die zum Beweis des Daseins der Götter oder des Gottes unternommen wurden, erscheinen nur am Rand des Blickfeldes. Ähnliches gilt von den problematischen Beziehungen zwischen Polytheismus und Monotheismus und zwischen Physik und Metaphysik. Die Deutungen der Äquivalente der Worte „Gott“ und „Natur“ sollen ja nicht in allen Sinndimensionen, die ihnen an und für sich eigen sind, sondern nur im Kontext ihres gegenseitigen Verhältnisses beschrieben werden.

Es geht also darum, die Anfänge der „natürlichen Theologie“ Europas in einem allgemein zugänglichen geschichtlichen Horizont und in einer möglichst konsensfähigen Weise nachzuzeichnen. Das Interesse an der Sachfrage, wie der Gott und die Natur sich zueinander verhalten, kann dabei natürlich nicht völlig verdrängt werden. Aber ich habe nicht vor, unter dem Deckmantel einer geschichtlichen Darstellung heimlich für Thesen zu werben, die in den Bereich einer systematischen Theologie oder Philosophie gehören. Bei aller Sympathie für das Kernanliegen der außerjüdischen und außerchristlichen „natürlichen Theologie“ kann ich daher auch nicht genau aufzeigen, wo die Grenzen zwischen der Möglichkeit und der Unmöglichkeit einer Rezeption einer „natürlichen Theologie“ in der jüdischen, christlichen und islamischen Theologie verlaufen.

Dennoch halte ich es angesichts des gegenwärtigen Ringens um eine Neugestaltung der „natürlichen Theologie“ für sinnvoll, für eine gemeinsame geschichtliche Anerkennung ihrer Anfänge einzutreten. Dieses Ziel liegt keineswegs greifbar nahe und mag manchem Kenner als blanke Utopie erscheinen. Aber vielleicht kommt es in absehbarer Zukunft doch dazu, daß auf allen Kontinenten friedliche, besonnene und ungezwungen wohlwollende Menschen verschiedener theologischer, naturphilosophischer und naturwissenschaftlicher Überzeugungen in der geschichtlichen Anerkennung der Anfänge der „natürlichen Theologie" und ihrer bleibenden Bedeutung grundsätzlich übereinstimmen.

Der Beitrag, den ich auf dem Weg zum Erreichen dieses Zieles zu leisten vermag, ist allerdings äußerst bescheiden. Denn ich kann weder auf umfassende Quellenforschungen zurückgreifen, noch ist mir ein Werk aus der Sekundärliteratur bekannt, das sowohl der Perspektive der Leitfrage als auch dem gegenwärtigen Forschungsstand ausreichend entspricht.[1] Ich stütze mich daher auf ausgewählte historische und systematische Äußerungen zum Gott-Natur-Verhältnis und zur „natürlichen Theologie", die in bekannten Abhandlungen zu finden sind,[2] auf begriffsgeschichtliche Lexikonartikel,[3]

---

[1] Das Werk von *A. Titius,* Natur und Gott, Göttingen 1926 ²1931 ist ein großangelegter systematischer „Versuch zur Verständigung zwischen Naturwissenschaft und Theologie". Es bietet, besonders im Kapitel II („Wissenschaftliche und religiöse Naturanschauung in der Geschichte des Christentums", 136-330) auch wertvolle Informationen zur Geschichte der Deutungen des Gott-Natur-Verhältnisses. Diese Informationen reichen jedoch im Blick auf unsere Leitfrage nicht aus und können dem heutigen Forschungsstand in vielem nicht mehr entsprechen.

[2] Unter den Werken der Sekundärliteratur, denen ich außer vielen theologie-, philosophie- und wissenschaftsgeschichtlichen Handbüchern wertvolle Anregungen verdanke, seien besonders hervorgehoben: *O. Zöckler,* Geschichte der Beziehungen zwischen Theologie und Naturwissenschaft, mit besonderer Rücksicht auf Schöpfungsgeschichte, I-II, Gütersloh 1877-1879; *K. Leese,* Recht und Grenze der natürlichen Religion, Zürich 1954; *W. Weischedel,* Der Gott der Philosophen, I-II, Darmstadt 1971-1972; *Ch. Link,* Die Welt als Gleichnis. Studien zum Problem der natürlichen Theologie, München 1982; *W. Kasper,* Der Gott Jesu Christi, Mainz 1982, 92-106 (Problem und Anliegen der natürlichen Theologie); *J. Möller* (Hrsg.), Der Streit um den Gott der Philosophen, Düsseldorf 1985; *K. Kremer* (Hrsg.), Um Möglichkeit oder Unmöglichkeit natürlicher Gotteserkenntnis heute, Leiden 1985; *S. M. Markus,* Der Gott der Physiker, Basel 1986; *H. P. Dürr* (Hrsg.), Physik und Transzendenz, Bern 1986; *H. Beck,* Natürliche Theologie, München 1986; *P. Davies,* Gott und die moderne Physik, München 1986; *G. Kraus,* Gotteserkenntnis ohne Offenbarung und Glaube?, Paderborn 1987; *W. Pannenberg,* Systematische Theologie, I, Göttingen 1988, 73-132 (Der Gottesgedanke und die Frage nach seiner Wahrheit); *G. Böhme* (Hrsg.), Klassiker der Naturphilosophie. Von den Vorsokratikern bis zur Kopenhagener Schule, München 1989.

[3] Die wichtigsten begriffsgeschichtlichen Lexikonartikel sind: *H. Kleinknecht,* theos...: Theologisches Wörterbuch zum Neuen Testament (= ThW) 3 (1938) 65-123; H. Köster, physis...: ThW 9 (1973) 246-271; *W. Burkert – W. H. Schmidt – H. Gross – G. Mayer – B. Kötting – K. Flasch – R. Padberg – M. Seils – D. Schellong – U. Dierse – F. Wagner – W. Brugger – C. H. Ratschow,* Gott: Historisches Wörterbuch der Philosophie (= HWP) 3 (1974) 721-814: *F. P. Hager – T. Gre-*

spezielle Untersuchungen über einzelne Denker und die in der Sekundärliteratur enthaltenen Hinweise auf die Primärquellen.

Durch die aus dem Studium dieser Quellen hervorgegangene Beschreibung der frühen außerjüdischen und außerchristlichen Deutungen des Gott-Natur-Verhältnisses soll die Leitfrage beantwortet werden. Einige abschließende Bemerkungen werden dann summarisch auf die bleibende Bedeutung hinweisen, die den Anfängen der „natürlichen Theologie" im christlichen und in dem vom Christentum sich abwendenden Denken Europas zukommen mag.

I. Die frühen außerjüdischen und außerchristlichen Deutungen des Gott-Natur-Verhältnisses

Erste Ansätze von Symbiosen menschlicher Gottes- und Naturgedanken gab es im Raum des griechischen Denkens schon einige Zeit vor der Mitte des ersten Jahrtausends vor Christus. In der zweiten Hälfte dieses Jahrtausends entwickelten sich diese Ansätze zu lockeren Gedankenkomplexen, die sich mehr oder weniger treffend als Teile einer „natürlichen Theologie" bezeichnen ließen. Das Christentum übernahm im ersten Jahrtausend mit manchem, was von den Gottes- und Naturgedanken der griechischen und römischen Welt assimilierbar schien, auch diese „natürliche Theologie" des Mittelmeerraums. Im zweiten Jahrtausend baute es diese Theologie zu monumentalen philosophischen Vorhallen aus, die mit weitgehendem Respekt vor ihrer Eigenständigkeit, Wahrheit und Freiheit in die Kathedralen der christlichen Theologie integriert wurden.

Eine Zeitlang sah es so aus, als ob diese Konstruktionen eine ausreichend stabile Harmonie und freundschaftliche Dialoge zwischen dem Bereich der Gnade und dem Bereich der Natur, zwischen dem Bereich des Ewigen, Unbedingten und Unendlichen und dem Bereich des Zeitlichen, Bedingten und Endlichen und damit auch zwischen dem Bereich des glaubenden Denkens und dem Bereich des wissenden Denkens ermöglichen könnten. Aber die zuweilen gelingende Harmonie hielt den inneren und äußeren Spannungen nicht stand. Die Reformation des 16. Jahrhunderts führte im westlichen Christentum zu offenen Konflikten zwischen Verteidigern und Gegnern der überlieferten Gestalten der „natürlichen Theologie". Daneben traten

---

gory – A. Majeru – G. Stabile – F. Kaulbach, Natur: HWP 6 (1984) 421–478; *S. Lorenz – B. Mojsisch – W. Schröder – F. Kaulbach,* Naturphilosophie: HWP 6 (1984) 535–560.

Denker, die sich enttäuscht vom innerlich zerstrittenen Christentum abwandten, für eine radikale Umkehr ein und betrachteten die geschichtlich gewachsene biblische Theologie nur als unzureichende Vorschule für eine überzeitlich autonome „natürliche Theologie", die sich aber doch weitgehend wieder an den vorchristlichen Leitgedanken der griechischen und römischen Philosophie orientierte.

Um den ursprünglichen Sinn dieser Leitgedanken zu verstehen, ist es also notwendig, besonders sorgfältig auf den griechischen Gebrauch der Worte „physis" und „theos" zu achten, die mit einigen Verschiebungen der Deutungsschwerpunkte im Lateinischen mit den Worten „natura" und „deus" und im Deutschen mit den Worten „Natur" und „Gott" wiedergegeben wurden.

1. Das Wort „physis"

Das Wort „physis" kann – wie andere Wortbildungen aus dem Bereich des Seinsverstehens, z. B. das lateinische „fui", das deutsche „bin", das englische „be" – von einer postulierten indogermanischen Wurzel „bhu-" abgeleitet werden.[4] Was immer diese Wurzel bezeichnet haben mag: es gibt heute wohl einen weitgehenden Konsens darüber, daß das Wort „physis" ursprünglich nicht so etwas wie das unbewegliche Vorhandensein eines leblosen Dinges bedeutete, sondern den Vorgang des Wachsens, den Wuchs als das Ergebnis dieses Vorgangs und die darin enthaltene Antriebskraft für weiteres Wachsen und Wirken. Das Leben der Früchte tragenden Pflanzen war also wohl das ursprüngliche Anschauungsfeld für den vorphilosophischen Gebrauch des Wortes. Dafür spricht unter anderem die Tatsache, daß das Wort „physis" an der einzigen Stelle, an der Homer es in seinen Epen gebrauchte, den Wuchs des Zauberkrauts Moly bezeichnete.[5]

Aber im philosophischen Denken wurde der Vorgang des pflanzlichen Wachsens für alles Werden, Entspringen, Geborenwerden, Abstammen, Aufgehen transparent. Der pflanzliche Wuchs wurde zum Paradigma jedes durch Werden entstehenden Wesens, jedes vom Ursprung her geprägten Beschaffenseins, jeder Veranlagung und Konstitution. Diese wesenhafte Konstitution wurde jedoch nicht statisch, sondern dynamisch verstanden: gewissermaßen als ein Kraftzentrum, das vom Ursprung her auf zielstrebiges Handeln angelegt ist. Nicht nur Pflanzen, sondern auch Tieren, Menschen

---

[4] *H. Köster*, physis, 246 f.
[5] *Homer*, Odyssee 10,303.

und Göttern, ja selbst Steinen, Sternen, Dingen und schließlich Seiendem jeder Art wurde also eine je eigene „physis" zugesprochen. Seit Platon konnte das Wort sogar ein von der Welt des Werdens getrenntes Wesen, eine ungewordene, reine Idee bezeichnen. Kein Wunder also, daß das Fragen nach der „physis" schon früh mit dem Fragen nach dem Sein der einzelnen Seienden und dem Sein des Alls zusammenging.[6]

Das Wort „physis" bezeichnete also nicht nur das prozeßhaft-dynamische Wesen, das jedes einzelne Seiende seiner Seinsart gemäß entstehen, sein und wirken läßt. Es deutete auch hin auf das Eine, Wahre, Schöne und Gute alles geordneten Geschehens: auf die „Allnatur",[7] „die Wirklichkeit schlechthin",[8] die alles einzelne Wirkliche in sich birgt, aufgehen läßt und vollendet. In der hellenistischen Zeit wurde die so auf das All gedeutete „physis" dann „in mannigfacher Weise mit der Gottheit identifiziert".[9]

Der Sinn einer solchen Identifikation läßt sich bis zu einem gewissen Grad aus dem Gebrauch des vieldeutig schillernden, rätselhaft schwebenden und über das direkt Greifbare hinausweisenden Wortes „theos" erhellen.

2. Das Wort „theos"

Schon in den Epen Homers, in denen nur einmal von „physis" die Rede ist, spielte das Wort „theos" eine überragende, in den Mythen der Volksreligion vorgeprägte Rolle.[10] Von einer Wurzel, aus der es abzuleiten wäre, ist allerdings nichts Sicheres zu wissen. Vieles deutet jedoch darauf hin, daß „theos", anders als das philosophisch gebrauchte Grundwort „physis", ursprünglich ein Prädikatwort war.[11]

Es war im Griechischen zwar schon relativ früh möglich, auch das Wort „theos" als Subjekt eines Satzes zu gebrauchen und von ihm auszusagen, was und wie es sei. Aber das war wohl „gerade nicht das Spezifisch-Griechische". Denn dem ursprünglichen Sprachgebrauch der Griechen war es angemessener, angesichts eines übermächtigen Geschehens auszurufen: „Es ist *theos!*"[12] Daher war die

---

[6] *Köster,* physis, 246–254.
[7] Ebd. 250.
[8] *A. Graeser,* Die Vorsokratiker, in: G. Böhme (Hrsg.), Klassiker der Naturphilosophie, 13–28; hier: 14.
[9] *Köster,* physis, 253.
[10] *H. Kleinknecht,* theos...: ThW 3 (1938) 65–123; hier: 66–69.
[11] Ebd. 66.
[12] *K. Kerényi,* Antworten der Griechen, in: H. J. Schultz (Hrsg.), Wer ist das eigentlich – Gott?, München 1969, 123–133; hier: 127.

Art und Weise des Geschehens, das dieses Prädikat erhalten konnte, auch kaum definitiv festzulegen. Es ist eher zu vermuten, daß die Griechen ursprünglich „überall dort, wo eine tiefste Wirklichkeit, ein großes und tragendes Sein in aller Herrlichkeit heraustritt", sagen konnten: „eben dies – und nicht etwa das ‚ganz Andere' – ist Gott".[13]

Soweit dies zutrifft, kann man auch annehmen: „Theos" geschah für die Griechen wohl eher in der Zeit als über der Zeit, eher in der Welt als über der Welt. Mit anderen Worten: Das All des zeitlich-weltlichen Geschehens, das zuweilen auch einfachhin als „physis" bezeichnet wurde, schien das Geschehen des „theos" manchmal eher zu umgreifen, als von ihm umgriffen zu werden.

Der Singular „theos" und der Plural „theoi" dienten jedoch vorzugsweise zur Bezeichnung menschenähnlicher, personartiger Gestalten, die bestimmte Seiten, Schichten und Sinnbereiche der Wirklichkeit symbolhaft repräsentierten. Diese Gestalten waren zwar in Mythen, Statuen und Bildern greifbar, aber, soweit sie als so etwas wie Subjekte vorgestellt wurden, den Menschen an Macht, Schönheit, immerwährender Jugendlichkeit, Unsterblichkeit und anderen Vorzügen himmelweit überlegen und irdischen Zugriffen entzogen.

Eine großartig aufblitzende Lichtgestalt war Zeus, der Vater und Herrscher der Götter, in mancher Hinsicht der Gott schlechthin. Zu ihm gehörten Hera, Apollon, Athene, Poseidon, Aphrodite und die vielen anderen Götter und Göttinnen, die so etwas wie einen geordneten Götterstaat bildeten. In bestimmten religiösen Kontexten konnten aber auch überragende Menschen – zunächst Heroen der Urzeit, später aber auch Herrscher der jeweiligen Gegenwart – als „theoi" vorgestellt werden.

Die Grenzen der Möglichkeit, „theos" als Prädikat zu gebrauchen, ließen sich aber unter bestimmten Umständen erheblich über den Bereich des menschenähnlich, personartig Gestalteten ausweiten. So wurden gute und böse Einzelgeschehnisse – etwa ein erstaunlicher Glücksfall, ein unverhofftes Wiedersehen, ein verzehrender Neid –, aber auch viele alles beherrschende Größen und Mächte, wie die Weltzeiten und die Weltvernunft, und sogar der Kosmos als ganzer in der jeweils dem Kontext entsprechenden Weise als „theos" bezeichnet.[14]

Dies alles ist in einem jüdischen, christlichen und islamischen

---

[13] *Kleinknecht*, theos, 68.

[14] Ebd. 67f; W. Burkert, Gott, in: HWP 3 (1974) 721.

Denkmilieu nicht leicht nachzuvollziehen. Aber es läßt sich kaum bestreiten, daß das griechisch gedeutete Wort „theos" nie einschränkungslos mit dem in der heutigen Lebenswelt gebrauchten Wort „Gott" übersetzt werden kann. Denn der „theos" des vom Judentum und Christentum noch unberührten Griechentums war und blieb vieldeutig. Er erschien nirgends als der Eine, der zugleich ewig, völlig ungeworden, unabhängig und unendlich vollkommen ist und alles aus dem Nichts schaffend hervorbringt, mit sich versöhnt und erlöst.[15] Ganz anders als der Gott der Juden, Christen und Moslems war der „theos" wohl auch weitgehend darauf angewiesen, daß Menschen sein Gottsein mitgestalteten, anerkannten und aussagten. Immer wieder schien der ursprüngliche Prädikatscharakter des Wortes bemerkbar zu werden.

Dort, wo das logische Denken sich entschieden vom mythischen lossagte, wurde der Wortgebrauch allerdings vorsichtiger. Das Substantiv „theos" wurde zum Beispiel kaum noch als Prädikat allgemeinster Begriffe verwendet. Das Seiende, das All oder auch die weltweit gedeutete Natur wurden gerne als „göttlich" (theios) bezeichnet.[16] Besonderer Beliebtheit erfreute sich im philosophischen Denken aber schon seit der Mitte des ersten Jahrtausends vor Christus das substantivierte Adjektiv „das Göttliche" (to theion).[17] Es war ja besonders gut geeignet, eine unbestimmte Akzeptanz der traditionellen Religiosität und zugleich eine gewisse Distanz gegenüber dem Polytheismus auszudrücken.

3. Das „theos"-„physis"-Verhältnis im vorsokratischen Denken

Die griechischen Philosophen vor Sokrates formulierten viele Sätze, die das „theos"-„physis"-Verhältnis berührten und zuweilen lange nachwirkten.[18] In den Fragmenten ihrer Werke, von denen anschei-

---

[15] *H. Dörrie,* Gottesvorstellung: Reallexikon für Antike und Christentum (= RAC) 11 (1983) 81–154; hier: 150.

[16] *Kleinknecht,* theos, 122f.

[17] Ebd. 123.

[18] Eine geradezu klassisch prägnante Darstellung der Ansätze einer „natürlichen Theologie" bei den Vorsokratikern bietet W. Jaeger in seinen Gifford Lectures, die er an der Universität St. Andrews in Schottland dem Willen ihres Stifters gemäß über die Frühgeschichte der „natürlichen Theologie" gehalten hat. Die englische Fassung erschien 1947 in Oxford, die deutsche unter dem Titel „Die Theologie der frühen griechischen Denker" 1953 in Stuttgart; vgl. besonders 9–68; 107–146; vgl. auch *W. Weischedel,* Der Gott der Philosophen, I, 39–47; *A. Graeser,* Die Vorsokratiker, in: *G. Böhme* (Hrsg.), Klassiker der Naturphilosophie, 24–26.

nend viele schon im Titel die Zuwendung zur „physis“ ausdrückten, weshalb die Verfasser später oft als „physikoi“ bezeichnet wurden,[19] weist jedoch nichts darauf hin, daß sie dieses Verhältnis als solches zum Thema systematischer Reflexionen machen wollten. Die Rätselhaftigkeit des Verhältnisses zeichnete sich jedoch in manchen Fragmenten ab, die ohne den zugehörigen, aber uns nicht mehr bekannten Kontext allerdings nicht immer konsensfähig zu deuten sind. Vielleicht können wir aber annehmen, daß zum Beispiel für Thales (um 624–546 v. Chr.), der gesagt haben soll, „alles“ sei „voll von Göttern“,[20] das eine Ganze des Geschehens so etwas wie ein Raum war, in dem fortwährend viele einzelne Gestalten – und wohl auch Geschehnisse –, die „theoi“ genannt wurden, vorkamen.

Wir wissen es nicht, und wir können auch nur vermuten, daß Anaximander (um 610–545 v. Chr.) vielleicht in die entgegengesetzte Richtung dachte, als er das „apeiron“ – das ungewordene, nicht alternde und unvergängliche „Grenzenlose“ – als Göttliches deutete und dem einen Ganzen des Geschehens als notwendigen, alles entspringen-lassenden und steuernden Urgrund vorordnete.[21]

Xenophanes (um 570–475 v. Chr.) nahm wohl eine außerordentlich kühne Identifikation vor, als er, wie Aristoteles berichtet, „angesichts des ganzen Himmels“ ausrief, „das Eine“ sei „theos“[22], weil „das Eine“ für ihn vielleicht doch so etwas wie die Mitte war, um die es in allem geht. Jedenfalls widersprach er entschieden den anthropomorphistischen Göttervorstellungen der Volksreligion und stellte den „theos“ als den Einen vor, der als Größter unter Göttern und Menschen, völlig anders als die Sterblichen, ganz Sehen, Hören und Denken ist und mit der Denkkraft seines Geistes ohne Bewegung und Anstrengung alles erschüttert.[23]

Von Heraklit (um 544–484 v. Chr.), dem Dunkeln, ist bekannt, daß er in eigentümlicher Dialektik die inneren Gegensätze und Entsprechungen im Geschehen dessen, was er „physis“ und „theos“ nannte, gerne hervorhob.[24] Denn von der „physis“, die für ihn ein Vorgang des Aufgehens und Entbergens war, sagte er, sie liebe es, sich zu ver-

---

[19] Z. B. *Aristoteles,* Metaphysica, 1071 b 27; vgl. *Jaeger,* Die Theologie, 16; *Köster,* physis, 251.

[20] *H. Diels,* Die Fragmente der Vorsokratiker, herausg. von *W. Kranz,* I–III, Dublin–Zürich [11]1964; hier: I, Nr. 11, A 22.

[21] *Diels,* I, Nr. 12, B 1–3.

[22] Ebd. Nr. 21, A 30.

[23] Ebd. Nr. 21, B 15, 23–26.

[24] Ebd. Nr. 22, B 10.

bergen.[25] Das Geschehen des „theos“ aber, dem er überall begegnete, war in seiner Sicht eine paradoxe Einheit von Gegensätzen: „Tag, Nacht; Winter, Sommer; Krieg, Frieden; Sattheit, Hunger“.[26] Er war freilich überzeugt, daß keiner der Götter den Kosmos gemacht habe.[27] Von dem, was er als das „Eine, allein Weise“ bezeichnete und in gewisser Hinsicht auch als „Alles“ ansah,[28] nahm er dennoch an, es wolle einerseits nicht und wolle andererseits doch mit dem Namen des „Zeus“ benannt werden.[29] Das Nein, das sich gegen eine Identifikation des All-Einen mit dem höchsten Gott der Volksreligion richtete, wurde also zuerst vernommen; aber auch dem Ja zu dieser Identifikation wurde Gehör geschenkt. Es scheint, daß Heraklit, obwohl vielleicht eher dem Nein zugeneigt, den Widerspruch nicht auflösen und die Frage der Identifikation in der Schwebe lassen wollte.

Diese wenigen Beispiele aus der Anfangszeit des europäischen Philosophierens mögen hier genügen. Sie zeigen, daß in einigen Deutungen jenes unergründlichen Grundgeschehens, das als „Grenzenloses“, als „Alles“ oder als „das Eine“ bezeichnet werden konnte, Worte wie „theion“, „theoi“, „Zeus“ oder „theos“ eine beinahe selbstverständliche, aber kaum eindeutig bestimmbare Rolle zu spielen schienen.

Es gab allerdings auch Gestalten bedeutenden Denkens, in denen wir kaum Ansätze einer „natürlichen Theologie“ erkennen können. Unter diesen Gestalten ragte die Deutung des von der Welt des Werdens – und somit von der „physis“ – völlig abgesonderten „Seienden“ hervor, die Parmenides (um 540–470 v. Chr.) vortrug[30] und die nachher tief auf Platon einwirkte. Die Deutung kam zwar in seinem Lehrgedicht aus dem Mund einer Göttin,[31] aber enthielt, soweit wir wissen, keine Hinweise auf Götter und Göttliches. Zur Zeit der Sophisten wuchs dann die Skepsis, so daß zum Beispiel Protagoras (um 481–411 v. Chr.) erklärte, er könne über ein Sein oder Nichtsein von Göttern nichts wissen.[32]

---

25 Ebd. Nr. 22, B 123; vgl. *M. Heidegger,* Aletheia (Heraklit, Fragment 16), in: Vorträge und Aufsätze, Pfullingen 1954, 257–282; hier: 269–274.

26 *Diels,* I, Nr. 22, B 67.

27 Ebd. Nr. 22, B 30.

28 Ebd. Nr. 22, B 50; vgl. *M. Heidegger,* Logos (Heraklit, Fragment 50), a.a.O. 207–229.

29 *Diels,* I, Nr. 22, B 32; vgl. M. Heidegger, Logos, 222–224.

30 *Diels,* I, Nr. 28, B 1–19.

31 Ebd. Nr. 28, B 1 (22).

32 *Diels,* II, Nr. 80, B 4.

4. Das „theos“-„physis“-Verhältnis im sokratischen und platonischen Denken

Sokrates (470–399 v. Chr.) entdeckte beim Vernehmen seiner inneren Stimme, die er als ein „‚theion‘ und ‚daimonion‘“ bezeichnete,[33] so etwas wie eine neue Gewißheit über den „theos“, der den ganzen Kosmos zusammenordnet und zusammenhält, und über das „theion“, das alles sieht, alles hört, allgegenwärtig ist und für alles sorgt.[34]

Sein Schüler Platon (428/427–348/347 v. Chr.) gebrauchte an ungezählten Stellen seiner Dialoge – sowohl in der Person seines Lehrers und anderer Dialogpartner, als auch im eigenen Namen – die Worte „theos“, „theoi“, „theion“ und „physis“. Er berührte dabei viele Seiten, Schichten und Bereiche des „theos“-„physis“-Verhältnisses, aber schien es doch nie zu einem bemerkbaren Thema seines Denkens machen zu wollen. Denn er war überzeugt, daß Menschen das Geflecht der Beziehungen zwischen den „theos“-Deutungen und den „physis“-Deutungen nie ganz aus dem Bereich des vieldeutig schillernden Scheinens und Meinens herausheben und in die Helle des Wissens überführen könnten.[35]

Für Platons Gebrauch des Wortes „physis“ war es jedoch charakteristisch, daß er es nicht nur in der Weise der Tradition, sondern auch im Kontext seines strengen Unterscheidens zwischen dem sinnenhaft erfahrbaren Kosmos des Werdens und dem nur dem Denken zugänglichen Kosmos des ungewordenen, unveränderlichen und unvergänglichen Seins der Ideen deutete.[36] Es war für ihn wohl selbstverständlich, daß das Wort „physis“ seinen ursprünglichen Sitz ganz im Kosmos des Werdens hatte.[37] Daher ließ er Sokrates sagen, daß ein Mensch, der Untersuchungen über die „physis“ anstelle, sich nur mit dem gewordenen, leidenden und handelnden Kosmos befasse.[38] Aber manchmal wagte er, anders als die Tradition, das Wort „physis“ aus dem Kosmos des Werdens in den Kosmos des Seins zu übertragen und ihm so eine neue Bedeutung zuzuweisen. Er sprach also zum Beispiel von „der ewigen ‚physis‘“,[39] von der „‚physis‘ des Seienden“[40] oder von der „‚physis‘ des

---

[33] *Platon,* Apologia, 31 d; vgl. Weischedel, Der Gott der Philosophen, 48.

[34] *Xenophon,* Memorabilia, I, 4, 18; IV, 3, 13; vgl. *Weischedel,* Der Gott der Philosophen, 47.

[35] *Platon,* Timaios, 59 c; vgl. *F. P. Hager,* Natur, in: HWP 6 (1984) 429.

[36] *Hager,* Natur, 430.

[37] Vgl. *Platon,* Nomoi, 492 c.

[38] *Platon,* Philebos, 59 a.

[39] *Platon,* Timaios, 38 b.

[40] *Platon,* Politeia, 537 c; vgl. Hager, ebd.

Schönen selbst"[41] und bezeichnete sogar einen Seinsbereich, in dem überzeitliche und überräumliche Ideen Paradigmata darstellen, ohne weiteres als „physis".[42] Er schien auch an einer unmittelbaren Verknüpfung des Wortes „physis" mit dem Wort „theos" insofern keinen Anstoß zu nehmen, als er die Meinung mancher Leute zurückwies, die behaupteten, die „theoi" seien nicht aufgrund der „physis" da, sondern aufgrund der Kunst, nämlich aufgrund bestimmter Gesetze.[43]

Manchmal wies er mit Formeln wie „‚physis' des Alls"[44] oder „‚physis' des Ganzen"[45] wohl auch auf so etwas wie das ideale Wesen alles Geschehens hin. Bei der Beschreibung der höchsten Seinsstufen, vor allem in den Hinweisen auf die jenseits der Grenzen des Wissens, der Wahrheit und des Wesens aufleuchtende Idee des Guten,[46] vermied er jedoch in der Regel das Wort „physis".[47] Es konnte also in seinem Denken kaum den Glanz eines übermächtigen Leitworts erlangen.

Anders das Wort „theos", das ihm als Urwort aus mythischer Vorzeit überliefert wurde. Platon nahm es mit religiöser Scheu in sein Sprechen auf, ohne ihm mit seinen Fragen allzu nahe zu treten. Er verwendete es in seinen Schriften auch nicht als Prädikat der alles überragenden Idee des Guten.[48] Aber er beschrieb den „theos" und das, was zu ihm gehört, als „das in jeder Hinsicht Beste"[49] und kam somit schon sehr nahe an eine Identifikation der Idee des Gottes mit der Idee des Guten heran. Daher hielt er es auch für unmöglich, daß der „theos" sich je verändern wolle, weil seine Veränderung ja stets eine Verschlechterung wäre. Er dachte, der „theos" müsse als „Schönster und Bester ... immer einfach in seiner Gestalt" bleiben.[50]

Die Beziehungen des „theos" zum sichtbaren, in der Zeit und im Raum gewordenen Kosmos beschrieb Platon im Dialog „Timaios" aber bewußt in einer Mythos und Logos verbindenden Sprache, welche die Grenzen des Wahrscheinlichen nicht überschreiten

---

[41] *Platon,* Politeia, 476 b.
[42] *Platon,* Parmenides, 132 d; vgl. Hager, ebd.
[43] *Platon,* Nomoi, 889 e.
[44] *Platon,* Timaios, 27 a; 47 a.
[45] *Platon,* Phaidros, 270 c.
[46] *Platon,* Politeia, 508 e–509 c.
[47] *H. Köster,* physis, 251.
[48] Vgl. *Weischedel,* Der Gott der Philosophen, 52.
[49] *Platon,* Politeia, 381 b.
[50] Ebd. 381 c; vgl. *Weischedel,* Der Gott der Philosophen, 49.

mochte.[51] So erschien der überragende „theos“ personartig als „Hersteller und Vater dieses Alls“,[52] als handwerklich tätiger „Demiurg“,[53] als „Zusammensetzer“,[54] der den sichtbaren Kosmos aus dem Zustand der Unordnung in den Zustand der Ordnung gebracht hatte. Ihm und seiner Vorsorge sollte es also verdankt werden, daß nicht das Chaos herrschte, sondern der Kosmos entstanden war, und zwar der Kosmos als einziges, von einer vernünftigen Seele bewegtes Lebewesen[55], als Bild des unsichtbaren Kosmos des ewigen Seins, als sinnlich wahrnehmbarer „theos“, als größter, bester, schönster, vollkommenster und einzigartiger Himmel,[56] erfüllt von gewordenen Göttern wie Kronos, Rhea, Zeus, Hera und allen anderen, die er, der Demiurg, gebildet hatte und für immer am Leben erhielt.[57]

Der mythische Hersteller und Vater des Kosmos schien dennoch nicht in jeder Hinsicht mächtig und unabhängig zu sein. Denn sein Ordnen hatte sich einerseits stets nach den ewigen Ideen zu richten und andererseits von den Möglichkeiten der schon vorliegenden Materie beschränken zu lassen.[58] Als der „theos“, der sich mit dem Werden des Kosmos zu befassen hatte, konnte er im ewigen Kosmos des Seins auch nicht den allerhöchsten Rang einnehmen, geschweige denn jeder Rangordnung überlegen sein.[59] Die Transzendenz des „theos“ war also begrenzt.

Im Denken Platons gab es demnach so etwas wie eine gegenläufige Doppelbewegung: Soweit die Deutung des Wortes „physis“ im Horizont des gewordenen Kosmos verblieb, war der immerseiende „theos“ der „physis“ eindeutig überlegen, obwohl der gewordene Kosmos in einer niedrigeren Ordnung auch als „theos“ anerkannt wurde. Aber sobald die Deutung des Wortes „physis“ über den Kosmos des Werdens hinausgehoben, sobald „die wahre ‚physis‘“ im Kontext des „theion“, des „Unsterblichen“ und „Immerseienden“ gedacht[60] und das Verständnis der „physis“ sozusagen überphysisch oder – um ein späteres Wort zu gebrauchen – „metaphysisch“

---

[51] *Platon,* Timaios, 29b; vgl. *E. Martens,* Platon, in: G. Böhme (Hrsg.), Klassiker der Naturphilosophie, 36.

[52] *Platon,* Timaios, 28c.

[53] Ebd. 28a.

[54] Ebd. 30c.

[55] Ebd. 30a–c.

[56] Ebd. 92c.

[57] Ebd. 40d–41b.

[58] Ebd. 28a–30a.

[59] Vgl. *H. Dörrie,* Gottesvorstellung: RAC 11 (1983) 150.

[60] *Platon,* Politeia, 611e–612a; vgl. *Weischedel,* Der Gott des Philosophen, 53.

wurde, schien sich die „physis“ ähnlich wie das allgemeine „theion“ als ein Umgreifendes zu erweisen, dem der eher menschenähnlich, personartig vorgestellte „theos“ in mancher Hinsicht vielleicht doch unterlegen war.

Es ist freilich nicht auszuschließen, daß Platon dem „theos“ auch die Fähigkeit zur Herstellung von Ideen zuschreiben wollte. Er ließ ja Sokrates zum Beispiel im Blick auf die Herstellung eines Bettes sagen, daß nicht der Tischler, sondern der „theos“ die „Idee“ des Bettes oder das „in der ‚physis‘ seiende“ Bett herstelle.[61] Platons Denken war wohl auch so weit und kühn, daß er das Sein und Tun des „theos“ im Kosmos der Ideen noch weit höher einschätzen konnte, als er es in seinen Schriften zur Sprache brachte.

Wie dem auch sei: es wird kaum möglich sein, Platon auf endgültige Lösungen des Rätsels festzulegen, das sich aus der wechselseitigen Über- und Unterordnung seiner Gottes- und Naturgedanken ergab. Vielleicht wollte er das Rätsel als Rätsel bestehen lassen und die Unbegreiflichkeit des Unbegreiflichen anerkennen.

Gegen Ende seines Lebens war er aber wohl tief davon überzeugt, daß sich das Dasein einer „Seele“ oder mehrerer „Seelen“ beweisen lasse, die man als vollkommen gute „Ursachen“ aller Bewegungen und somit als „theos“ oder „theoi“ anzusehen habe.[62] Er zweifelte wohl auch nicht daran, daß der eine – als Weltbildner und Weltseele betrachtete – „‚theos‘ ... Anfang, Ende und Mitte aller Seienden“ besitze, wie schon ein alter Spruch sagt, und viel eher als jedes andere Seiende, jedenfalls eher als irgendein Mensch, das „Maß aller Dinge“ sei.[63]

Deshalb trat Platon auch nicht als ein Mensch auf, der den „theos“ begreifen konnte. Es ging ihm zwar darum, sich dem „theos“ mehr und mehr anzugleichen.[64] Aber seine „theologischen“ Äußerungen waren im ganzen eher vorsichtig und enthielten wohl auch Spuren sanfter Ironie. Man kann allerdings vermuten, daß er selbst das Wort „theologia“ geprägt hat, weil es, soweit wir wissen, in seinen Schriften zuerst – allerdings beiläufig, nur an einer einzigen Stelle und noch nicht als Fachausdruck – vorkam.[65] Es ist auch zu sagen, daß seine Philosophie „auf ihrer höchsten Stufe ... Theologie“ war, wenn man das Wort „Theologie“ im Sinn einer „natürli-

---

[61] *Platon,* Politeia, 597 ab.
[62] *Platon,* Nomoi, 899 b.
[63] Ebd. 716 a und e.
[64] *Platon,* Theaitetos, 176 b.
[65] *Platon,* Politeia, 379 a.

chen, rationellen Behandlung des Gottesproblems" interpretiert.[66] Er hatte jedoch nie die Absicht, eine „Theologie" – oder gar eine von anderen Theologien verschiedene „natürliche Theologie" – als ein festes Gebäude aufzubauen und auszugestalten. Dennoch war er einer der Inspiratoren – in mancher Hinsicht wohl überhaupt der Inspirator – der eher sanften und offenen Gestalten der „natürlichen Theologie". Seine Scheu wurde vorbildlich, bewahrte viele Menschen vor unvorsichtigen Identifikationen und Dissoziationen der Gottes- und Naturgedanken und öffnete eine weite Sicht für Möglichkeiten und Grenzen einer besonnenen Anerkennung ihrer Konvergenz. So war der Einfluß der platonischen Dialoge auf dem Weg der „natürlichen Theologie" ziemlich oft spürbar und vermutlich im ganzen so stark, daß er eher unterschätzt als überschätzt werden kann.

5. Das „theos"-„physis"-Verhältnis im aristotelischen Denken

Platons Schüler Aristoteles (384–322 v. Chr.) öffnete sich diesem Einfluß weit, verschloß sich ihm aber auch, sobald er es um der Wahrheit willen für notwendig hielt. So war auch seine Deutung des „theos"-„physis"-Verhältnisses in einigen Grundlinien platonisch, nahm aber in der konkreten Gestaltung durchaus eigene Züge an.

Denn im aristotelischen Denkkontext wurde das Wort „physis", anders als bei Platon, eines der ganz großen Leitworte.[67] Es bezeichnete ja einen durchreflektierten Kernbegriff, um den herum sich der Gedanke kristallisierte, daß die Ideen nicht zeitlos in einem jenseitigen Kosmos, sondern jeweils im in sich selbst stehenden Wesen der bewegten Seienden zu finden seien. Daher war die aristotelisch begriffene „physis" zuerst und vor allem das bleibende Wesen des einzelnen sich bewegenden Seienden, das aus Materie und Form zusammengesetzt ist und „den Grund der Bewegung und Ruhe in ihm selbst" hat.[68] Das Eigentümliche war jedoch, daß Aristoteles seinen Begriff der „physis" nicht auf die Einzelwesen in der sich bewegenden Körperwelt fixierte, sondern auch die von diesen Einzelwesen konstituierte Einheit und Ganzheit der Körperwelt als die „physis" zu begreifen versuchte.[69] Ein charakteristischer Zug dieses Begreifens bestand außerdem darin, daß er von der „physis" manch-

---

[66] *Jaeger,* Die Theologie, 13; vgl. *Weischedel,* Der Gott der Philosophen, 48.

[67] Vgl. *Hager,* Natur, 430.

[68] *Aristoteles,* Physica, 192 b 8–33; Metaphysica, 1025 b 20 f; Köster, physis, 252.

[69] *Aristoteles,* Metaphysica, 987 b 2; Hager, 431.

mal in geradezu mythisch-metaphorischer Redeweise wie von einem personartigen, gottähnlich handelnden Wesen sprach, das alles sehr weise ordnet und gestaltet,[70] Neues erfindet, wo es notwendig ist,[71] stets das Vollkommenste und Beste anstrebt[72] und so die Zielgerichtetheit des Kosmos selbst herstellt.[73]

Im Kontext solchen Denkens und Sprechens ließ Aristoteles manchmal auch etwas von seinem Begreifen des „theos"-„physis"-Verhältnisses anklingen. Er sagte zum Beispiel nicht nur von der „physis", daß sie nichts Sinn- und Zweckloses tue,[74] sondern formulierte auch den Satz: „Der ‚theos' und die ‚physis' tun nichts ohne Grund".[75] Daraus läßt sich wohl entnehmen, daß er das „Tun" der „physis" als ein relativ selbständiges, aber zugleich mit dem „Tun" des ihr übergeordneten „theos" immer übereinstimmendes „Tun" interpretierte.

Für die mythische Gestalt eines „theos", der, wie in Platons Dialog „Timaios", den Kosmos bildete und zusammensetzte, gab es im aristotelischen Denken allerdings keinen Raum mehr. Ebensowenig für einen jenseitigen Kosmos von Ideen, nach denen dieser „theos" sein Handeln auszurichten hat.

Das, was Aristoteles „theos" nannte, ist vielmehr das, was „wie ein Erstes von allem alles bewegt".[76] Um aber „der Ursprung und das Erste der Seienden" sein zu können, muß es „unbewegt",[77] also über alle Veränderungsmöglichkeiten und -notwendigkeiten erhaben sein. Daher darf es auch schlechterdings kein Seiendes geben, was das Erste lediglich sein könnte, aber noch nicht oder nicht mehr wäre. Sein ganzes Wesen ist somit Wirklichkeit.[78] Es ist ohne Materie[79] und daher auch nicht den Bedingungen des Raumes und der Zeit unterworfen. Es ist „bestes und ewiges Leben",[80] „Denken des Denkens", weil es selbst das Beste ist, was gedacht werden kann.[81]

---

[70] *Aristoteles,* De partibus animalium, 654a 24f; Physica, 252a 11f.

[71] *Aristoteles,* De partibus animalium, 652a 31f; Köster, physis, 253.

[72] *Aristoteles,* Physica, 260b 23.

[73] Vgl. *Hager,* Natur, 431.

[74] *Aristoteles,* De partibus animalium, 658a 8f.

[75] *Aristoteles,* De caelo, 271a 33; Köster, ebd.

[76] *Aristoteles,* Metaphysica, 1070b 34; 1072b 25,30. Zum aristotelischen Gottesbegriff im ganzen vgl. *Weischedel,* Der Gott der Philosophen, 55–59; *H. Beck,* Natürliche Theologie, 39f.

[77] *Aristoteles,* Metaphysica, 1073a 23f.

[78] Ebd. 1071b 20–22.

[79] Ebd. 1071b 21.

[80] Ebd. 1072b 28.

[81] Ebd. 1074b 34f.

Es ist „das Erste unbewegte Bewegende“,[82] das sich weder mit der Herstellung noch mit der Ausgestaltung des in seinem Grundbestand ewigen Kosmos befassen, geschweige denn seine Aufmerksamkeit nebensächlichen Geschehnissen im Kosmos zuwenden kann. Alles, was es bewegungslos bewegt, bewegt es dadurch, daß es als „das beste Wesen“[83] „erstrebt“, „gedacht“ und „geliebt“ wird.[84]

Dieser „theos“, von dem „der Himmel und die ‚physis‘ abhängt“,[85] konnte als solcher nicht im Kontext der aristotelischen „Physik“ begriffen werden, da die „Physik“ nur für die „bewegten“ Seienden zuständig war.[86] Aber es war die Aufgabe „der Ersten Philosophie“, die „Gründe und Ursachen des Seienden als Seienden“ zu erforschen und in einem damit „Theologik“ zu sein, da das „‚theion‘ ... der erste und herrscherlichste Grund“ und „das Ehrwürdigste der Seienden“ ist.[87]

Kein Zweifel also: In der aristotelischen Begriffswelt waren der „theos“ und das „theion“ der „physis“ übergeordnet, und entsprechend die „Theologik“ der „Physik“; und doch waren sie in ihrer Unterschiedenheit unzertrennlich miteinander verbunden. Sowenig die ewige „physis“ ohne den „theos“, sowenig konnte der ewige „theos“ ohne die „physis“ sein. Diesem Sachverhalt war der Satz durchaus angemessen: „Alles hat durch ‚physis‘ Anteil an einem ‚theion‘.“[88] Umgekehrt war aber auch der „theos“, den Aristoteles als das Erste von allem und das alles Bewegende ansah, nicht aus dem All herauszulösen, sondern auf die Aufgabe festgelegt, die er im All zu erfüllen hatte. Es war diesem „theos“ jedoch niemals möglich, sich zum Beispiel als frei erschaffender, handelnder oder gar mitleidender Gott am Geschehen der „physis“ unmittelbar zu beteiligen oder gar sich mit einem Teil dieses Geschehens – zum Beispiel durch so etwas wie eine Menschwerdung – unmittelbar zu identifizieren.

Ein weiter Abstand trennte also den „theos“ der aristotelischen „Theologik“ vom Göttervater der Volksreligion. In dieser „Theologik“ waren das religiöse Klima kühler und das religiöse Kolorit blasser als in den platonischen Dialogen. Aber die Bereitschaft zum strengen Begreifen und Beweisen schien, obwohl begrenzt, in ihr größer zu sein.

---

[82] Ebd. 1073a 26f.
[83] Ebd. 1074b 20.
[84] Ebd. 1072a 26; 1072b 3.
[85] Ebd. 1072b 14.
[86] Ebd. 1026a 12.
[87] Ebd. 1025b 3f; 1026a 30f; 1064a 37 – 1064b 1–14; vgl. *Weischedel,* Der Gott der Philosophen, 54f.
[88] *Aristoteles,* Ethica Nicomach., 1153b 32.

Daher konnten im Bereich der späteren „natürlichen Theologie“ neben Gestalten platonischen Typs Gestalten aristotelischen Typs gebildet werden. In den platonisierenden Gestalten ließ man angesichts der Unbegreiflichkeit des Einen und Ganzen vieles scheu in der Schwebe und zog oft das Schweigen dem Reden oder das Neinsagen dem Jasagen vor. Dagegen konzentrierte man sich in den aristotelisierenden Gestalten auf ein möglichst strenges und scharfes Begreifen des Gott-Natur-Verhältnisses. Es ist außerdem zu vermuten, daß Aristoteles der einflußreichste Anreger der durchaus nicht selbstverständlichen, aber folgenschweren Entscheidung war, die „natürliche Theologie“ vorwiegend als eine metaphysisch orientierte „theologische Philosophie“ oder „philosophische Theologie“ darzustellen und somit die Geschichte und Geschichtlichkeit des menschlichen Naturverstehens, Vernunftverstehens und Religionsverstehens aus dem Kernbereich der „natürlichen Theologie“ beinahe ganz auszuschließen.

6. Das „theos“-„physis“-Verhältnis im stoischen Denken

Die stoische Philosophie, die vor allem vom dritten Jahrhundert vor Christus bis zum dritten Jahrhundert nach Christus, aber in beachtlicher Weise auch nachher und besonders wieder seit dem Rückgang des christlichen Einflusses in neuerer Zeit viel Zustimmung gewann, übernahm manches, was vor und nach Sokrates dem Quellgrund der kosmischen Religiosität Griechenlands entsprungen und in die Sprache der Philosophie übersetzt worden war. Ähnlich wie Aristoteles schienen die Stoiker die „physis“ oder „natura“ nicht selten fast wie ein selbständig handelndes und Normen setzendes Gottwesen zu betrachten.[89] Doch unterschieden sie sich insofern von Aristoteles, als sie, Geist und Materie mehr oder weniger zusammendenkend, einer strengen Überordnung des „theos“ über die „physis“ oder des „deus“ über die „natura“ nicht mehr zustimmen mochten. So trat die Tendenz, das Reden über den „theos“ und „deus“ mit dem Reden über die allgemeine „physis“ und „natura“ weitgehend zusammenfließen zu lassen, immer deutlicher hervor, auch wenn man wohl nicht behaupten wollte, daß Gott und Natur in jeder Hinsicht gleich seien.[90]

Schon in der Sicht Chrysipps († um 208 v. Chr.) schien das Wort „Zeus“ nicht nur den höchsten Gott, sondern auch „die gemeinsame

---

[89] Vgl. *Hager,* Natur, 433f.

[90] Vgl. *K. Leese,* Recht und Grenze der natürlichen Religion, 16–28; *Weischedel,* Der Gott der Philosophen, 60–62.

‚physis' des Alls und das Schicksal und die Notwendigkeit" bezeichnen zu können.[91] Später konnte Seneca († 65) erklären, daß weder die Natur ohne den Gott noch der Gott ohne die Natur seien, und zur Begründung die rhetorische Frage anschließen: „Was ist die Natur denn anderes als der Gott?"[92] Für Epiktet († 138) und Marc Aurel († 180) war es dann so gut wie selbstverständlich, daß die Allnatur religiös verehrt und in einem weiten Sinn als „Gott" bezeichnet werden konnte und sollte.[93] Das Reden vom Gott und vom Göttlichen war ja inzwischen oft weit und weich geworden.

Es ist auch bemerkenswert, daß es wohl ein stoischer Philosoph war – wahrscheinlich Panaitios von Rhodos (um 185–109 v. Chr.) –, der das Reden vom Gott und vom Göttlichen auf die drei Gattungen des „mythischen", des „politischen" und des „physischen" Redens aufteilte.[94] Gemäß dieser Aufteilung, die vom römischen Geschichtsschreiber Marcus Terentius Varro (116–27 v. Chr.) übernommen und später von christlichen Theologen wie Tertullian und Augustinus kritisiert wurde, sollten für die „mythische" oder „fabelartige Theologie" vor allem die Dichter, für die „politische" oder „zivile Theologie" vor allem die Priester und Gesetzgeber, für die „physische" oder „natürliche Theologie" aber vor allem die Philosophen zuständig sein.[95]

In der Tat nahmen sich die stoischen Philosophen der Sache der „natürlichen Theologie" auf ihre Weise besonders an. Sie bauten diese „Theologie" zwar nicht zu einem selbständigen Traktat aus, aber betonten die unauflösliche Zusammengehörigkeit der Naturerkenntnis und der Gotteserkenntnis. Man wird gewisse Neigungen zum Pantheismus nicht übersehen und dennoch nicht nachweisen können, daß die Stoiker in ihrer Gesamtheit dem Pantheismus völlig unbesonnen verfielen. Der Ort ihrer Erwägungen zur Sache der „natürlichen Theologie" war aber auch nicht die von Aristoteles als Erste Philosophie konzipierte „Theologik", sondern eine – wenn wir so sagen dürfen – weithin monistisch gestimmte „Physik",[96] in der das Materielle und das Spirituelle wie das Natürliche und das Göttliche

---

[91] *J. v. Arnim,* Stoicorum Veterum Fragmenta II, 315, 8 f; vgl. *Kleinknecht,* theos, 75.

[92] *Seneca,* De beneficiis, IV, 8, 2; vgl. IV, 7.

[93] *Epiktet,* Diatrib. I, 29, 19; *Marcus Aurellius,* Selbstbetrachtungen, X, 14; vgl. *Hager,* Natur, 435.

[94] Vgl. *K. Reinhard,* Poseidonios, München 1921, 408 f; vgl. *Weischedel,* Der Gott der Philosophen, 62.

[95] Die Dreiteilung bei Varro ist zu rekonstruieren aus *Tertullianus,* Ad nationes, II, 1, 2 und *Augustinus,* De civitate Dei, VI, 12.

[96] Vgl. *J. Hirschberger,* Geschichte der Philosophie, Freiburg i. Br. 1963, 253–257.

zwar nicht als das unterschiedslos Gleiche, aber wohl als das in der Unterschiedenheit Selbe verstanden werden konnten. Vielleicht ist es nicht zuletzt diese monistische Gesamtstimmung, die die stoische Deutung des Gott-Natur-Verhältnisses vom 16. Jahrhundert an bedeutenden europäischen Denkern als neu aktuell erscheinen ließ.[97]

7. Das „theos"-„physis"-Verhältnis im neuplatonischen Denken

Die neuplatonische Philosophie, die ihre Blütezeit vom dritten bis zum sechsten Jahrhundert nach Christus hatte und auch später viele Bewunderer fand, ging einen anderen Weg. Gelegentlich konnten zwar auch die Neuplatoniker das Wort „physis" in der allgemein üblichen Weise gebrauchen und damit beispielsweise das Wesen einzelner Dinge und der Dinge im allgemeinen bezeichnen.[98] Aber sie verzichteten, wie schon ihr Meister Platon selbst, auf eine Thematisierung des „theos"-„physis"-Verhältnisses. Eine solche Thematisierung konnte ihnen auch kaum noch etwas bedeuten, weil sie im Gesamtentwurf ihres Denkens das Höchste nicht einfachhin „theos" nennen wollten und dem Seinsbereich, den sie im strengen Sinn als „physis" bezeichneten, einen ziemlich niederen Rang zuwiesen. Für die Ausgestaltung einer „natürlichen Theologie" fehlten daher die Anlässe und Antriebe. Dennoch gab es in der neuplatonischen Philosophie viele Äußerungen, die beachtliche indirekte Hinweise auf ihre Deutung des „theos"-„physis"-Verhältnisses enthielten.

Plotin (205–270), der genialste Neuplatoniker, war freilich ganz auf die mystische „Einung" mit dem „Einen" bedacht, das, metaphorisch gesprochen, über allem schwebt und doch zugleich alles aus sich entspringen läßt und so in sich birgt, daß es einerseits als Es selbst nichts von allem und andererseits doch auch in einer gewissen Hinsicht alles ist.[99] Er verkündete also so etwas wie ein Ausfließen des „Einen" ins Viele: ein Ausfließen, das dem „Einen" selbst nichts wegnimmt, aber bewirkt, daß es als Zweites den göttlichen Geist gibt, der das „Eine" und die vielen Ideen denkt, als Drittes die göttliche obere Weltseele, die zwischen der unsichtbaren Welt des Denkens und der sichtbaren Welt der Sinne vermittelt, als Viertes dann die „physis", nämlich die nichtgöttliche untere Weltseele, die ohne

---

[97] Vgl. *Leese,* Recht und Grenze der natürlichen Religion, 21f.

[98] Vgl. *Hager,* Natur, 437.

[99] *Plotin,* V, 2, 1; vgl. *K. Kremer,* Gott und Welt in der klassischen Metaphysik, Stuttgart 1969, 41–47; *Weischedel,* Der Gott der Philosophen, 63–69; hier: 63f.; *W. Beierwaltes,* Plotins philosophische Mystik, in: *M. Schmidt* (Hrsg.), Grundfragen christlicher Mystik, Stuttgart-Bad Cannstatt 1987, 39–49; hier: 46.

bewußte Reflexion schweigend die Körper hervorbringt und gestaltet, und zuletzt die vom „Einen" am weitesten entfernte, unbeseelte Materie.[100] Daher empfahl Plotin den denkenden Menschen, den Weg zurückzugehen und von der Materie über die untere Weltseele der „physis", die obere Weltseele und den Geist bis zum höchsten Ursprung und Ziel, zum „Einen", emporzusteigen.[101]

Angesichts dieses „Einen" muß sich freilich alles, was in dem vom Vielen gezeichneten Bereich des Nicht-Einen je von ihm gesagt werden kann, als verkehrt, unangemessen und unzulänglich erweisen. Das „Eine" muß ja ursprünglicher als jede Begrenzung und Bestimmung sein, ursprünglicher als jedes Etwas-Sein und das Sein selbst, ursprünglicher sogar als alles, was in einer der üblichen Weisen „theos" genannt wird.[102] Plotin hatte also nur noch die Möglichkeit, durch vollständige Verneinungen alles dessen, was das „Eine" nicht sein kann, indirekt auf es hinzuweisen, obwohl es selbst kein Es, sondern „apeiron"[103] ist, das schlechthin Un-endliche, das un-endlich Andere und somit auch Nicht-Andere.[104]

Der letzte Satz, den Plotin auf seinem Totenlager sprach, nannte jedoch nicht das „Eine", sondern den „Gott" und das „Göttliche". Er lautete in der Formulierung seines Schülers Porphyrios: „Versuchet, den Gott in euch in das Göttliche im All hinaufzuführen!"[105] Damit wird angedeutet, daß es auf dem Rückweg vom Vielen zum „Einen" letztlich nie um eine Flucht aus dem All gehen konnte, sondern um das „Eine" gehen mußte, das nicht vom All zu trennen, vielmehr mit dem, das in unzulänglicher Sprache „das Göttliche im All" genannt wurde, identisch ist.

Da aber zu diesem All auch die „physis" gehört, wirkte das Denken Plotins indirekt auf die Geschichte der „natürlichen Theologie" ein. Vor allem widersprach es, ohne einem banalen Dualismus zu verfallen, den stoischen Tendenzen zu einer pauschalen Gott-Natur-Identifikation. Es weckte und förderte aber auch das Verständnis für die fundamentale Notwendigkeit der Negationen in der Theologie und ließ so die „negative Theologie" in vielen Gestalten der „natürlichen Theologie" heimisch werden. Schließlich regte es religiöse Menschen an, die Grenzen eines Abstand haltenden verstandesmä-

---

[100] *Plotin*, Enn. III, 8,1–4; IV, 3,9; 8,7; V 1,3–8; 5,5–9; vgl. *W. Weischedel*, Der Gott der Philosophen, 67f.; *Hager*, Natur, 437.

[101] Vgl. *Beierwaltes*, Plotins philos. Mystik. 42–44.

[102] *Plotin*, Enn. VI, 9,6; vgl. *Weischedel*, Der Gott der Philosophen, 64f.

[103] *Plotin*, Enn. VI, 9,6.

[104] Vgl. *Beierwaltes*, Plotins philos. Mystik, 45.

[105] *Porphyrios*, Vita Plotini, 2,26f.; vgl. *Beierwaltes*, Plotins philos. Mystik, 40.

ßigen Deutens des Gott-Natur-Verhältnisses zu überschreiten und sich auf den Weg einer philosophisch verantwortbaren mystischen „Einigung“ mit dem „Einen“ zu begeben.

8. Zusammenfassung

Innerhalb der Grenzen unserer Leitfrage und unseres Blickfeldes ist nur eine vorläufige Zusammenfassung des umrißhaft historisch Erwiesenen möglich. Es wäre ja vermessen, aufgrund einer Skizze, die vieles ausläßt oder nur schwach andeutet, abschließend feststellen zu wollen, was in den frühen europäischen Deutungen des „theos“-„physis“-Verhältnisses in Wahrheit geschah. Denn dazu wäre ein viel tiefer dringendes und umfassenderes Befragen der denkgeschichtlichen und seinsgeschichtlichen Kontexte notwendig, in den diese frühen theo-physico-logischen Deutungen eingeflochten waren.[106]

Hier ist nicht die Zeit für ein solches Befragen. Aber wir können der vorgelegten Skizze entnehmen, daß die frühen Versuche, das „theos“-„physis“-Verhältnis zu bestimmen, im großen und ganzen wohl höchst ungewöhnliche Abenteuer des europäischen Denkens waren. Denn: Was konnte denkerisch verwegener sein, als in einer erdgebundenen menschlichen Sprache sagen zu wollen, wie sich zwei ursprüngliche und zugleich unfaßbare Größen zueinander verhalten, die konkurrierend auf jeweils verschiedene Weisen als „Eines“ und „Alles“ gedeutet werden konnten? Wie war es möglich, einer Größe sprachlich gerecht zu werden, die den uralten, in der Welt des Mythos geprägten, vielförmig und vielfarbig schillernden, zuweilen auf menschenähnliche und personartige Himmelswesen bezogenen, zuweilen aber auch ins Uferlose weisenden Namen „theos“ trug? Und was war von der anderen Größe zu sagen, der man den in der Welt des Logos entstandenen Titel „physis“ zulegte, der zugleich das Werden, Wesen und Sein des Alls und aller einzelnen Dinge, Lebewesen, Menschen und Götter bezeichnen konnte? War es nicht ausgeschlossen, das Verhältnis der beiden Größen sachgemäß zu bestimmen, die als das göttliche Seiendste des Seins und das natürliche Sein alles Seienden zugleich anwesend und abwesend sind, sich dem Denken gleichzeitig zeigen und entziehen und über alle Versuche, sie in Definitionen zu fassen, souverän hinweggehen? Hingen solche Bestimmungen nicht völlig von der Will-

[106] Zu diesen Kontexten: *M. Heidegger,* Die onto-theologische Verfassung der Metaphysik, in: Identität und Differenz, Pfullingen 1957, 35–73; besonders 55–73.

kür menschlicher Setzungen, Gestaltungen und Begrenzungen der jeweiligen „theos“-Begriffe und „physis“-Begriffe ab?

Es ist kaum zu bestreiten, daß es im griechischen Denken wie in jedem anderen Denken Spielräume für geschichtsbedingte freie Setzungen, Gestaltungen und Begrenzungen gab. Doch wie groß waren diese Spielräume? Gab es nicht auch schicksalhafte Notwendigkeiten, Forderungen der Zeiten und Räume und der in ihnen lebenden menschlichen Gesellschaften, Wegweisungen der mythischen und logischen Sprache, denen die wahrhaft denkenden Menschen entsprechen mußten?

Wie auch immer diese schwierigen Fragen zu beantworten sein mögen: es ist nicht zu bezweifeln, daß vorsokratische Denker Wege zu einem situationsgerechten Bedenken des „theos“-„physis“-Verhältnisses zu bahnen versuchten. Die meisten dieser Denker lebten ja noch weithin in einer von mythischen „theos“-Vorstellungen geprägten Welt und bemühten sich doch gleichzeitig um ein der Welt des Logos entsprechendes Verstehen der „physis“. Sie konnten sich dieser gleichsam in der Luft liegenden Aufgabe kaum völlig entziehen.

Das Wortpaar „‚theos‘ und ‚physis‘“ gewann zwar in den noch erhaltenen Fragmenten des vorsokratischen Denkens kein klares Profil. Manche Denker zogen es vielleicht vor, vom „theos“-„physis“-Verhältnis zu schweigen, oder erklärten, ähnlich wie Protagoras, über die Existenz von Göttern nichts wissen zu können. Aber es steht fest, daß sich einige Vorsokratiker schon an die ungeheure Frage heranwagten, wie das aus mythischer Zeit stammende, aber auf Wirkliches bezogene Sprechen vom Göttlichen, von den Göttern, vom einzelnen Gott und von Zeus auf das logische, aber ebenso wirklichkeitsbezogene Sprechen vom „Einen“, vom „All“ und vom „Grenzenlosen“ zu beziehen sei.

Es gab Antworten wie die eines Anaximander oder eines Xenophanes, in denen die Göttlichkeit des Gesamtgeschehens betont war, aber auch die ambivalent-dialektischen Äußerungen eines Heraklit, der erklärte, daß es im „Einen“ sowohl ein Nicht-Wollen als auch ein Wollen des Namens „Zeus“ gebe.

Danach zeigte Platon, seinen Lehrer Sokrates nachahmend und übertreffend, als philosophischer Theologe im Umgang mit dem „theos“-„physis“-Verhältnis sehr viel Behutsamkeit, Feinsinn und Vorsicht. Er wagte es, das Wort „physis“, das ursprünglich zur Welt des Werdens gehörte, auf dem Weg einer idealisierenden Sinnerweiterung in die Welt des unveränderlichen Seins einzuführen, und ließ es dennoch nicht zu einem übermächtigen Leitwort werden. So konnte er den in mythischer Sprache als „Hersteller und Vater des Alls“ vorgestellten „theos“ der in der Welt des Werdens waltenden

„physis“ durchaus überordnen und zugleich den Gedanken einer gewissen Überordnung der zur Welt des ewigen Seins gehörenden „physis“ über den menschenähnlich und personartig vorgestellten „theos“ anklingen lassen. Dadurch wurde Platon später zum Inspirator der sanften und alles in einer gewissen Schwebe haltenden Formen der „natürlichen Theologie“ und bewahrte wohl manchen Denker vor unbesonnenen Identifikationen und Dissoziationen der Gottes- und Naturgedanken.

Für Platons Schüler Aristoteles ergab sich dann aber die Notwendigkeit eines scharfsinnig unterscheidenden Begreifens des „theos“-„physis“-Verhältnisses. Er sah sich ja gedrängt, das Wort „physis“ zu einem der ganz großen Leitworte und durchreflektierten Kernbegriffe seines Denkens zu machen. Aber er scheute sich trotzdem nicht, die „physis“ zuweilen in geradezu mythisch-metaphorischer Sprache wie ein personartiges, gottähnlich handelndes und, im Blick auf das Vollkommenste und Beste, alles weise und zielstrebig ordnendes Wesen vorzustellen. Andererseits mußte er aber den als „bestes und ewiges Leben“, als „Denken des Denkens“ und als „Erstes unbewegtes Bewegendes“ begriffenen „theos“ der „physis“ eindeutig überordnen und demgemäß der „Theologik“, die als „Erste Philosophie“ die Gründe und Ursachen des Seienden als solchen zu bedenken hatte, einen höheren Rang als der nur für die bewegten Seienden zuständigen „Physik“ zuweisen.

Die Stoiker hoben dagegen die Überordnung des „theos“ über die „physis“ im allgemeinen nicht besonders hervor. Ihre Äußerungen über den „theos“ und die „physis“, die sie gerne, ähnlich wie Aristoteles, als so etwas wie eine selbständig handelnde und Normen setzende göttliche Person rühmten, schienen mehr und mehr zum Zusammenfließen zu tendieren und den Gedanken einer weitgehenden Identität nahezulegen. Wahrscheinlich war es auch ein Stoiker, der erstmals den Ausdruck „natürliche Theologie“ gebrauchte. Der Ort dieser Theologie war ja eine „Physik“, in der Göttliches und Natürliches ähnlich wie Spirituelles und Materielles mehr oder weniger als dasselbe angesehen werden konnten.

Dagegen gab es in der neuplatonischen Philosophie Plotins wegen des Abstands zwischen dem „Einen“ und der als untere Weltseele verstandenen „physis“ kaum Möglichkeiten für die Ausgestaltung einer „natürlichen Theologie“. Das Kernanliegen dieser Theologie war jedoch auch auf dem Weg Plotins zur mystischen „Einung“ mit dem „Einen“ implizit gegenwärtig. Denn es ging ihm letztlich um das dem All überlegene und doch vom All nicht trennbare „Eine“, das er kurz vor seinem Tod als „das Göttliche im All“ zu bezeichnen wagte.

Die frühen außerjüdischen und außerchristlichen Bestimmungen des „theos“-„physis“-Verhältnisses unterschieden sich also in vielem, was in ihren Kontexten über den „theos“, die „physis“ und ihr gegenseitiges Verhältnis gesagt wurde. Die Verfasser dieser Entwürfe stimmten aber wohl in der Grundüberzeugung überein, daß sie das, was sie über den „theos“ und die „physis“ zu sagen hatten, nicht beziehungslos nebeneinander stellen konnten. Sie hielten es vielmehr für notwendig, nicht nur das Verhältnis des Göttlichen zum Natürlichen, sondern auch das des Natürlichen zum Göttlichen in ihr Nachdenken einzubeziehen.

II. Zur bleibenden Bedeutung der Anfänge der „natürlichen Theologie“

Ein Minimalkonsens hinsichtlich der bleibenden Bedeutung der Anfänge der „natürlichen Theologie“ wäre unter konzilianten Menschen leicht herbeizuführen. Die Genialität einiger Denker, die Entscheidendes zur Grundlegung der „natürlichen Theologie“ beigetragen haben, ist ja weithin anerkannt. Man wird auch kaum bestreiten, daß manche ihrer Gedanken durchaus originell, brillant und bis zu einem gewissen Grad plausibel sind.

Aber bevor die bleibende geschichtliche und sachliche Bedeutung der Anfänge der „natürlichen Theologie“ in einer unserem Problembewußtsein entsprechenden Weise abschließend beurteilt werden könnte, wäre noch viel zu tun. Die europäische Enge der Betrachtungsweise wäre ins Planetarische auszuweiten. Die Wirkungsgeschichte der frühen Bestimmungen des Gott-Natur-Verhältnisses müßte allseitig erforscht und dargestellt werden. Es wäre aber auch ein systematisches Erwägen dieses Verhältnisses notwendig, in dem es ja nicht um Peripheres geht, sondern um das Eine, das Alles ist, oder – aristotelisch gesprochen – um das Denken des Denkens und das Sein des Seienden. Ein solches Erwägen verlangte aber auch eine angemessene Einbeziehung alles Wesentlichen, das sich aus den gegenwärtigen Gesprächen zwischen Geisteswissenschaften und Naturwissenschaften, zwischen Religionen und Weltanschauungen und zwischen Theologien und Philosophien ergibt.

Da ich keine Möglichkeit sehe, diesen Forderungen rasch zu entsprechen, verzichte ich hier auf abschließende Urteile über die bleibende Bedeutung der Anfänge der „natürlichen Theologie“. Zwar mache ich kein Hehl daraus, daß ich in diesen Anfängen manches von jenem Einen finde, das wahr, schön und befreiend gut ist, ohne jedoch die Augen vor dem, was einem solchen Verständnis widerspricht, zu verschließen. Ich erwarte aber auch, daß wir uns hinsichtlich der bleibenden Bedeutung der Anfänge der „natürlichen Theologie“ nicht für immer mit einem Minimalkonsens begnügen müssen, sondern den Konsens unter friedlichen, besonnenen und unbefangen wohlwollenden Menschen fortwährend vertiefen könnten. Solche Annahmen und Erwartungen kann ich hier aber nicht als ein durch das Dargelegte ausreichend begründetes Wissen ausgeben.

Es gibt allerdings zwei schwerwiegende Einwände gegen die Meinung, daß die Anfänge der „natürlichen Theologie“ nicht nur geschichtlich, sondern auch sachlich bis heute bedeutsam geblieben sind. Man kann nämlich einerseits darauf hinweisen, daß im christlichen Denken eine sachliche Bedeutung dieser Anfänge nicht mehr angenommen werden sollte. Andererseits läßt sich sagen, daß auch jenes Denken, das sich etwa vom 16. Jahrhundert an mehr oder weniger vom Christentum abgewandt und die frühe außerjüdische und außerchristliche „natürliche Theologie“ neu anerkannt hat, diese Theologie in dem Maß in Frage stellen muß, wie es sich vom irreversiblen Ende der Metaphysik überzeugen läßt. Zu diesen beiden Einwänden soll hier einiges sehr summarisch und fragmentarisch bemerkt werden.

1. Zur bleibenden Bedeutung der Anfänge der „natürlichen Theologie“ im christlichen Denken

Zwischen den theo-physiko-logischen Aussagen der frühen „natürlichen Theologie“ und dem biblischen Rühmen des einen Gottes und seiner Beziehungen zu dem von ihm erschaffenen und durch die Geschichte zur Vollendung zu führenden All des Himmels und der Erde gibt es gewaltige Unterschiede. Aber es können auch manche Entsprechungen, Ähnlichkeiten und Übereinstimmungen gefunden werden.

Das Alte Testament enthält ja Zeugnisse, nach denen sich Gott bestimmten Menschen im Medium unseres Sprechens offenbarte. Er begegnet zum Beispiel als der befreiende Gott „Jahwe“, der sagte: „Ich werde dasein, der ich dasein werde“ (Ex 3,14; vgl. 20,2). In der griechischen Übersetzung des Alten Testaments lautet diese in menschliche Worte gefaßte Selbstvorstellung Gottes dann aber einfach: „Ich bin der Seiende“. So war der Dialog mit dem griechischen Denken, dessen Sache das Sein des Seienden war, schon programmiert.

Gleichsam als Mitte des dramatisch bewegten Verhältnisses, das Jahwe und das All des Himmels und der Erde durch selige Höhen und tragische Tiefen hindurch unterscheidet und verbindet, erscheint immer wieder der einzigartige Bund zwischen ihm und seinem Volk Israel (vgl. z. B. Gen 15, 1–18; Ex 19–24). Jahwe, der Eine, der von Israel mit ganzem Herzen, ganzer Seele und ganzer Kraft geliebt werden darf und soll (vgl. Dtn 6, 4), ist also zugleich der grenzenlos Überlegene, vor dem „alle Völker wie nichts sind" (Jes 40, 17 f) und der, auch durch die Vermittlung seines Volkes, einmalig Gegenwärtige (vgl. Ps 139, 8–10).

Er wird nicht als das von aller Vielheit und Gegensätzlichkeit freie Eine, nicht als das ihn und die Welt einende All, nicht als das Unendliche, nicht als das Göttliche, aber auch nicht als die höchste, über der Welt des endlichen Werdens und Seins schwebende Idee des Guten und nicht als das unbewegt bewegende Denken des Denkens gedeutet. Denn er ist der Gott, der im Anfang Himmel und Erde durch sein Sprechen erschaffen hat und zu erschaffen fortfährt (vgl. Gen 1, 1 – 2, 4 a; Jes 46, 9–11; Jdt 9, 5 f), der große Gott, der allen in den Religionen der Erde verehrten Göttern als der große König überlegen ist (vgl. Ps 95,3), der nicht dulden kann, daß andere Götter neben ihm verehrt oder Gottesbilder hergestellt werden (vgl. Ex 20, 3 f), und der durch seine Propheten immer entschiedener verkünden läßt, daß außer ihm kein Gott ist und er ganz allein alles, was ist, erschafft, nicht nur das Licht, sondern auch das Dunkel, nicht nur das Heil, sondern auch das Unheil (vgl. Jes 45, 5–7).

Neben ihm gibt es also für so etwas wie die relativ selbständige aristotelische oder gar stoische „physis" keinen Raum. Von den Gottesvorstellungen der „natürlichen Theologie" unterscheiden sich die Jahwe in menschlichen Worten rühmenden Texte des Alten Testaments aber nicht zuletzt dadurch, daß sich der gerühmte Gott auch durch sein Handeln und das seiner Liebe gemäße Leiden in der Geschichte offenbart, angefangen von der alle Völker angehenden Rettung Noachs (vgl. Gen 6, 5–8; 8, 22; 9, 1–17) über die Berufung Abrahams (vgl. Gen 12, 1–3) und die Befreiung Israels aus Ägypten (vgl. Ex 20, 21 Dtn 26, 5–11) bis zur Endzeit, in der der Wolf beim Lamm wohnen und der Panther beim Böcklein liegen soll (vgl. Jes 11, 6), ja sogar ein neuer Himmel und eine neue Erde erschaffen werden dollen (vgl. Jes 65, 17).

Das hebräische Alte Testament konnte das Verhältnis Jahwes zum All des Himmels und der Erde also nicht unmittelbar als Gott-Natur-Verhältnis bestimmen. Es enthält zwar, vor allem in den Psalmen und im Buch Ijob, viele Texte, die wir heute als Naturschilderungen bezeichnen könnten (vgl. Ps 19; 65; 104; 147; 148; Ijob 37; 38–41). In der hebräischen Sprache des Alten Testaments war dies jedoch nicht möglich, weil es in ihr kein Äquivalent des griechischen Worts

„physis“ gab.[107] Vermutlich konnte es so etwas auch gar nicht geben, weil das geistige Klima im alten Israel nicht mit jenem zu vergleichen war, das in den griechischen Auseinandersetzungen zwischen den Freunden des mythischen und den Freunden des logischen Sprechens die Ausbildung des philosophischen Begriffs der „physis“ begünstigte.

Der erste jüdische Denker, der für eine weite Öffnung der zwischen Juden und Griechen bestehenden Denk- und Sprachgrenzen und eine Kommunikation zwischen der jüdischen Bestimmung des Jahwe-Schöpfungs-Verhältnisses und den griechischen Bestimmungen des „theos“-„physis“-Verhältnisses eintrat, war wohl Philon von Alexandrien († 45/50). Er war ein gläubiger Jude und zugleich ein Freund des griechischen Logos-Denkens.[108] Daher versuchte er den eigentlichen Sinn der biblischen Jahwe-Geschichten den Griechen, denen sie fremdartig und teilweise anstößig erschienen, durch allegorische Neuauslegungen zu erschließen.

Im Zuge solcher Übersetzungsversuche machte er den Begriff der „physis“ sogar zum „Zentralbegriff seiner Philosophie und seiner Gesetzesauslegung“.[109] Er scheute sich nicht einmal, Inhalte des jüdischen Schöpfungsverstehens, das ganz und gar vom liebevoll strengen und erbarmenden Walten des einen Bundesgottes beherrscht war, mit Hilfe der ihm eigentlich inkompatiblen Terminologie aristotelischer und stoischer „physis“-Deutungen neu zur Sprache zu bringen.[110] Dies war ein äußerst riskanter und durchaus problematischer Versuch. Denn es ging nicht nur um konziliante Dialoge zwischen zwei selbständigen und sich voneinander abgrenzenden Religionen, sondern auch um verwandelnde Integrationen von Gedanken der frühen „natürlichen Theologie“, die den jüdischen Glauben an den einen, Himmel und Erde erschaffenden und rettenden Gott Jahwe sach- und situationsgerecht erneuern, vertiefen und öffnen sollten. Christliche Theologen wie Klemens von Alexandrien, Origenes, Gregor von Nyssa und Ambrosius folgten später dem Beispiel Philons[111] und ließen sich zu ähnlich kühnen Integrationen heidnischer Gott-Natur-Verhältnisbestimmungen in die christliche Theologie anregen.

---

[107] *Köster,* physis, 260.

[108] *H. Kleinknecht,* Die logoi des Philo von Alexandria, in: *A. Debrunner* u.a., lego ...: ThW 4 (1942) 86–88.

[109] *Köster,* physis, 261.

[110] Ebd. 261–263.

[111] Vgl. *C. Mondésert,* Philon v. Alexandrien, in: Lexikon f. Theol. u. Kirche 8 (1963) 470.

Die Verfasser der Texte des Neuen Testaments hielten sich dagegen beim Gebrauch des Wortes „physis" äußerst zurück.[112] Es ist verständlich, daß in der griechischen Übersetzung der Worte Jesu dafür kein Raum war. In der Botschaft Jesu vom Reich Gottes ging es zwar immer auch um das weltüberragend liebevolle und doch in allem verborgen gegenwärtige Sorgen seines Vaters für Himmel und Erde (vgl. z. B. Mt 6,2–17; 11,25), um sein Ernähren der Vögel des Himmels und sein Kleiden der Lilien des Feldes (vgl. Mt 6,26–30), um sein aufmerksames Beobachten der Spatzen und sein Zählen aller Haupthaare der Menschen (vgl. Mt 10,29 f). Außerdem befaßten sich die Gleichnisse Jesu gern mit dem Wachsen der Pflanzen (vgl. Mk 4,1–34; Mt 13,24–30.36–43), von dem auch das griechische „physis"-Denken ursprünglich ausging. Aber der Gebrauch eines aramäischen Äquivalents des Wortes „physis" war in den Redesituationen Jesu praktisch ausgeschlossen.

Das Wort „physis" fehlt aber nicht nur in den uns überlieferten Worten Jesu, sondern auch im gesamten Text der vier Evangelien, was im Blick auf das Johannesevangelium, in dem das Wort „logos" eine große Bedeutung hat (vgl. Joh 1,1–14), durchaus nicht selbstverständlich ist.

Dagegen ist das Wort „physis" an einigen wenigen Stellen der Paulusbriefe zu finden. Paulus schrieb zum Beispiel den Galatern, sie seien einst, als sie Gott nicht kannten, Sklaven von Göttern gewesen, die von Natur aus („physei") nicht Götter seien. Das ist eine seit langem geläufige Verbindung der Worte „theos" und „physis". In einer an die aristotelische und stoische „natürliche Theologie" erinnernden Sprechweise stellte Paulus die „physis" auch wie eine Lehrerin vor, die lehre, daß lange Haare für den Mann eine Schande, für die Frau aber eine Ehre seien (vgl. 1 Kor 11,14 f). Theologisch gewichtiger ist ein Text im Römerbrief (2,14), nach dem die Heiden aufgrund der „physis" das tun, was im Gesetz gefordert ist. Hier klingen Gedanken an, die in der stoischen Lehre vom Naturgesetz und in manchen Texten Philons von Alexandrien vorkommen. Es gibt aber nicht den geringsten Hinweis, daß Paulus der „physis" so etwas wie „göttliche" Autorität zuschreiben könnte.

Erst im Zweiten Petrusbrief (1,4) werden die Glaubenden, die an ihr Ziel gelangen, unbefangen als „Teilhaber der göttlichen ‚physis'" bezeichnet. Der in der Bibel nur hier vorkommende Ausdruck „göttliche ‚physis'" zeigt, daß die Grenzen, welche die Sprache des

[112] Zum neutestamentlichen Gebrauch des Wortes „physis": *Köster,* physis, 264–270; *H. Paulsen,* physis ...: *H. Balz / G. Schneider* (Hrsg.), Exegetisches Wörterbuch zum Neuen Testament 3 (1983) 1063–1065.

Neuen Testaments von der Sprache der „natürlichen Theologie“ trennten, nicht ganz undurchlässig waren. Man wird dem Verfasser des Briefes zwar nicht die Absicht einer allgemeinen Öffnung dieser Grenzen zuschreiben können. Aber offensichtlich wagte er es, ähnlich wie Philon von Alexandrien, Sprechweisen, die für die „natürliche Theologie“ typisch waren, in einen ganz anderen Kontext zu übertragen und selbst das Letzte, um das es in den „kostbaren und größten Verheißungen“ (2. Petr 1,4) geht, als ein Teilhaben an der „göttlichen ‚physis‘“ zu bezeichnen.

Den spärlichen Erkenntnissen, die den „physis“-Texten des Neuen Testaments hinsichtlich der frühen christlichen Beurteilung des heidnischen Umgangs mit dem „theos“-„physis“-Verhältnis zu entnehmen sind, muß jedoch das hinzugefügt werden, was sich aus Texten ergibt, die einigen Vorstellungen der „natürlichen Theologie“ nahekommen, obwohl das Wort „physis“ oder verwandte Worte nicht gebraucht werden.

Denn Paulus erklärte im Römerbrief, daß das „Erkennbare Gottes“ unter den Menschen offenkundig sei, weil Gott es ihnen offenbart habe, und begründete dies mit der Feststellung: „Sein Unsichtbares wird ja von der Erschaffung der Welt her in seinen Werken durch das Denken gesehen: seine ewige Macht und Gottheit, so daß sie unentschuldbar sind“ (Röm 1,19f). Zur Vorgeschichte dieses Textes gehören wohl nicht nur breite Strömungen der Theologie des hellenistischen Judentums (vgl. Weish 13,1–9), sondern auch gewisse Einflüsse populärer stoischer Deutungen des „theos“-„physis“-Verhältnisses.[113] Paulus dachte aber sicher nicht an eine naive Rezeption einzelner Inhalte der heidnischen „natürlichen Theologie“. Denn das jüdische und das christliche Verständnis der Erschaffung der Welt spielten in seinen Erwägungen eine entscheidende Rolle. Außerdem hatten diese Erwägungen ja nicht das Ziel, die „natürliche Theologie“ zu bestätigen oder in einen Dialog mit ihr einzutreten. Sie dienten vielmehr dem Erweis der unentschuldbaren „Gottlosigkeit und Ungerechtigkeit von Menschen, die die Wahrheit durch Ungerechtigkeit niederhalten“ (Röm 1,18). Es ist bisher allerdings auch nicht einsichtig gemacht worden, wie es möglich wäre, der Intention des Paulustextes voll zuzustimmen und zugleich alle außerjüdischen und außerchristlichen Deutungen des Gott-Natur-Verhältnisses undifferenziert zurückzuweisen.

Mit einigen Wahrheitsmomenten in solchen Deutungen muß auf

---

[113] Vgl. *U. Wilckens,* Der Brief an die Römer (Röm 1–5) (Evang.-Kathol. Kommentar zum Neuen Testament, VI/1), Zürich, Neukirchen 1977, 96–100.

jeden Fall jener „Paulus" rechnen, den Lukas in der Apostelgeschichte Worte sagen läßt, in denen eher die lukanische Theologie als die der echten Paulusschriften zur Sprache zu kommen scheint. Denn der von Lukas vorgestellte „Paulus" lädt auf dem Areopag in Athen seine heidnischen Zuhörer ein, „Gott zu suchen, ob sie ihn ertasten und finden könnten". Er trägt auch keine Bedenken, sich mit ihnen zu solidarisieren und im „Wir"-Stil wie ein Stoiker auszurufen: „Er ist nicht fern von einem jeden von uns. Denn in ihm leben wir, bewegen wir uns und sind wir". Danach erinnert er sogar an einige ihrer Dichter, die gesagt hätten: „Von seinem Geschlecht sind auch wir" (Apg 17,27f). Es ist erstaunlich, wie unbefangen Lukas hier Formulierungen gebraucht, die auch im Kontext einer stoischen „natürlichen Theologie" vorkommen könnten, und sogar einen Satz zitiert, den der Stoiker Aratos im dritten Jahrhundert vor Christus auf Zeus, den Vater der Götter und Menschen, bezogen hatte.[114]

An einer anderen Stelle der Apostelgeschichte läßt Lukas die Apostel Barnabas und Paulus in Lystra verkünden, daß der lebendige Gott in den vergangenen Zeiten alle Heiden ihre Wege gehen ließ, aber sich auch selbst bezeugte, indem er Gutes tat, ihnen vom Himmel herab Regen und fruchtbare Zeiten schenkte und ihre Herzen mit Nahrung und Freude füllte (vgl. Apg 14,16f).

Es gibt also an einigen Stellen des Neuen Testaments – auch ohne den Gebrauch des Wortes „physis" – gewisse Öffnungen gegenüber der Sache der außerjüdischen und außerchristlichen „natürlichen Theologie". Um die Bedeutung dieser Öffnungen recht einschätzen zu können, haben wir jedoch auch zu bedenken, daß zur christlichen Bestimmung des Gott-Schöpfungs-Verhältnisses im Neuen Testament nicht nur Gott, sondern auch der Sohn Gottes und der Heilige Geist gehören; der Sohn als Gott, durch den alles geworden ist und in dem alles Bestand hat (vgl. Joh 1,1–3; 1 Kor 6,8; Kol 1,16f; Hebr 1,2) und der durch seine Fleischwerdung sogar selbst in alles einging (vgl. Joh 1,14); der Heilige Geist aber als der Geist Gottes selbst, der allein weiß, was Gott ist und zu ihm gehört, und ohne den kein Mensch in Wahrheit sagen kann, daß Jesus der Herr ist (vgl. 1. Kor 2,11; 12,3).

Der Kontext dieser trinitarischen Bestimmung des Gott-Schöpfungs-Verhältnisses öffnete dem Christentum weite Möglichkeiten. Denn dem lebendigen Gott mußte die Freiheit zugesprochen werden, sich wie der Wind, der „weht, wo er will" (Joh 3,8), offenbaren zu können. So konnten die christlichen Theologen grundsätzlich

---

[114] Vgl. *G. Schneider,* Die Apostelgeschichte, 2. Teil (Herders Kommentar zum Neuen Testament, V/2), Freiburg i.Br. 1982, 241f.

auch ein gelassenes Gespräch mit Vertretern einer Gotteserkenntnis aufnehmen, in der nichts von einer Wortoffenbarung Gottes enthalten war. Sie konnten auch die Wahrheitspartikel in der außerjüdischen und außerchristlichen „natürlichen Theologie" anerkennen, sogar die Weiterentwicklung dieser Theologie gemäß ihren Voraussetzungen und ihrer Eigenart fördern und sich von ihr sogar zu einem tieferen Verstehen nicht nur des Gott-Natur-Verhältnisses, sondern auch anderer Verhältnisse, wie des Person-Natur-Verhältnisses und des Gnade-Natur-Verhältnisses, gewisse Anregungen geben lassen.

Die Entwicklung konnte freilich auch umgekehrt verlaufen. Denn in der Überzeugung, daß uns Menschen „kein anderer Name unter dem Himmel gegeben worden ist, durch den wir gerettet werden sollen" (Apg 4,12), als der Name „Jesus Christus" (Apg 4,10) und daß er „der Weg und die Wahrheit und das Leben" ist und niemand außer durch ihn zum Vater kommt (vgl. Joh 14,6), konnten Christen die Möglichkeiten außerchristlicher Gotteserkenntnisse für heilsunwirksam erklären oder völlig ausschließen.

Die vielgestaltige und spannungsreiche Geschichte des christlichen Umgangs mit den Anfängen der „natürlichen Theologie" kann hier nicht nachgezeichnet werden. Von einer sehr hohen Warte aus läßt sich aber, besonders im Blick auf die Westkirche, vorläufig wohl folgendes bemerken:

In der ersten Hälfte des ersten Jahrtausends mußten die christlichen Theologen entscheiden, wie sie die in der Bibel nicht thematisch behandelten, aber auf das gesamte Leben im Mittelmeerraum tief einwirkenden vorchristlichen Bestimmungen des Gott-Natur-Verhältnisses beurteilen sollten. Origenes[115] und Augustinus[116] ließen deutlich erkennen, daß sie platonischen und neuplatonischen Konzepten solcher Verhältnisbestimmungen in der Regel wohlwollender begegneten als anderen Konzepten und manches daraus auch in ihre eigenen theologischen Synthesen aufnehmen wollten. So wurde in der christlichen Theologie des gesamten ersten Jahrtausends erheblich mehr als in der Bibel von der Natur gesprochen. Es war sogar möglich, Gott selbst als die „erschaffende Natur" zu bezeichnen.[117] Aber die alles beherrschende, grenzenlose Überlegenheit Gottes über jede Natur, insofern sie von ihm aus nichts

---

[115] *Origenes,* De principiis, II, 1–11.

[116] *Augustinus,* De civitate Dei, VIII, 1–13; vgl. *W. Pannenberg,* Systematische Theologie, I, 91 f.

[117] *Augustinus,* De Trinitate, XV, 1,1; vgl. *T. Gregory,* Natur, in: HWP 6 (1984) 441.

erschaffen wird, konnte im Christentum nicht bezweifelt werden; selbst dort nicht, wo man, wie schon Paulus (1 Kor 11,14), in der Weise der Stoiker von der Natur wie von einer selbständig planenden und handelnden Person sprach.

Dies änderte sich im zweiten Jahrtausend. Es kam zu einem anscheinend unaufhaltsamen Aufstieg des Naturgedankens und zu einem zähen, manchmal dramatischen, ja tragischen Ringen zwischen seinen Verteidigern und den Verteidigern des Gottesgedankens.

Albertus Magnus, Thomas von Aquin, Meister Eckhart und andere christliche Denker des 13. und 14. Jahrhunderts reaktivierten in einer riskanten, früher kaum vorstellbaren Weise die aristotelische Theologik und Physik.[118] Dies ging soweit, daß die aristotelisch geprägte, die biblische Wortoffenbarung nicht einbeziehende Theologie, die „Metaphysik“ genannt wurde, und die nach wie vor als Bibelauslegung vollzogene christliche Theologie, die auch damals noch einfachhin „Heilige Schrift“ genannt werden konnte, nicht zwei verschiedene Theologien bilden, sondern zu einer in sich „zweifachen“ Theologie zusammengefaßt werden sollten.[119] Ramon Lull, der eher von neuplatonischen Gedanken geleitet war, wagte sogar, die Hauptinhalte des christlichen Glaubens, selbst die Dreieinigkeit Gottes und die Menschwerdung seines Sohnes, in die „natürliche Weise des Verstehens“ einzubeziehen.[120] Im 15. Jahrhundert entdeckte Nikolaus von Kues unter dem Einfluß der gesamten platonisch geprägten Denktradition und nicht zuletzt auch der „natürlichen Theologie“ Lulls bisher noch nie gesehene Aspekte der Gott-Welt-Beziehungen.[121] Zu seiner Zeit kam es aber, besonders in Italien, überhaupt zu einer einzigartigen Renaissance platonischer, aristotelischer, stoischer und neuplatonischer Bestimmungen des Gott-Natur-Verhältnisses, die zu einem neuen Humanismus und Naturalismus führten.

Luther, Melanchthon und Calvin schränkten dagegen im 16. Jahrhundert die Bedeutung der natürlichen Gotteserkenntnis mehr oder weniger ein, schlossen sie jedoch keineswegs aus.[122] Auch Pascal lehnte den „Gott der Philosophen und Gelehrten“ nicht rundweg ab. Der Gott aber, der ihm „Gewißheit, Empfinden, Freude, Friede“ schenkte, war der „Gott Abrahams, der Gott Isaaks, der Gott Ja-

---

[118] Vgl. *J. Hirschberger*, Geschichte der Philosophie, 458–559.

[119] Vgl. *Thomas von Aquin*, In Boethium De Trinitate, 5,4.

[120] *Raimundus Lullus*, Liber de naturali modo intelligendi, in: Opera Latina, VI (Corpus Christianorum, Cont. mediaevalis, 33), Turnolti 1978, 176–223.

[121] Vgl. *W. Weischedel*, Der Gott der Philosophen, 157–164.

[122] Vgl. *W. Pannenberg*, Systematische Theologie, I, 84f.

kobs", der Gott, der „nur zu finden ist auf den Wegen, die das Evangelium lehrt".[123]

In den Folianten der sogenannten „Physikotheologie", die vom 17. bis zum 19. Jahrhundert vor allem in Nordwest- und Mitteleuropa entstanden, spielte die Kommunikation mit den Autoren der frühen „natürlichen Theologie" insgesamt wohl nur eine untergeordnete Rolle. Das Hauptinteresse galt vielmehr der Frage, wie die christliche Theologie die Ergebnisse der von christlichen Forschern wie Kopernikus, Kepler und Galilei mit großem Erfolg weiterentwickelten Naturwissenschaft rezipieren konnte.[124] Die philosophische und biblische Theologie Newtons, die zum Kontext seiner Physik gehörte, trug deutlich das Gepräge der neuplatonischen Schule der „Cambridge-Platonisten".[125] Leibniz wollte dagegen die Kerngedanken der gesamten antiken und scholastischen Philosophie mit den Kerngedanken der christlichen Theologie und den Ergebnissen der neueren Naturwissenschaften in eine neue, grandiose Synthese einbringen.[126]

Nach der kopernikanischen Wende des Denkens, die von der Objektivität zur Subjektivität führte, und der fortschreitenden Abkehr der Naturwissenschaften von der Theologie ging auch der Einfluß der Anfänge der „natürlichen Theologie" auf das europäische Denken erheblich zurück. Kant schränkte die Möglichkeiten im Bereich des theoretischen Wissens drastisch ein, um für den Glauben Raum zu schaffen, und führte die antiken Gedanken zum Gott-Natur-Verhältnis in subjektbezogene Gedanken über die „Religion innerhalb der Grenzen der bloßen Vernunft" über.[127] Schelling und Hegel unternahmen dennoch zwei hochspekulative, alles Frühere gigantisch übertreffende Versuche, die philosophische Theologie und die Naturphilosophie in idealistischen Denk- und Seinssystemen miteinander zu verknüpfen. Dabei hatten die Hauptbegriffe der klassischen Philosophie – Denken des Denkens und Sein des Seienden – und der christlichen Theologie – Dreieinigkeit und Menschwerdung Gottes – mehr Gewicht als die Ergebnisse der empirischen Forschung. Die Umrisse eines philosophischen Begriffs der Evolution waren je-

---

[123] *B. Pascal*, Über die Religion und über einige andere Gegenstände (Pensées), Heidelberg [7]1972, 248.

[124] Vgl. *S. Lorenz*, Physikotheologie: HWP 7 (1989) 948–955.

[125] Vgl. *W. Kutschmann*, Isaak Newton (1643–1727), in: G. Böhme (Hrsg.), Klassiker der Naturphilosophie, 184.

[126] Vgl. *W. Weischedel*, Der Gott, 184–191; *H. Berger*, Gottfried Wilhelm Leibniz (1946–1716), in: *G. Böhme* (Hrsg.), Klassiker, 187–202.

[127] Vgl. *W. Weischedel*, Der Gott, 191–213; *G. Wolters*, Immanuel Kant (1724–1804), in: G. Böhme (Hrsg.), Klassiker, 203–219.

doch, besonders in der Naturphilosophie Schellings, schon deutlich sichtbar.[128]

Viele christliche Theologen widersetzten sich einer globalen Vereinnahmung der Theologie durch die idealistischen Systeme. Die Wege, auf denen dies geschah, waren aber gemäß den Möglichkeiten der konfessionellen Traditionen verschieden.

Das Erste Vatikanische Konzil bekräftigte die Rezeption der „natürlichen Theologie", indem es definierte, daß Gott, der Anfang und das Ziel aller Dinge, durch das „natürliche Licht der menschlichen Vernunft" aus den geschaffenen Dingen sicher erkannt werden könne. Es hob aber zugleich die Bedeutung der übernatürlichen Wortoffenbarung hervor und entzog diese damit dem Kompetenzbereich der Philosophien, die die Anerkennung der Wortoffenbarung von vornherein ausschlossen.[129]

In der evangelischen Theologie wurden hauptsächlich zwei Wege beschritten: der Weg einer von den Reformatoren inspirierten vorsichtigen Anerkennung der Möglichkeit einer natürlichen Gotteserkenntnis, die jedoch nicht die Gestalt einer systematisch ausgebauten „natürlichen Theologie" erreichen kann, und der Weg einer mehr oder weniger radikalen Ablehnung der „natürlichen Theologie" auf dem besonders Karl Barth als Bannerträger hervorgetreten ist.[130]

Für manchen christlich gesinnten Denker und Naturforscher bewahren die Anfänge der „natürlichen Theologie" trotz der theologischen Kritik und der Fortschritte der Naturwissenschaft noch immer eine erhebliche Bedeutung. Etwa für Teilhard de Chardin, der 1951 schrieb, er sei „Physiker im alten griechischen Sinn des Wortes",[131] oder für Carl Friedrich von Weizsäcker, der im Sommersemester 1965 seine Vorlesung über „Materie und Bewußtsein" mit dem erstaunlichen Satz schloß: „Die Physik ist nur möglich vor dem Hintergrund der negativen Theologie."[132]

---

[128] Vgl. *W. Weischedel,* Der Gott, 245–389; *W. Schmied-Kowarzik,* Friedrich Wilhelm Joseph Schelling (1775–1854); *H. Kimmerle,* Georg Wilhelm Friedrich Hegel (1770–1831), in: *G. Böhme* (Hrsg.), Klassiker, 241–262; 263–278.

[129] Vgl. *H. Denzinger – A. Schönmetzer,* Enchiridion Symbolorum, Freiburg i. Br. [32]1963, Nr. 3004.

[130] Vgl. *Leese,* Recht und Grenze der natürlichen Religion, 45–146; *W. Weischedel,* Der Gott, II, 2–152; *Ch. Link,* Die Welt als Gleichnis, 41–149; *W. Pannenberg,* Systematische Theologie, 83–132; *G. Kraus,* Gotteserkenntnis ohne Offenbarung und Glaube, 73–135.

[131] *P. Teilhard de Chardin,* in: Nouvelles Littéraires v. 11.1.1951; zit. nach: *A. Haas,* Teilhard de Chardin-Lexikon, II, Freiburg i. Br., 150.

[132] *C. F. von Weizsäcker,* Die Einheit der Natur, München [2]1971, 319.

Aus der Wirkungsgeschichte der Anfänge der „natürlichen Theologie" im christlichen Denken ergeben sich freilich noch keine abschließenden Urteile über ihre bleibende sachliche Bedeutung. Aber für ein christliches Denken kann es nicht zweifelhaft sein, daß die Frage, wie Gott und Natur sich zueinander verhalten, überall gegenwärtig ist, wo Menschen nach dem letzten Sinn ihres Daseins in der Welt fragen. Es wäre also wohl kein gutes Zeichen, wenn Christen, wie auch immer sie die heutige Problematik der „natürlichen Theologie" beurteilen mögen, ihre außerjüdischen und außerchristlichen Anfänge kurzerhand als überholt betrachten und ihre Wirkungsgeschichte als beendet erklären wollten. Denn vieles spricht dafür, daß diese Wirkungsgeschichte über solche Erklärungen hinweggehen wird.

2. Zur bleibenden Bedeutung der Anfänge der „natürlichen Theologie" in dem sich vom Christentum abwendenden Denken

Seit dem 16. Jahrhundert wandten sich europäische Denker in größerer Zahl von einem Christentum ab, das an seinen inneren Konflikten zu zerbrechen drohte und die Kraft zur Einigung Europas verlor. Sie sahen es als ihre Pflicht an, den Sinn des alten religiösen Redens von „Gott" und seines Verhältnisses zum Sinn des neuen philosophischen und wissenschaftlichen Redens von der „Natur" zeitgemäß so zu deuten, daß vernünftige Menschen aus verschiedenen religiösen Traditionen damit übereinstimmen konnten. Deshalb verwarfen sie zentrale Inhalte des christlichen Glaubensbekenntnisses, besonders die Dreieinigkeit Gottes des Vaters und des Sohnes und des Heiligen Geistes und die wirkliche Menschwerdung des Sohnes Gottes in Jesus von Nazaret. Dagegen gewannen für sie konsensfähige antike Bestimmungen des Gott-Natur-Verhältnisses, vor allem die einheitsfreundlichen Verhältnisbestimmungen der römischen Stoa, eine unmittelbare Aktualität.[133]

Die Erwägungen Brunos über den unauflöslichen Seins- und Wirkungszusammenhang zwischen der „Monade, welche die Gottheit ist", und der aus ihr hervorgehenden „Monade, welche die Natur das Universum, die Welt ist"[134], waren in ihrer Kühnheit weithin ganz neu. Aber sie erwuchsen nicht zuletzt aus seiner Kenntnis der

---

[133] Vgl. *W. Dilthey,* Weltanschauung und Analyse des Menschen seit Renaissance und Reformation (Gesammelte Schriften, II), Stuttgart [7]1964, 107; 250; 254–256; 285–289.

[134] *Giordano Bruno,* Gesammelte Werke (hrsg. von L. Kuhlenbeck), V, 186; vgl. *H. Böhme,* Giordano Bruno (1548–1607), in: *G. Böhme* (Hrsg.), Klassiker, 127.

frühen außerjüdischen und außerchristlichen „natürlichen Theologie“ und aus seiner entschiedenen Absage an die aristotelische Deutung der Theologik-Physik-Differenz.[135] Einflüsse antiker Gottes- und Naturgedanken gab es wohl auch in allen anderen Neukombinationen religionsphilosophischer und naturphilosophischer Zentralbegriffe.

So ließ sich sogar Herbert von Cherbury von der römischen Stoa anregen, obwohl er im Gegensatz zu ihren Grundintentionen den am Anfang planenden und schaffenden Gott von der später selbständig weiterexistierenden Natur absonderte und so dem Deismus den Weg öffnete.[136]

Unübersehbar aber war die Verwandtschaft zwischen der stoischen „natürlichen Theologie“ und dem Begriff der einen unendlichen Substanz, die Spinoza in stehender Redeweise als „Gott oder Natur“ bezeichnete.[137] Als Philosoph wollte er diesen Begriff zwar nicht aus der Geschichte, sondern „bloß aus der Natur“ herleiten.[138] Aber er schrieb auch, daß er „gerade so wie Paulus und vielleicht auch alle antiken Philosophen, wenn auch in anderer Weise“ behaupte, daß alles in Gott lebe und webe.[139]

In Humes „Dialogen über natürliche Religion“ ging es dann um eine zeitgemäße Rezeption und Konfrontation der durch die Dialogpartner Philo und Cleanthes repräsentierten antiken Ablehnung und Bejahung der „natürlichen Theologie“. Am Ende schien die „ganze natürliche Theologie“ allerdings auf den einfachen Satz reduziert zu werden, „daß die Ursache oder Ursachen der Ordnung im Weltall wahrscheinlich einige entfernte Ähnlichkeit mit menschlicher Intelligenz haben“.[140]

Die Skepsis gegenüber den Möglichkeiten einer Metaphysik und einer mit ihr verbundenen „natürlichen Theologie“ nahm also zu. Dennoch ließ sich Whitehead in der zweiten Hälfte des 19. und der ersten Hälfte des 20. Jahrhunderts von den Theologien und Naturphilosophien Platons und Newtons zur Ausarbeitung eines neuen

---

[135] Vgl. *H. Böhme,* Giordano Bruno, 118–121.

[136] *W. Dilthey,* Weltanschauung, 248–257.

[137] Ebd. 285–289; *J. Hirschberger,* Geschichte der Philosophie, 137; *W. Weischedel,* Der Gott, 178–180.

[138] *Benedictus de Spinoza,* Tractatus theologico-politicus, in: Opera (hrsg. von C. Gebhardt), III, 179; vgl. *H. Krings,* Der Gott der Philosophen, in: *P. Gordan* (Hrsg.), Gott, Graz – Wien – Köln – Kevelaer 1986, 80.

[139] *Benedictus de Spinoza,* 73. Brief, Opera, IV, 306; vgl. *H. Krings,* Der Gott der Philosophen, 81.

[140] *David Hume,* Dialoge über natürliche Religion (Philosophische Bibliothek, 36), Hamburg [4]1968, 120; vgl. *J. Kulenkampff,* David Hume, München 1989, 145–156.

Gottesbegriffes anregen, dem im Ganzen seines prozeßphilosophischen Naturbegriffs eine unverzichtbare Ordnungsfunktion zukam.[141] So konnte im Kontext der von Whitehead geprägten Prozeßtheologie eine neue „natürliche Theologie für unsere Zeit" entwickelt werden.[142]

Es war also bisher nicht möglich, in dem sich vom Christentum abwendenden Denken Europas die Erinnerung an die Anfänge der „natürlichen Theologie" völlig beiseite zu drängen. Das Zusammengehen der Gottesfragen und der Naturfragen in den Anfangszeiten des europäischen Denkens kam auch im evolutionären Weltverständnis der Gegenwart immer wieder ans Licht. Zwar ließ dort, wo man überzeugt war, daß die Zeit der Metaphysik unwiderruflich vergangen und damit auch das Schicksal der „natürlichen Theologie" besiegelt sei, das Interesse an den Anfängen dieser Theologie deutlich nach. Aber das Gespräch mit den Denkern, welche die Anfänge gestaltet hatten, brach nicht ab.[143] Viele friedliche Menschen sind wohl auch heute bereit, anzuerkennen, daß in den Anfängen der „natürlichen Theologie" sachlich bedeutsame Anliegen enthalten sind. Manches spricht auch dafür, daß diese Anliegen in den gegenwärtigen Gesprächen zwischen Theologen, Naturphilosophen und Naturforschern mehr als nur eine flüchtige und oberflächliche Beachtung verdienen.

---

[141] Vgl. *E. Wolf-Gazo,* Alfred North Whitehead (1861–1947), in: *G. Böhme* (Hrsg.), Klassiker, 310f.

[142] *Ch. Hartshorne,* A natural theology for our time, La Salle, Illinois 1967.

[143] Vgl. *M. Heidegger,* Die onto-theologische Verfassung der Metaphysik, in: Identität und Differenz, 35–73; besonders 70–73.

II
Evolutionäre natürliche Offenbarung
Ein Beitrag aus der Sicht der Chemie

Von Herbert Gahmig

1. Die Entstehung der chemischen Elemente und ihre Ordnung im periodischen System

Der folgende Beitrag ist ein Versuch, gewisse Prinzipien der Evolution der Materie und des Lebens von den Uranfängen her zu beleuchten. Er betrachtet das Geschehen aus dem Blickwinkel der Chemie, da diese Wissenschaft sich mit den Reaktionen und Eigenschaften der chemischen Elemente und ihrer Verbindungen beschäftigt und damit die Grundlagen zum Verständnis der Lebensvorgänge liefert. Er soll ein Denkanstoß sein, bekannte Tatsachen neu zu überdenken, um auf diese Weise die Dinge im Licht ihres Potentials zu fortschreitender Entfaltung und Erneuerung zu sehen. Die Struktur der Welt beruht auf der Ordnung der Materie, die im dynamischen Wechselspiel mit sich selbst und den vielfältigen Erscheinungsformen der Energie steht. Diese Dynamik manifestiert sich als Evolution.

Der Ort der Entstehung chemischer Elemente sind die Sterne. Ihr Rohstoff ist das beim Urknall entstandene Element Wasserstoff, das sich unter der Wirkung der Schwerkraft in riesigen Massen zusammenballt, bis steigender Druck und Temperatur das atomare Feuer der Kernverschmelzung zünden und ein Stern geboren wird. Im Laufe seines Daseins werden fortschreitend von Stufe zu Stufe bei immer höheren Temperaturen massereichere Elemente gebildet, bis der Stern als Supernova stirbt, seine Materie in den Raum schleudert und sein atomares Feuer erlischt.

Die Evolution der Sterne und ihr Tod sind die Voraussetzung zur Evolution der Materie, zum Leben der Organismen. Wir bestehen aus dieser Asche der Sterne, der Kosmos ist in uns. Wir sind ein unlösbarer Teil des Kosmos und damit dem gleichen Gesetz von Werden und Vergehen unterworfen.

In diesem Prozeß offenbart sich bereits das Grundprinzip aller Evolution, das sich in unendlichen Varianten wiederholt: ausgehend von einer einfachen Basis unter Umsatz von Energie eine höhere Integrationsstufe zu erreichen und durch Modifikation der

Grundparameter neue Stoffe mit bisher nicht vorhandenen Eigenschaften und Evolutionspotential zu bilden. Das gleiche Prinzip der Vielfalt aus der Einheit gilt ja auch für geistige Konzepte und Informationsinhalte. Hier liegt der gemeinsame Ursprung aller Dinge, des geistigen wie des materiellen Lebens.

Die stufenweise Evolution der chemischen Elemente manifestiert sich im periodischen System. In diesem werden die Elemente geordnet nach steigender Ladungszahl ihres Atomkerns, der aus positiv geladenen Protonen und neutralen Neutronen besteht. Der Ladungszahl entspricht die Zahl der negativ geladenen Elektronen, die den Kern auf Bahnen mit definiertem Energieniveau, den sogenannten Schalen, umkreisen. Der Elementarstoff ist selbst elektrisch neutral. Seine chemischen Reaktionen, wie auch die seiner Verbindungen, beruhen allein auf der Veränderung der Anzahl bestimmter Elektronen in der Schale, nicht aber einer Veränderung des Atomkerns.

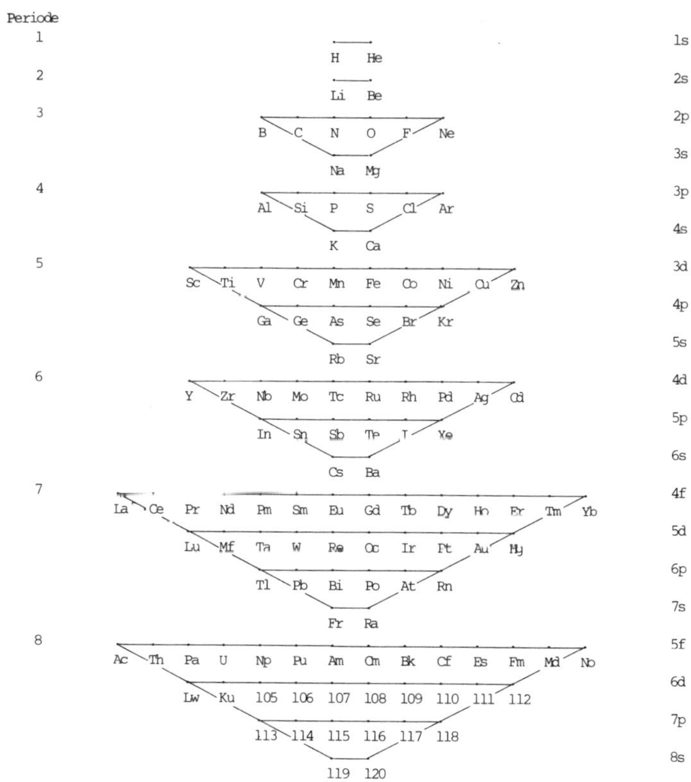

Abb. 1 Das periodische System nach Mazur

In der Darstellung des Periodensystems nach Mazur (Abb. 1) wird der periodische Aufbau der Elementgruppen und ihrer Elektronenschalen besonders deutlich. Das erste Element der Periode 1, der Wasserstoff (H), besitzt nur ein Proton und ein Elektron. Das letzte natürlich vorkommende Element, das Uran (U), hat 92 Protonen und Elektronen. Die folgenden Elemente wurden synthetisch in Atomreaktoren hergestellt; die noch freien Plätze sind für zukünftige Entdeckungen reserviert.

2. Die Bausteine des Lebens

Im periodischen System finden sich die Haupt-Elemente der Chemie des Lebens in den Perioden 1–4. Es sind dies die Nichtmetalle Kohlenstoff C, Phosphor P und Schwefel S sowie die Gase Wasserstoff H, Sauerstoff O und Stickstoff N in Form ihrer jeweiligen Verbindungen.

Dazu kommen noch in geringeren Konzentrationen Metalle wie Calzium Ca, Magnesium Mg, Eisen Fe, Natrium Na, Kalium K, die oft als Salze eine wichtige Rolle spielen.

Alle diese Elemente bilden eine große Anzahl von Verbindungen und Strukturen mit den unterschiedlichsten Eigenschaften. Auch hier wird das Prinzip der Vielfalt aus der Einheit in noch größerem Maßstab wiederholt.

3. Die Architektur der Moleküle

Atome verbinden sich zu Molekülen durch Austausch von Elektronen der beiden äußersten Schalen. Dabei streben die Reaktionspartner die energieärmste mögliche Elektronenkonfiguration an, welche der eines Edelgases entspricht. Durch diese Umverteilung der Elektronen entsteht eine mehr oder minder ausgeprägte Plus-minus-Polarität im Molekül.

Die Art der Atome und ihrer elektrischen Kräfte ist die Grundlage für alle Ordnung der Materie. Sie bestimmt Kristallform, Reaktivität und Eigenschaften der Elemente und ihrer Verbindungen. Dabei gibt es viele Variationsmöglichkeiten. So existiert z. B. Kohlenstoff als Ruß, Graphit und Diamant je nach Anordnung seiner Atome im Kristall. Kohlenstoff verbindet sich nicht nur mit anderen Elementen, sondern auch mit sich selbst, wobei die Festigkeit der Bindung zwischen den einzelnen C-Atomen von der Zahl der beteiligten Elektronenpaare abhängt. Sind zwei oder gar drei Elektronenpaare beteiligt, nimmt die Festigkeit der Bindung durch die hohe überschüssige Energiedichte stark ab. Allein aus der Verbindung C–H und der Variation von Zahl und Verteilung der Einfach- und Doppelbindungen im Molekül entstehen ganze Reihen verschiedener Molekülformen mit entsprechend vielen Eigenschaften, die durch die Länge der Molekülketten noch weiter variiert werden. Kommen weitere Elemente, wie O, N, P, S, sowie andere Arten der chemischen Bindung hinzu, so wächst die Zahl der möglichen Molekülformen und demzufolge der Eigenschaften dieser Stoffe ungeheuer an. Dabei ist jede neue Molekülstruktur Ausdruck eines modifizierten energetischen Feldes und demzufolge Informationsgehaltes.

Aus nur einem Urbaustein, dem Wasserstoff, entstehen 92 natürliche Elemente.

Drei Elemente – C, H, O – sind die Bausteine aller Zucker, Stärken, Zellulosen und Fette. Diese wiederum bilden die Hauptbausteine aller Pflanzen.

Aus fünf Elementen – C, H, O, N, P – bestehen Phosphorsäure, Zucker und die vier Nukleobasen, welche zusammen einen Baustein der Desoxyribonukleinsäure DNS bilden. Dieses Makromolekül im Zellkern codiert allein durch Art und Sequenz der Nukleobasen seiner Einzelbausteine den Bau und die Funktion aller Lebewesen.

Nur sechs Elemente – C, H, O, N, P, S – bilden Millionen von Verbindungen der organischen Welt, darunter die Aminosäuren. Davon bauen 20 verschiedene alle Proteine auf, vom wasserlöslichen Inhalt eines Eies, dem Fleisch der Muskeln bis hin zu Haaren, Federn und Klauen.

Man erkennt hier wiederum das Vorgehen der Natur, durch systematische Variation des Evolutionspotentials einer Ausgangsstufe eine Vielzahl von neuen Stoffen zu bilden, die ihrerseits oft Ausgangsbasis für weitere Integrationsstufen mit komplexerem Energie- und Informationsgehalt sind.

Ist man bei der Betrachtung der Instrumentierung für die Symphonie des Lebens zu diesem Punkt gelangt, so kann man zurückblickend den ungeheuren Weg erahnen, der hier nur angedeutet wurde. Es erscheint unfaßbar, daß diese Vielfalt möglich ist. Und doch basiert alle Evolution auf den Eigenschaften und Wechselbeziehungen der Elementarteilchen und ihrer Energieinhalte. Es ist das Wunder dieses Geschehens, daß es sich in vielerlei Form ständig, und überall mit großer Genauigkeit, wiederholt, und daß die zugrunde liegenden physikalischen Größen gerade die passenden Dimensionen an Energie und Masse besitzen.

In welcher Weise das Ineinandergreifen von Struktur und Ordnung der Materie das Leben der Organismen überhaupt erst ermöglicht, sollen folgende Beispiele zeigen.

4. Symmetrie, ein Strukturelement des Lebens

Zum Feinbau der molekularen Struktur des Lebens gehört das Phänomen, daß die Natur bestimmte Symmetrien der Molekülformen als Bau- und Betriebsstoffe der Organismen verwendet. Solche Moleküle drehen die Schwingungsebene des polarisierten Lichtes nach links oder rechts. Ihre Bauformen verhalten sich zueinander wie die rechte zur linken Hand oder wie Bild zu Spiegelbild. Als D-Form bezeichnet man jene, deren Substituent rechts vom asymmetrischen C-Atom liegt. Bei der L-Form ist es gerade umgekehrt, wie das Beispiel der Milchsäure zeigt, die als Abbauprodukt des menschlichen Stoffwechsels nur in dieser Form auftritt.

$\begin{array}{c} COOH \\ \vert \\ H-C-OH \\ \vert \\ CH_3 \end{array}$	$\begin{array}{c} COOH \\ \vert \\ HO-C-H \\ \vert \\ CH_3 \end{array}$
D-Milchsäure	L-Milchsäure

Außer bei einigen Bakterien, oder für chemische Verteidigungszwecke, bestehen die Proteine aller lebenden Organismen aus L-Aminosäuren. Die Natur baut stets nur Verbindungen gleichartiger Struktur auf. Während die Nucleotide des Zellkerns eine D-Struktur besitzen, synthetisieren sie aber die L-Aminosäuren. Bei der Synthese der Aminosäuren im Laboratorium entstehen hingegen stets razemische Gemische, d.h. solche mit gleichen Anteilen beider Strukturen.

Verwertbar sind im Organismus aber nur solche Verbindungen, welche die gleiche Symmetrie wie in der Natur haben. Würde die Natur den Zellkern aus Molekülen verschiedener Chiralität aufbauen, so entstünde eine Unterbrechung des molekularen Informationsmusters. Damit würde dessen Codierung für den Aufbau neuer Zellen nicht mehr kontinuierlich ablesbar sein, wie das Beispiel der unterbrochenen Wendeltreppe zeigt:

Nach L. E. Orgel:
The Origins of Life

5. Wasser, die „unmögliche“ Flüssigkeit

Zur weiteren Illustration, wie die Eigenschaften einer Substanz durch den molekularen Feinbau fundamentale Veränderungen erfahren, soll die bekannteste und doch ungewöhnlichste Flüssigkeit dienen, die wir kennen, das Wasser.

Keine andere organische oder anorganische Flüssigkeit kommt ihr in dieser Beziehung gleich.

Ursache dafür ist die geometrische Form des Wassermoleküls, das einen gefalteten Dipol mit einem Winkel von 105° bildet. Wie ein Magnet ziehen sich die Wassermoleküle gegenseitig an und bilden Wasserstoffbrücken aus, die zu Flüssig-Aggregaten führen.

Zur Sprengung dieser Gruppierungen bedarf es zusätzlicher Energiezufuhr, weshalb 4- bis 5mal soviel Wärme zum Erwärmen, Schmelzen und Verdampfen des Wassers benötigt wird wie für die meisten anderen Flüssigkeiten. Daher rührt auch die hohe Oberflächenspannung, welche das Hochsteigen des Saftes in den Pflanzen wie auch die Nicht-Benetzbarkeit des Federkleides der Schwimmvögel bewirkt.

Die enorme Wärmekapazität ist entscheidend für den Klimaausgleich auf der Erde, und die hohe Verdampfungswärme für die Kühlung des Körpers beim Schwitzen.

Im Wasser lösen sich mehr Substanzen als in irgendeinem anderen Medium. In reinster Form ist es ein sehr guter elektrischer Isolator, wodurch erst die Trennung von positiv und negativ geladenen Atomen (den Ionen) in wäßriger Lösung bewirkt wird. Erst diese gelösten Ladungsträger leiten nämlich die Elektrizität.

Wasser reagiert neutral, es ist weder Säure noch Base. Die wichtigste Eigenschaft des Wassers ist die Tatsache, daß es bei den Temperaturen, die auf unserer Erde herrschen, flüssig ist. Auch dies ist eine Folge des gefalteten Dipols und der Wasserstoffbrücken.

Wie aus der Tabelle der dem Wasser analogen Verbindungen ersichtlich ist, hat Wasser einen außergewöhnlich hohen Schmelz- und Siedepunkt, sowie einen besonders großen Bereich, in dem es flüssig ist. Diese Kombination allein ist für alle Lebensvorgänge außerordentlich wichtig.

Verbindung		CH_4	NH_3	H_2O	H_2S	H_2Se	H_2Te
Schmelzpunkt	°C:	–186	–78	0	–86	–64	–57
Siedepunkt	°C:	–161	–33	100	–61	–42	– 2
Flüssig-Bereich	°C:	25	45	100	25	22	55

Die Tatsache, daß Wasser sich bei Temperaturen unter +4 °C wieder ausdehnt, das heißt eine niedere Dichte hat, liegt ebenfalls in seiner Dipol-Struktur begründet. Unterhalb von +4 °C beginnen die Ordnungskräfte der Kristallisation wirksam zu werden. Die Bindungsabstände der Wassermoleküle im Eiskristall sind aber größer als die der dicht gepackten Dipolwinkel im flüssigen Wasser. Die Dichte nimmt daher ab, Eis schwimmt. Wäre dies nicht der Fall, wären sämtliche Weltmeere seit langem zugefroren.

Schon an diesem einen Beispiel wird deutlich, welch vielfältige Eigenschaftsänderungen der Materie durch einige fundamentale Eigenschaften ihre Atome und der geometrischen Struktur des Moleküls ausgelöst werden.

Man kann deshalb allein aus dieser Betrachtung des Wassers zwingend folgern, daß Leben auf anderen Planeten nur dann möglich ist, wenn dort praktisch ganz ähnliche Bedingungen herrschen wie hier auf der Erde.

6. Kohlendioxid, Anfang und Ende des Lebens

Eine andere Substanz, die uns täglich begegnet und buchstäblich in aller Munde ist, ist das Kohlendioxid, CO_2. Es ist beides: Abfallprodukt unseres Stoffwechsels, welches wir ausatmen, genauso wie Endprodukt der Verbrennung, das aus dem Schornstein unserer

Kraftwerke und dem Auspuff unserer Autos entweicht. Es ist aber auch: Ausgangssubstanz allen Lebens auf unserer Erde.

Kohlendioxid verbindet sich mit Wasser zu einer schwachen Säure, der Kohlensäure, die leicht in ihre Komponenten Wasser und das gasförmige CO_2 zerfällt. In Form ihres Salzes, dem Kalk, bildet Kohlenstoff einen wesentlichen Bestandteil der Erdkruste. In dieser mineralischen Form ist ca. 100000mal mehr Kohlenstoff auf der Erde vorhanden als in allen lebenden Organismen.

Aus dem löslichen Salz der Kohlensäure, dem Calziumbikarbonat, entsteht Kalk, welcher als Baustoff für das innere Skelett der Knochen und das äußere Skelett der Muscheln dient.

In der Atmosphäre übt CO_2 die Funktion eines Speichers für die von der Erde reflektierte Wärme aus (Treibhauseffekt). Es ist weiter der Rohstoff für das Wachstum der Pflanzen, die mit Hilfe des Lichtes und des Blattgrüns Chlorophyll das CO_2 spalten und daraus Kohlenhydrate (Zucker, Stärke, Zellulose) und Fette bilden, die wiederum die Grundlagen der Tierernährung sind.

Man hat guten Grund anzunehmen, daß die ersten Lebensformen auf der Erde in einer sauerstofffreien Atmosphäre entstanden. Erst durch die Evolution der Photosynthese in grünen Pflanzen wurde die gewaltige Energiequelle der Sonnenenergie nutzbar. Der Sauerstoff der Luft stammt aus der Spaltung des CO_2 in der grünen Pflanze nach der summarischen Gleichung:

$$CO_2 + H_2O \xrightarrow{\text{Licht}} CHOH + O_2$$

(wobei CHOH für die Zellulose der Pflanze steht).

So ist die Kohlensäure Trägersubstanz des Lebens, Abfallprodukt und Energievermittler in einem – eine Funktion, die so einzigartig ist wie die des Wassers, und eines der einfachsten und doch größten „Wunder" der Chemie des Lebens, denn die Summe all dieser merkwürdigen Eigenschaften von Kohlensäure und Wasser folgt letztlich aus den Eigenschaften von Atomen oder gar denen der Elementarteilchen.

7. Katalysatoren, die Reaktionsvermittler

Eine wichtige Rolle in der Entstehung des Lebens spielen die Katalysatoren, eine Gruppe von chemischen Verbindungen, die keinem einzelnen molekularen Typus zugeordnet werden können. Allein durch ihre Präsenz ermöglichen sie den Ablauf vieler chemischer Reaktionen, d.h. den Transfer von Energie von einem Stoff zum anderen durch Erniedrigung des notwendigen Energieniveaus. Sofern sie nicht in die Reaktionsprodukte mit eingebaut werden, bleiben diese Stoffe oft völlig unberührt vom chemischen Reaktionsverlauf. Weiterhin führen sie oft zu ganz speziellen Substanzen, die anders überhaupt nicht darstellbar sind.

Katalysatoren sind beteiligt an der Zellteilung und der Weitergabe der Erbinformationen im lebenden Organismus. Sie treten als vielerlei Substanzen auf, z.B. als Kohlenstoff, Wasser, Platin, Eisen, Gestein und Ton, als Gas, Flüssigkeit und Feststoff. Sie sind die geheimnisvollen Helfer in der Natur und finden Anwendung auch in der Industrie. Ohne sie wäre die Welt nicht die, wie wir sie kennen.

Zu erwähnen sei noch, daß es eine entgegengesetzt wirkende Gruppe von Stoffen gibt, die Inhibitoren. Sie verhindern bestimmte Reaktionen und spielen eine genauso wichtige Rolle wie die Katalysatoren.

8. Ausblick

Bei der Entstehung des Kosmos im Urknall, vor ca. 18 Milliarden Jahren, begann die lange Kette der Evolution von Energie und Materie in Zeit und Raum. Über Galaxien und Sterne führte sie zum Leben und zu uns Menschen auf diesem Staubkorn im All, der Erde. Dieses Geschehen ist nicht das Ergebnis eines blind würfelnden Zufalls, sondern des folgerichtigen Fortschreitens der Entwicklung von Stufe zu Stufe in Harmonie mit dem jeweils sich neu definierenden Potential ihrer Umwelt. Daß dabei Entwicklungslinien entstanden, die aufgegeben wurden, zeigt nur die Konsequenz, mit der alles Geschehen in die Gesamtentwicklung eingebettet ist.

Ziemlich bald nach der Entstehung der Erde, wahrscheinlich vor ca. 4 Milliarden Jahren, begann auf ihr das Leben. Seither setzt sich der Kreislauf der Interaktion von Energie und Materie fort gemäß den Gesetzen seines Anfanges. Der Mensch beginnt aufs neue, sich heute darauf zu besinnen, wie sehr er Produkt und Teil des kosmischen Ganzen ist.

Jedes Leben hat bisher seine Umwelt verändert. Der Mensch tut dies im besonderen Maße. Möge uns die Erkenntnis unserer Stellung auf dieser Erde der Verantwortung bewußt werden lassen, die wir tragen. Wir können uns dem Gesetz der Evolution sowenig entziehen wie der Schwerkraft, oder dem Alpha, das von allem Anfang her fortdauernd wirkt, ob wir uns dessen bewußt sind und seine Existenz ablehnen oder anerkennen: *Gott.*

Literatur

Berner, R. A. / Lasaga, A. C., Modeling the Geochemical Carbon Cycle, in: Scientific American, March 1989, Vol. 260, Nr. 3, 54–61.

Dickerson, R. E., Chemical Evolution and the Origin of Life, in: Scientific American, Sept. 1978, Vol. 239, Nr. 3, 62–78.

Doolittle, R. F., Proteins, in: Scientific American, Oct. 1985, Vol. 253, Nr. 3, 74–83.

Hargittai, I. / Hargittai, M., Symmetrie through the Eyes of the Chemist, Weinheim 1986.

Henderson, L., Die Umwelt des Lebens, Wiesbaden 1914.

Miller, St. / Orgel, L. E., The Origins of Life on the Earth, Englewood Cliffs, N. J. 1974.

Orgel, L. E., The Origins of Life: Molecules and Natural Selection, London 1973.

Schopf, J. W., The Evolution of the Earliest Cells, in: Scientific American, Sept. 1978, Vol. 239, Nr. 3, 84–102.

Seel, F., Über den Ursprung der präbiotischen Materie auf der frühen Erde, Vortrag an der TH Stuttgart, 15. 1. 1987.

Speakman, J. C., Molecules, New Jersey 1966.

Wilson, A. C., The Molecular Basis of Evolution, in: Scientific American, Oct. 1985, Vol. 253, Nr. 3, 148–157.

III
Das ALPHA-Prinzip der Natur

Von Carsten Bresch

Der Naturforscher findet bald, wenn er sich nach mannigfachen Richtungen auf seinem Felde bewegt, überall ein Geheimnis; er erkennt aber auch, daß alle diese Geheimnisse sich auf ein allgemeines Geheimnis zurückführen lassen – es ist die Schöpfung selbst. Den Grund der Schöpfung kann er mit seinem Denkvermögen nicht erreichen. Nur in einer inneren Ahnung erkennt er, daß ein solcher Grund da sei.

K. E. v. Baer

1. Evolution heute

Der Begriff der „Evolution" hat seit Charles Darwin eine wesentliche Ausweitung erfahren. Während Darwins Interesse auf die Stammesentwicklung der Vielzeller gerichtet war und im Problem des Aufstiegs des Menschen aus dem Tierreich gipfelte, wurde der breite heute gültige Horizont in seiner modernen Dreiteilung wohl erstmals – wenig beachtet von fast der gesamten biologischen Wissenschaft – von Teilhard de Chardin ausführlich dargestellt.

Er unterschied in seinem Hauptwerk „Der Mensch im Kosmos" drei Sphären der Kosmogenese: die „Noosphäre" – die Schicht des Geistigen –, die sich der „Biosphäre" – einer Schicht des Lebendigen – überlagert, die ihrerseits aus der anorganischen Sphäre erwächst, einer „Hylosphäre" (ein Terminus, den Teilhard selbst allerdings nicht benutzt hat).

In seinem besonders naturwissenschaftlich ausgerichteten Werk „Die Entstehung des Menschen" betont Teilhard vor allem die Komplexifikation, d.h. das Wachsen von Komplexität als Grundphänomen aller Evolution, die kontinuierlich alle drei Phasen durchläuft.

Zu Teilhards Lebzeiten war der heute so fundamentale Begriff der Information noch nicht in den Vordergrund des naturwissenschaftlichen Denkens gerückt. Dennoch hatte Teilhard offenbar ein durchaus ähnliches Konzept, das er als die „radiale Energie" bezeichnete.

Heute würde man den Beginn der Biosphäre durch das Auftreten der genetischen Information und den der Noosphäre durch die Dominanz des darübergelagerten intellektuellen Informations-Systems charakterisieren (Bresch, 1977).

Teilhard hebt die Bedeutung der Ganzheit von Strukturen hervor, die im Laufe der Evolution, von Elementarteilchen und Atomen ausgehend, zu Molekülen, dann zu Polymeren und zu ersten lebenden Mustern fortschreitend, immer höhere Komplexität erreichen. Man kann die Zahl der Elementarteilchen berechnen, die auf den verschiedenen Stufen jeweils zu einer Ganzheit zusammengefaßt sind, und dann diese Zahl – ein logarithmischer Maßstab ist dabei nötig – gegen den Zeitpunkt auftragen, an dem die Entwicklung (aus der beschränkten Sicht unseres Planeten) erstmals diese Komplexitätsstufe erreicht hat. Die folgende Abbildung gibt die so entstehende Kurve, das „Diagramm des roten Fadens", wieder. Aus ihr wird deutlich, daß das Komplexitätswachstum in den drei Phasen der Evolution in verschiedener Geschwindigkeit abläuft (verschiedene Neigungswinkel der halblogarithmischen Geraden). Quantitativ gut bestimmt ist dabei nur der mittlere Abschnitt, d.h. der der biologischen Evolution auf unserem Planeten. Für diese läßt sich die mittlere Verdopplungszeit der Partikelzahl aus der Neigung der Geraden zu 50 bis 60 Millionen Jahren abschätzen.

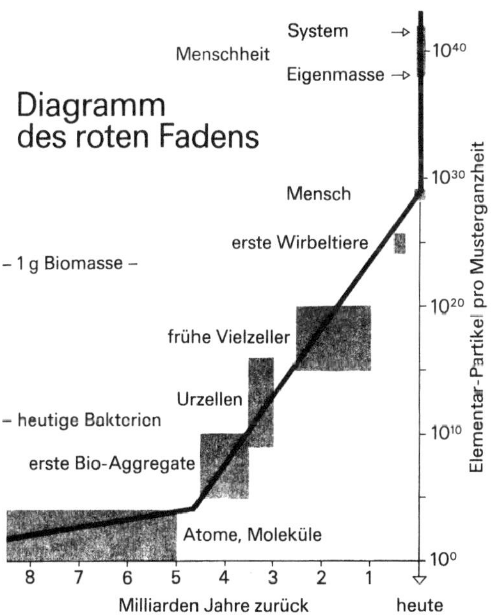

Wachstum der Musterganzheiten im Laufe der Evolution
(aus Bresch, 1977).

Der wesentliche Mechanismus dieses exponentiellen Wachstums der Mustergröße ist das Prinzip der „Integration". Hierbei werden mehrere bis dahin voneinander unabhängige Einheiten zu einer neuen Ganzheit auf höherer Stufe zusammengefaßt. Es werden so Elementarteilchen zu einem Atom verbunden, weiter Atome zu einem Molekül, Moleküle ihrerseits zu einem Polymer usw. Diese faszinierende Tendenz zu immer neuer Integration ist im Laufe der ganzen Evolution in allen drei Phasen feststellbar.

2. Grundlage Physik

Im Jahre 1929 entdeckte der amerikanische Astronom Edwin P. Hubble die Rotverschiebung der Spiralnebel. Mit zunehmendem Abstand von der Erde zeigten Galaxien eine wachsende Vergrößerung der Wellenlängen ihrer Spektrallinien. Dieses Phänomen wird durch den Doppler-Effekt erklärt, d. h. durch die Annahme, daß tatsächlich alle Galaxien sich von uns entfernen, und zwar mit um so größerer Geschwindigkeit, je weiter der Abstand von uns bereits ist. Der Vergleich mit der Explosion einer Granate liegt nahe. Auch dabei entfernen sich alle Stücke von allen anderen. Unser Planet bzw. unsere Galaxie haben also, obwohl alles von uns wegfliegt, in keiner Weise eine ausgezeichnete Position im Weltraum.

Der Urknall (big bang) des Universums – so kann man aus der Rotverschiebung zurückrechnend abschätzen – sollte 13 bis 20 Milliarden Jahre zurückliegen (je nachdem, wie stark sich seit dem Urknall die Fluchtgeschwindigkeit durch die Massenanziehung verlangsamt hätte). Für den Nicht-Physiker ist es dabei schwer, sich vorzustellen, daß nicht etwa, wie man erst meinen würde, eine Explosion in den Raum hinein stattfindet, sondern daß sich der Raum selbst mit aller Materie in ihm ausdehnt wie ein Rosinenkuchen, der beim Backen aufgeht.

Der Urknall setzt jedenfalls einen Zeitanfang für unser Universum. Geschehnisse in den ersten Sekundenbruchteilen sind unter Fachleuten sehr diskutiert und durch immer wieder verfeinerte Interpretationen gedeutet worden. Recht allgemein akzeptiert ist die Aussage, daß sich erst ein bis zwei Milliarden Jahre nach dem Urknall Galaxien bildeten.

Die römische Kirche hat schon 1951 das Modell eines Urknalls gutgeheißen. Diese Vorstellung kommt natürlich der religiösen Idee einer „creatio ex nihilo" sehr entgegen. So hat der Papst alle Aspekte dieser Kosmogenese für wissenschaftlich erforschbar erklärt – die einzige Ausnahme bleibt die Anfangssingularität selbst.

Nach der Einsteinschen Relativitätstheorie ist auch eine Krümmung des Raumes denkbar. Es gibt dabei drei mögliche Fälle:

Bei einer positiven Krümmung (vergleichbar der Krümmung einer Kugeloberfläche) wäre der Raum grenzenlos, aber endlich, bei einer negativen Krümmung (vergleichbar einer Sattelfläche) oder auch im Grenzfall des nicht gekrümmten Raumes wäre dieser unendlich. In bezug auf die Expansion des Raumes ist (bei negativer Krümmung) eine ewige Ausdehnung möglich oder auch (bei positiver Krümmung) in Zukunft deren Umkehrung zu einem gewaltigen Kollaps – möglicherweise in einer Oszillation, bei der auf jeden großen „Knirsch" ein neuer Urknall folgt. Theoretisch besteht als dritte Lösung dazwischen auch der Grenzfall einer unaufhörlichen, aber immer langsamer werdenden Explosion.

Zwei Größen entscheiden zwischen diesen Möglichkeiten. Zwei Größen, die beide nur unvollkommen genau gemessen bzw. berechnet werden können. Die eine ist die Ausdehnungsgeschwindigkeit des Universums, sozusagen die Explosionskraft, die das Universum am Anfang auseinandertrieb; die zweite ist die Gesamtmasse aller Materie des Weltalls, die ja eine Anziehungskraft aufeinander ausübt und so die Expansion vermindert und schließlich eventuell gar umkehren kann.

Verblüffenderweise ist das Verhältnis von Masse und Expansion recht nah dem Grenzwert auf der Kippe zwischen beidem. Da die Astronomie viel unsichtbare Masse im Raum annimmt, mag das Universum vielleicht das Doppelte der kritischen Masse besitzen oder auch nur ein Zehntel dessen. Im ersteren Fall also ein schließliches Zusammenstürzen des Weltalls, im zweiten unendlich fortgesetzte, wenn auch immer langsamere Expansion. Wenn man die nach den heute möglichen Kenntnissen noch erlaubte Abweichung von der Grenzmasse betrachtet, muß man sich vor Augen halten, daß die Gesamtheit der schweren Teilchen im Universum etwa 10^{80} beträgt. Das Universum ist also diesem Gleichgewicht ganz unvorstellbar nah – wie ein Bleistift, der auf der Spitze steht.

Zehnerpotenzen vernebeln den Durchblick für Nicht-Naturwissenschaftler. Folgende Rechnung wird es vielleicht deutlicher machen: Wäre eine Sekunde nach dem Urknall (PUN = post universum natum) die Expansion nur um $1:10^{17}$ langsamer gewesen, d.h. um 1/100000000000000000 – man halte hier ein und denke über diese Zahl nach –, dann wäre das Weltall heute längst im großen Knirsch verglüht. Evolution hätte nicht stattfinden können. Das Universum ist so nah an dieser kritischen Grenze und so ungeheuer gleichförmig (im Großen!), daß die Physik zum Urknall neue Zusatzvorstellungen entwickelt hat.

Besonders anerkannt ist dabei die *chaotische Inflations-Theorie*. Danach beginnt das All mit einer Temperatur von 10^{28} °K und dehnt seinen Radius in den ersten 10^{-30} Sekunden um das 10^{50}fache aus. Etwas andere, aber ebenso unvorstellbare Zahlen ergeben sich bei verschiedenen Varianten des Modells. Theologen sind ja an Wunder gewöhnt und können das sicher eher verkraften als Laien.

Die chaotische Inflations-Theorie „erklärt" viel bisher für Physiker Rätselhaftes, wie die Homogenität und die Isotropie unseres Universums. Aber es entstehen dabei auch neue Fragen, z. B. die Aufteilung des Universums in viele verschiedene Bereiche („domains"), die unabhängig voneinander verschiedene Entwicklungen durchlaufen und in denen verschiedene physikalische Gesetze gelten. Für alle „praktischen" Betrachtungen – so sagen die Physiker – ist aber nur unser Bereich wichtig, da kein anderer je für uns sichtbar oder erreichbar wäre. Wir würden niemals irgend etwas über diese anderen Bereiche erfahren können.

Als Dreiviertel-Laie fragt man sich, ob nicht die Modelle vielleicht immer unverständlicher und komplizierter werden müssen, weil am Anfang doch eine Annahme nicht stimmt – vielleicht die, daß die sogenannten Naturkonstanten gar nicht überall und zu allen Zeiten wirklich den gleichen Wert hatten. Aber in Fachkreisen wagte man solche Ketzerei nicht zu äußern. Vermutlich ist ja auch nur der Wunsch, diese Welt möge leichter zu verstehen sein, der Vater solchen Verdachts.

Seit 1986 fängt die Physik nun auch noch an, den alten Welle-Teilchen-Dualismus der Quantenphysik, der ja schon schwer genug zu verstehen war, durch schwingende Fäden (strings) zu ersetzen. Jeden Monat erscheinen etwa hundert Publikationen voller Mathematik zu dieser *String-Theorie*, zu der es inzwischen auch schon eine Superstring-Theorie gibt. Sie verlangt 10 oder 26 Dimensionen der Raum-Zeit. Alles andere ginge nicht. Der Referent kapituliert bei dem Versuch, da noch mitzudenken.

Physiker versuchen, mathematische und vom normalen Menschen überhaupt nicht mehr verstehbare Modelle auf möglichst wenigen Annahmen, wie Symmetrie- und Erhaltungssätzen, aufzubauen und daraus möglichst viele Beobachtungen zu erklären. Das ist ganz im Sinne von Leibniz' bester aller Welten:

„Gottes Welt ist zugleich die einfachste in ihrer Gesetzmäßigkeit und die reichste in ihren Erscheinungen."

Astronomische Konstanten wie Maße unseres Sonnensystems oder unserer Galaxie sind zufällig und gehören nicht zu den Konstanten der Physik. Die Zahlwerte mancher echter Naturkonstanten sind abhängig vom benutzten Maßsystem. Ein Beispiel ist

- die Lichtgeschwindigkeit $c = 3 \times 10^8$ m/sec (in Meilen pro Stunde wäre der Zahlwert anders).

Konstanten dieser Art sind auch

- das Plancksche Wirkungsquantum h,
- die Ladung des Protons e,
- die Ruhemasse des Protons m_p und andere.

Dazu gehören auch weniger genau meßbare und ebenfalls mit einem Maßsystem verbundene kosmische Fundamentalparameter, z. B.

- die Hubble-Konstante der Fluchtgeschwindigkeit 2×10^{-18} sec,
- die mittlere Materiedichte des Universums 10^{-30} g/cm^3 oder
- das Alter des Universums 18×10^9 Jahre oder 5×10^{17} sec.

Die wichtigsten Konstanten jedoch sind die reinen Zahlen, die unabhängig vom Maßsystem sind. Außer den leicht zu bildenden Verhältnissen, z. B. Masse Elektron : Masse Proton, sind das vor allem die *4 Feinstrukturkonstanten* der 4 Fundamentalkräfte:

1. starke Kernkraft $\alpha_f = 3{,}9$ (hält Atomkerne zusammen)
2. schwache Kernkraft $\alpha_w = 10^{-11}$ (zwischen leichten Teilchen)
3. elektro-magnetische Kraft $\alpha_e = 0{,}0073$ (Wechselwirkung zwischen elektrischen Ladungen)
4. Gravitation $\alpha_G = 0{,}5 \times 10^{-40}$.

Das Verhältnis der Stärke dieser Kräfte ist etwa $1 : 10^{-2} : 10^{-11} : 10^{-39}$.

Seit den 70er Jahren ist in der Physik eine neuartige Betrachtungsweise aufgetaucht: das *anthropische Prinzip*. Es ist eine Physik des „was wäre, wenn". Sie sucht Antwort auf Einsteins große Frage, ob Gott Freiheiten hatte bei der Schöpfung. Sie zeigt auf, wie ungeheuer eng der mögliche Bedingungsfreiraum war, weil Evolution mit etwas veränderten Bedingungen nicht möglich gewesen wäre.

Das anthropische Prinzip ist in verschiedener Stärke formuliert worden:

Die *schwache Version:* Das Universum ist so beschaffen, daß denkende Wesen (z. B. Menschen) entstehen können oder (die *starke Version*) entstehen müssen. Oder gar die *superstarke Version:* Keine anderen Eigenschaften als die unseres Universums führen zwingend zu denkenden Wesen.

Das erinnert an Leibniz: Unsere Welt ist die einzig vollkommene.

Ich möchte einige Beispiele solcher Betrachtungsweise geben:

1. Die Gravitation ist etwa 10^{39}mal schwächer als die starke Kernkraft. Wäre das Verhältnis etwa $10^{38}:1$, würden alle Sterne schnell zu blauen Riesen werden, d. h., die Zeit ihres Strahlens wäre viel zu kurz, um Leben auf einem ihrer Planeten sich entwickeln zu lassen. Wäre die Gravitation schwächer, z. B. mit einem Verhältnis von $10^{40}:1$, so wären alle Sterne rote Zwerge mit nur einem sehr schmalen Bereich für lebengestattende Planeten, die zudem, wenn sie Ozeane hätten, in ihrer Rotation durch Gezeiten abgebremst würden, so daß schließlich ihr Wasser auf der einen Seite kochen, auf der anderen zu Eis gefrieren würde. Leben wäre wieder nicht möglich.

2. Die schwache Kernkraft ist durch Neutrino-Zündung Ursache von Supernovae. Wäre sie schwächer, würden die Neutrinos den Stern ohne Wechselwirkung passieren; wäre sie stärker, würden die Neutrinos schon innen gefangen. So oder so gäbe es keine Supernova, die aber nötig ist, um die im Sterninnern gekochten Atome für weitere Evolution freizusetzen.

3. Die starke Kernkraft hält den Deuteriumkern zusammen. Das gelänge ihr nicht, wenn sie nur um 5% schwächer wäre. Es gäbe dann kein Deuterium und somit auch keine höheren Atomkerne. Eine um 2% stärkere Kraft dagegen würde eine Proton-Proton-Bindung erlauben, was bald nach dem Urknall allen Wasserstoff verbraucht hätte, so daß kein Wasser existieren könnte.

4. Drei Heliumkerne müssen fast gleichzeitig zusammenprallen, um einen Kohlenstoffkern zu bilden. Wäre schon die Bindung von zwei Heliumkernen stabil, würden alle Sterne schnell ausbrennen. Evolution wäre nicht möglich.

5. Nur mit drei Raumdimensionen sind Planetenbahnen und Atome stabil. Auch hier also kein Spielraum. (Bei den String-Modellen, die ja 10 bzw. 26 Dimensionen erfordern, werden alle bis auf vier Raum-Zeit-Dimensionen eng „eingerollt", sagen die Physiker.)

Die Reihe solcher Beispiele ließe sich verlängern. Es entsteht das faszinierende Bild einer Evolution auf dem Drahtseil. Die Sensibilität gegen Abweichungen ist ungeheuer. Schon kleine Änderungen nach links oder rechts wären tödlich. Daß in unserem Weltall gerade eine solche Kombination von Naturkonstanten und Gesetzen existiert, die Evolution möglich machen, ist ein Wunder.

Die meisten Physiker mögen solche Betrachtungsweise nicht. Sie argumentieren, daß schließlich nur in einem Universum mit diesen Eigenschaften ein Beobachter auftreten könnte, dem das wundersame Zusammenspiel so vieler Faktoren auffallen würde. Da in den verschiedenen Domains verschiedene Naturgesetze herrschten, hätte es halt in unserer Domain zufällig für eine Evolution zusammengepaßt. Als ob ein solches Universum vieler verschiedener Domains nicht ebenso ein Wunder wäre!

Der Gedanke, daß Naturgesetze speziell ausgewählt (Gott stünde ja wohl dahinter!) und nicht bloß glücklicher Zufall sind, paßt nicht in physikalisches Denken. Alle Rätsel der Natur sollten aus einfachsten Grundannahmen erklärbar sein, aber die Hypothese „Gott" dürfte nach Laplace dabei nicht erforderlich sein. Den Abschnitt über die Physik abschließen soll ein Satz von Jean d'Alembert:

Jemandem, der das Universum von einem alles umfassenden Standpunkt aus zu erfassen vermöchte, würde die gesamte Schöpfung als eine einzige Wahrheit und Notwendigkeit erscheinen.

4. Die Entwicklung des Lebendigen

Wie sieht es nun mit der Phase der biologischen Evolution aus? Das größte wissenschaftliche Rätsel liegt unmittelbar am Anfang. Es ist die Entstehung des Lebens selbst – es ist das erste Auftreten von etwas Lebendigem im Reich der bis dahin leblosen Materie.

Wenn an irgendeinem Punkt im Geschehen der gesamten Evolution von noch Unverstandenem gesprochen werden muß, so ist es hier. Alle dazu von naturwissenschaftlicher oder philosophischer Seite immer wieder aufgestellten Behauptungen sind bisher unbeweisbar – sei es die Zwangsläufigkeit einer Selbstorganisation von unbelebter zu lebendiger Materie (M. Eigen) – sei es die kosmische Einmaligkeit eines fast grenzenlos unwahrscheinlichen Zufalls mit der Konsequenz der Verlassenheit des Menschen in der teilnahmslosen Unermeßlichkeit des Universums (J. Monod).

Sicher ist nur, daß das Leben vor circa vier Milliarden Jahren, d.h. sehr bald nach der Erkaltung unseres Planeten, begonnen hat. Wäre es die Folge eines extrem unwahrscheinlichen Zufalls gewesen, so sollte dieser wohl erst nach einer viel längeren Wartezeit eintreten.

Dieses Argument (Bresch, 1977) bildet den überzeugendsten Hinweis – nicht Beweis – auf die Zwangsläufigkeit spontaner Lebensentstehung.

Sobald nun aber die ersten Gebilde mit der Fähigkeit zu einer langsamen und *fehlerhaften* (das ist extrem wichtig!) *Replikation* auftreten, ist deren Weiterentwicklung in mehrfacher Weise unausweichlich vorprogrammiert:

– Durch Fehler bei der Replikation muß zwangsläufig eine *Mannigfaltigkeit* der biologischen Wesen entstehen (viele Eisen im Feuer sichern die weitere Evolution).

– Ebenso zwingend ist die Entwicklung durch Fehler zu *schnellerer Replikation* (langsam Replizierende werden durch Schnelle überwuchert).
– Auch die *Genauigkeit der Replikation* muß zunehmen, weil korrekter Replizierende weniger defekte, d.h. letztlich mehr Nachkommen produzieren.

All dieses sind unabdingbare Folgerungen aus dem Systemzwang, der in der fehlerhaften Replikation biologischer Einheiten begründet ist. Aber auch die weitere Entwicklung scheint unausweichlich:

So wird sich durch die exponentielle Vermehrung der replikationsfähigen Strukturen der Vorrat an geeigneten Baustein-Molekülen im Urmeer bald erschöpfen. Aus dieser kritischen Lage des Mangels erwächst zwangsläufig weiterer Fortschritt, wenn bei ersten Organismen durch Zufall enzymartig wirkende Oberflächen auftreten, die die Umformung noch vorhandener Moleküle in benötigte Mangel-Moleküle gestatten. Auch dieser erste Schritt zu einem Stoffwechsel und dessen weiterer Ausbau sind unvermeidbare Folgen des Systemzwangs einer Replikation mit immer wieder auftretenden Fehlern, d.h. zufälligen Ergänzungen und Modifikationen der Strukturen. Im Laufe der Evolution reihen sich so Hunderte von einzelnen Schritten eines katabolischen und anabolischen Stoffwechsels aneinander und vereinigen sich zu einem riesigen Netz biochemischer Reaktionen.

Je komplizierter das biologische Muster aber wird – jedem neuen enzymatischen Schritt liegt ja auch ein neues Gen, d.h. ein Stück Nukleinsäure, zugrunde –, desto langsamer wird weiterer Fortschritt. Die angesammelte Menge genetischer Information jedes Organismus kann nämlich nur dann einigermaßen fehlerfrei repliziert werden, wenn die Genauigkeit der Replikation beträchtlich angestiegen ist. Dies bedeutet andererseits, daß auch die hoffnungsvollen Irrtümer, die weiteren Fortschritt darstellen könnten, seltener und seltener werden. Wieder scheint sich die biologische Evolution festzufahren und durch ihre eigene Entwicklung in eine Sackgasse zu steuern.

Dies ist die Geburtsstunde der *Sexualität,* d.h. aus genetischer Sicht der Zusammenführung von Erbinformation zweier Eltern-Organismen in gemeinsamen Nachkommen. Wenn nämlich in der einen Linie der Fortschritt α, in einer anderen der Fortschritt β erreicht wurde, ist deren Zusammenführung zu $\alpha\beta$ durch Sexualität viel leichter und schneller, als wenn man in der α-Linie auf den seltenen Zufall β oder in der β-Linie auf den Zufall α warten würde. Daher kann auch bei relativ geringer Fehler-(Mutations-)Rate Evolution durch Sexualität weiter voranschreiten. Als etwas Neues tritt dabei auch die „Art" auf. Sie umfaßt alle einzelnen Organismen, die einander genetisch so ähnlich sind, daß zwischen ihnen Sexualität, d.h. die Erzeugung wieder fruchtbarer Nachkommen, möglich ist.

Aber der von der Vermehrung erzeugte Systemzwang der biologischen Evolution ist damit noch nicht am Ende. Die mit Sexualität und einem breiten Stoffwechselnetz ausgerüsteten Einzeller werden nämlich sämtliche größeren und energietragenden Moleküle der Ursuppe zum Aufbau ihrer eigenen Biomasse verbrauchen. Diese Situation ist weit dramatischer, als sie auf den ersten Blick aussieht. Sie bedeutet nämlich die erste große Energie- und zugleich Nahrungs-Krise der biologischen Evolution. Wieder einmal scheint alle Entwicklung sich selbst in eine hoffnungslose Situation geführt zu haben. Wir wissen nicht genau, wie lange dieser Zustand einer Stagnation angedauert hat. Sicher ist nur, daß zwei sehr verschiedene Lösungen zu seiner weltweiten Bewältigung führten:

- Die eine, die Lösung der Pflanzen, bestand in der Entwicklung von Strukturen, die fähig waren, die Energie der Photonen des Sonnenlichtes in chemische Energie umzuwandeln, die ihrerseits mit Hilfe der richtigen Enzyme den Aufbau vielerlei biologischer Substanzen aus kleinen anorganischen Molekülen möglich machte.
- Die zweite Lösung war die des Tieres, das sich andere Lebewesen – sei es Pflanze, sei es ebenfalls Tier – einverleibte, um aus deren Molekülen Energie und Bausteine für die eigene Weiterexistenz und Fortpflanzung zu gewinnen. Zumindest a posteriori erscheinen diese die einzig möglichen Dauerlösungen aus der Krise, da der Nutzung einer mäßigen Erdwärme thermodynamische Hindernisse im Wege stehen.

Noch aber befindet sich unsere Betrachtung der Evolution im Bereich der Einzeller. Kann auch der Übergang zu vielzelligen Organismen als Folge eines Systemzwangs erklärt werden? Allein die Tatsache, daß dieser Übergang 17mal unabhängig voneinander – meist im Pflanzenreich – erfolgt ist (Valentine), beweist dessen Unausweichlichkeit. Tatsächlich ist zunächst ja nichts anderes notig als ein Aneinanderhaftenbleiben von Einzellern nach deren Teilungen. Wenn das durch eine neu entstandene Oberflächen-Klebrigkeit erst einmal auftritt, bietet es sofort selektive Vorteile durch größere Resistenz gegen Austrocknung oder durch die Erschwernis, einen solchen Zellverband zu verschlingen. Immer wieder sehen wir, wie neuer Systemzwang aus der bisherigen Situation erwächst. Es ist, als ob jede Entwicklung wie eine russische Puppe den nächsten Evolutionsschritt bereits in ihrem Schoße enthielte.

An noch heute existierenden Organismen kann man verfolgen, wie Vielzeller zunehmend den Zellen ihres Verbandes verschiedene

Aufgaben für den ganzen Organismus zuteilten. So entstanden Organe für Sinneswahrnehmungen, für Fortpflanzung, für Bewegung und vieles andere.

Das zweifellos wichtigste Organ der Tiere war dabei das zur Verarbeitung und Verrechnung von Sinneswahrnehmungen – das *Gehirn*. Mit seiner Hilfe konnten Bedrohungen und Beute rechtzeitig erkannt und entsprechendes Verhalten ausgelöst werden.

Interessant ist dabei vor allem der Mechanismus einer Rückkopplung, der (beim Gejagten ebenso wie beim Jagenden) zwangsläufig zur Selektion immer besserer Sinnesorgane und Gehirne führt. Wird nämlich eine Gefahr oder eine Beute zu spät oder zu schlecht erkannt oder ein für das Überleben ungünstiges Verhalten ausgelöst, so hat ein solcher Organismus nur geringe Chance weiterzuleben und so seine unvollkommenen Eigenschaften an Nachkommen zu vererben. Die Verrechnung des Wahrgenommenen und die dadurch bedingten Verhaltensweisen werden so ständig vervollkommnet.

Mit dem Beginn des Lebens trat das System der genetischen Information in Erscheinung – ja Leben und genetische Information sind praktisch Synonyma. Beim vielzelligen Tier ereignet sich jetzt – und ich kann leider nicht sagen, wie zwingend – eine ähnliche Sensation. Wieder wird nämlich ein neues Informationssystem geboren. Diesmal ist es die im *Gedächtnis* des Individuums gespeicherte Lebenserfahrung – das mögliche Erinnern an die Vergangenheit. Das Gehirn übernimmt jetzt zusätzlich zur Aufgabe der Reiz-Verrechnung auch die Rolle des Trägers dieses neuen Informationssystems – das der *„intellektuellen Information“*. Diese wird bald zur zentralen Säule aller weiteren Evolution werden.

Die Kontrolle des Verhaltens höherer Tiere verlagert sich so von der genetischen mehr und mehr zur sehr viel flexibleren – und somit evolutionären Vorteil bietenden – intellektuellen Information. Während zunächst in der Evolution die im Erbgut festgeschriebenen Instinkte das Verhalten dominierten, kommt jetzt zunehmend die Weitergabe von Erfahrung unter den Artgenossen hinzu.

Auch diese Entwicklung ist (ihrer weit größeren Anpassungsfähigkeit wegen) zwangsläufig, wenn erst einmal das neue Informationssystem in Erscheinung getreten ist. Herdentrieb und Tendenz zur Nachahmung ermöglichen eine schnelle Ausbreitung von intellektueller Information. Bei den intelligentesten Tieren – z.B. den Menschenaffen – entwickelt sich daraus eine regelrechte Erziehung zum richtigen Verhalten gegenüber Gefahren und beim Nahrungserwerb sowie (wichtiger noch) zu einem angepaßten Sozialverhalten in der Gruppe. Das Stichwort Gruppe ist entscheidend für das weitere evolutionäre Geschehen.

Obwohl die Entstehung des Lebens und die Entwicklung zum Menschen von vielen als evolutionär gleich rätselhaft angesehen werden, ist die Menschwerdung weit durchsichtiger.

Ausgangspunkt ist die mütterliche Fürsorge. Sie ist – obwohl dort besonders ins Auge fallend – keineswegs auf Säugetiere beschränkt. Schutz für die Nachkommen und deren gute Versorgung sind schon als Instinkte vielfach unabhängig entstanden. Mehrfacher, unabhängiger Ursprung ist das beste Indiz für zwangsläufige Entwicklung. So gibt es Spinnen und Skorpione, die ihre Nachkommen auf dem Rücken mit sich herumtragen, Fische, die ihre Brut bei drohender Gefahr ins Maul nehmen, oder Krokodile, die ihre Eier bewachen und ihre Jungen, wenn notwendig, auch davontragen.

Es ist evident, daß mütterliche Instinkte, die solches Verhalten steuern, einen Selektionsvorteil bieten und sich daher weitervererben müssen. Dasselbe gilt natürlich auch, wenn sich väterlicherseits Instinkte entwickeln, die Nachkommenschaft zu schützen. Was auch immer durch zufällige Abänderungen (Mutationen) im Erbgut entsteht, wird erhalten bleiben, wenn es dem Fortkommen seiner Träger und/oder deren Nachkommen dient.

Da eine Tendenz zur Integration durch den Lauf der ganzen Evolution bis hierhin beobachtbar war, wundert es nicht, wenn auch im Bereich von hochstehenden Tieren noch einmal eine solche Entwicklung, d.h. ein Zusammenschluß von Individuen zu Gruppen, stattfindet. Ansammlungen von vielen Artgenossen treten bei zahlreichen Tieren auf, so bei Schwärmen von Heringen oder Zugvögeln. Gemeint sind hier jedoch kleinere dauerhafte Gruppen von Tieren, die sich individuell kennen und oft auch in einer festen Rangordnung leben. Fremde werden vertrieben und nur selten als Gruppenmitglied akzeptiert („geschlossene" Gruppe). Als Gruppe auf Jagd zu gehen (z. B. Wölfe, Hyänen, Löwen), bietet Vorteile, selbst wenn die Beute geteilt werden muß. Aber auch für den Gejagten bietet die Gruppe größeren Schutz durch frühere Erkennung des Feindes oder gar dessen Vertreibung durch gemeinsamen Angriff.

Da Eltern und Nachkommen naturgemäß im gleichen Areal leben, bildet die Familie sozusagen die natürliche Kerngruppe. Weiter ist so leicht erklärlich, daß geschlossene Gruppen meist aus mehr oder weniger nah verwandten Individuen bestehen. Gerade bei jagenden Tieren, aber nicht nur bei diesen, sondern z.B. auch beim Gorilla oder Murmeltieren, besetzt und besitzt jede Gruppe ihr Territorium.

Welche Auswirkungen hat die Integration zur Gruppe nun auf die weitere Evolution? Sobald sich der alte Wettbewerb zwischen Individuen auf die neue Konkurrenz zwischen Gruppen verlagert, eröffnet der Systemzwang bisher unbekannte Möglichkeiten. Jahrzehntelang rätselte die biologische Wissenschaft an der Frage, wie aus dem so egoistischen Prinzip der Evolution „Selber essen macht fett" – und nichts anderes hatte auch nur die kleinste Überlebensaussicht – so merkwürdiges Verhalten wie Nahrungsteilung oder Nächstenliebe entstehen konnte. Die Integration zur Gruppe macht es nicht nur möglich, sondern erzeugt sogar einen neuen Systemzwang, der die Entwicklung in diese Richtung drückt.

Im Wettbewerb mit anderen Gruppen nämlich hatte diejenige die besten Zukunftsaussichten, die sich gegenseitigen Schutz und Hilfe bot. Ein solcher Altruismus ist keineswegs auf den Menschen beschränkt. Jeder Wolf riskiert bedingungslos sein Leben, um Rudel-Genossen zur Seite zu stehen. Auch unsere Hunde haben immer noch dieses Wolfs-Erbe und betrachten die menschliche Familie, in der sie leben, als ihr Rudel.

Die Weiterentwicklung der Gruppe unterlag diesem Systemzwang. Überlebensfähig war nur eine in sich harmonische und kooperative Gruppe. Mit anderen Worten, der Systemzwang erzeugte eine neue Grundforderung evolutionärer Ethik: *Du sollst dich so verhalten, daß in deiner Gruppe Harmonie herrscht.* Man könnte dies als Grundgebot der Evolution bezeichnen. Die zehn Gebote des Mose sind nichts als Detail-Forderungen, die sich aus dem Grundgebot ableiten lassen. So kann es nicht verwundern, daß in verschiedenen Religionen sehr ähnliche Moralgebote bestehen.

Was wir als die besonderen Eigenschaften des Menschen ansehen, ist nichts anderes als die Folge dieses Systemzwangs der Selektion unter Gruppen. Dennoch kann man auf dem heutigen Stand die Integration zur Gruppe noch nicht wirklich als abgeschlossen betrachten, denn die Vergangenheit des Individuums, das vor allem an sich selbst denkt, ist noch nicht überwunden. Immerhin erkennen wir allgemein als „gut" das, was der evolutionär komplexeren Ganzheit auf der höheren Integrationsstufe nützt, und als „böse" die Tendenz des Individuums auf der niedrigeren Stufe, den eigenen Interessen nachzugehen.

An der Krebszelle, die in die hemmungslose egoistische Vermehrung des alten Einzellers zurückfällt und damit den höheren Verband des Vielzellers zu zerstören droht, wird deutlich, daß dieses Fundamentalgesetz evolutionärer Ethik keineswegs auf das menschliche Handeln beschränkt ist.

Alle bisher beschriebene Evolution wird ermöglicht durch eine ganz bestimmte Kombination einer großen Zahl von Anfangsbedingungen des Universums und von Eigenschaften der Materie, deren Gesamtheit ich die „ALPHA-Bedingungen" genannt habe (Bresch, 1983). Viele von ihnen – wenn nicht gar alle – sind kaum variierbar, sofern das Universum die Fähigkeit zur Evolution behalten soll.

Im Laufe dieser Evolution entstehen aus den Eigenschaften der vorhandenen Muster und denen ihrer Umgebung immer wieder Zwänge, die trotz Beteiligung von Zufallsgeschehen alle weitere Entwicklung nur in bestimmter Richtung zulassen und somit wie russische Puppen jeweils den nächsten Systemzwang bereits in sich tragen. Insofern scheint im Anfang der Welt in deren ALPHA-Bedingungen schon deren Gesamt-Ablauf zwar nicht im Detail, aber in großen Entwicklungszügen vorgezeichnet.

Evolution wird so zu einem kontinuierlichen Wachsen von Komplexität – zu einer dauernden Vermehrung und Ausbreitung von Information.

In Verallgemeinerung des anthropischen Prinzips kann man daher ein *ALPHA-Prinzip* formulieren: Die ALPHA-Bedingungen – das sind die Naturgesetze, der Anfangszustand des Universums und die Eigenschaften von Materie (Energie) und Raum-Zeit – führen zwangsläufig zu Mustern immer höherer Komplexität mit ständig wachsender Wirkungspotenz auf andere Muster (Information).

In seiner ganzen Breite ist dieses Prinzip nicht beweisbar, doch deutet alles Wissen der Naturwissenschaft in diese Richtung.

Die menschliche Existenz ist in dieses Geschehen einer umfassenden Evolution als fortwirkende Folge der ALPHA-Bedingungen eingebettet. Unser Bestreben, die Natur zu verstehen, ist letztlich Suche nach dem unerreichbaren Grund des Universums.

Literatur

Bresch, C., Zwischenstufe Leben – Evolution ohne Ziel?, München 1977.

Ders., Evolution aus Alpha-Bedingungen, Zufalls-Türmen und Systemzwängen, in: *R. Riedl und F. Kreuzer* (Hrsg.), Evolution und Menschenbild, Hamburg 1983.

Breuer, R., Das anthropische Prinzip, München 1981.

Davies, P., Gott und die moderne Physik, München 1986.

Eigen, M. / Schuster, P., The Realistic Hypercycle, Naturwiss. *65*, 341, 1978.

Monod, J., Zufall und Notwendigkeit, München 1971.

Teilhard de Chardin, P., Der Mensch im Kosmos, München 1959.

Ders., Die Entstehung des Menschen, München 1961.

Valentine, J. W., The Evolution of Multicellular Plants and Animals, Sci. Amer. Sept. 1978.

IV
Evolution als Offenbarung der freiheitlichen Dimension der Wirklichkeit

Von Béla Weissmahr SJ

Die These

Die These, die hier vertreten werden soll, ist eine philosophische. Als solche erhebt sie den Anspruch, aufgrund gewisser Beobachtungen etwas Bestimmtes über die Gesamtwirklichkeit auszusagen. Den Ausgangspunkt dazu bilden vor allem die von Biologen, aber auch von anderen Naturwissenschaftlern wie von Paläontologen und Physikern gemachten Feststellungen, aus denen diese Wissenschaftler zum Schluß kommen: Der gegenwärtige Zustand der Welt mit seiner ungeheueren Vielfalt und Komplexität besonders im Bereich der Lebewesen, zu denen auch der denkende und die Welt gestaltende Mensch gehört, ist Ergebnis einer Entwicklung aus viel undifferenzierteren und einfacheren Ursprüngen. So könnte man in etwa *die Evolutionslehre als naturwissenschaftliche These* beschreiben.

Die *philosophische These,* um die es hier geht, schlägt eine *Deutung* dieser naturwissenschaftlichen These vor und behauptet: Die Phänomene, welche den Naturwissenschaftler veranlassen, alles in der Welt jetzt Vorhandene (zu dem auch wir selbst gehören) als Produkt einer Entwicklung dieser Welt selbst zu betrachten, lassen sich umfassend und kohärent nur dann deuten, wenn diese Entwicklung als ein Geschehen verstanden wird, das letztlich aus Freiheit herkommend auf das Hervorbringen von Freiem ausgerichtet ist. Das Evolutionsgeschehen offenbart also die freiheitliche Dimension der Wirklichkeit, weil es ohne die Anerkennung von Freiheit überhaupt nicht wirklich verstanden, in seiner Sinnhaftigkeit begriffen werden kann.

Im Klartext heißt das folgendes: Evolution ist nur als ein Prozeß zu verstehen, der aufgrund einer Eigendynamik, einer Spontaneität, d.h. eines freiheitlichen Geschehens auf das Hervorbringen von Vollkommenerem hingeordnet ist. Diese „von selbst" geschehende Selbstvervollkommnung der Gesamtnatur, die auf eine gewisse Subjekthaftigkeit in der Natur hinweist, setzt freilich als ihre letzte Möglichkeitsbedingung eine das Freiheitsgeschehen in der Natur immanent-transzendent begründende und deshalb selbst freie absolute Wirklichkeit voraus, die wir Gott nennen. Die Evolutionslehre kann also niemals als Stütze oder gar als Rechtfertigung einer materialistischen Weltsicht betrachtet werden. Sie ist vielmehr ein deutlicher Hinweis auf das letztlich nur als allvollkommene Selbstbestimmung zu denkende Absolute, d.h. sie impliziert ein Argument für die Existenz Gottes. Wenn aus der Evolutionslehre in der Vergangenheit und vielfach auch heute noch materialistische Folgerungen gezogen werden mit dem Argument, das Entstehen des Leistungsfähigeren und des größere Selbständigkeit Besitzenden geschehe doch „von selbst", dann handelt sich um einen Gedankengang, der das, was die gegebenen Phänomene fordern, nicht genügend radikal zu Ende gedacht hat.

I. Methodische Vorfragen

Wir haben eine These aufgestellt, die im folgenden begründet werden muß. Dazu ist es aber nötig, zunächst einige methodische Vorfragen zu klären.

1. Für die als Mehrwerden zu verstehende Evolution ist die Philosophie zuständig

Da unsere These eine philosophische ist, die von solchen Daten ausgeht, welche die Naturwissenschaft bereitstellt, ist zunächst das Verhältnis zu reflektieren, das zwischen diesen Daten und deren philosophischer Deutung besteht. Von diesem Verhältnis gilt: Man kann bei einer rein naturwissenschaftlichen Betrachtung der Daten nicht stehenbleiben. D.h. die Behauptung, daß es in der Welt Evolution gibt, impliziert in jedem Fall eine philosophische Stellungnahme. Warum das so ist, läßt sich leicht darlegen. Man kann das, was der Begriff der Evolution von sich her sagt, eigentlich gar nicht ausdrücken, ohne auf den paradoxen Begriff der *selbsterwirkten Vollkommenheitszunahme* zu kommen. Denn von Evolution, also Entwicklung kann nur dort die Rede sein, wo das zeitlich später Auftretende nicht nur das Spätere, sondern auch das Höhere ist, welches zwar vom Früheren, das zugleich auch das Niedrigere ist, herstammt, auf dieses aber nicht (bzw. nicht voll und ganz) zurückgeführt werden kann. Also Emergenz ohne die Möglichkeit einer vollen Reduktion.

Der Naturwissenschaftler, der sich mit dieser Gegebenheit konfrontiert sieht, muß also – wenn er sich nicht bloß mit der Untersuchung von Detailfragen begnügt – so oder so zu allgemeinen und damit philosophischen Stellungnahmen kommen. Dazu zwingt ihn in diesem Zusammenhang seine Methode selbst. Einerseits muß er nämlich „immanentistisch“ denken. D. h. er kann sich nur mit solchen Erklärungen innerweltlicher Phänomene zufriedengeben, die diese auf andere innerweltliche Phänomene zurückführen. Diese Denkhaltung legt es ihm auf, Evolutionist zu werden. Da es feststeht, daß es die heutigen Formen des Lebens nicht immer gab, ja daß es eine Zeit gegeben haben muß, zu der Leben auf unserem Planeten nicht möglich war, muß er annehmen, daß die verschiedenen hochorganisierten, bis zum menschlichen Verstand reichende Formen des Lebens sich aus einfacheren Lebewesen und schließlich aus den elementaren Verbindungen des anorganischen Stoffes gebildet haben. Auf dieser Linie denkend liegt es für ihn auf der Hand, eine immanente Entwicklung, eine spontane Emergenz anzunehmen.

Andererseits enthält aber die naturwissenschaftliche Methode noch ein wesentliches Element, das der evolutionären Welterklärung grundsätzlich entgegengesetzt ist. Die naturwissenschaftliche Erklärung eines Zustandes im strengen Sinne besteht in der Anwendung des sogenannten Hempel-Oppenheim-Schemas, darin also, daß man ein Gesetz und einen anderen Zustand (die Anfangsbedingungen) angibt, aus dem jener logisch folgt. Das bedeutet aber, daß alles Entstandene als gleichwertig mit seiner Ursache zu betrachten ist. Für diese Methode kann es also im Grunde keinen Vorgang geben, in dem etwas wirklich Neues, etwas im Vorausgehenden nicht Enthaltenes auftritt. Diese Einstellung schließt deshalb die Möglichkeit einer die Evolution wirklich ernst nehmenden Welterklärung offensichtlich aus, bzw. zwingt einen, das im Zuge der Evolution entstehende Neue und Vollkommenere als solches wegzudiskutieren. Dafür gibt es viele Beispiele. Eine solche Stellungnahme ist aber nicht mehr eine naturwissenschaftliche, sondern eine philosophische, auch wenn der sie treffende Naturwissenschaftler sich dessen nicht bewußt ist.

Ergänzend zum etwas weiter oben Gesagten muß hier noch hinzugefügt werden: Auch die eigentlich selbstverständliche Annahme, die Evolution bedeute Höherentwicklung, eine auf das Vorausgehende nicht voll reduzierbare Emergenz, ist schon eine naturphilosophische, nicht aber eine im strengen Sinne naturwissenschaftliche These. Wenn also der Naturwissenschaftler zu dieser Auffassung kommt, dann betätigt er sich als ein seine naturwissenschaftlichen Daten spontan in eine Gesamtsicht hineinstellender und sie von daher deutender Mensch, also im Grunde philosophisch. Dies kann man ihm nicht verbieten, doch er muß wissen, was er tut.

Zusammenfassend: Da jeder, der die Evolutionstheorie vertritt, sich mit dem Problem des Ursprungs der Emergenz bzw. mit der Frage des Reduktionismus auseinandersetzen muß und da eine solche Auseinandersetzung letztlich nur philosophisch geschehen kann, muß der Vertreter der Evolutionstheorie letztlich philosophisch argumentieren.

2. Die hier anwendbare philosophische Methode

Was heißt aber philosophisch argumentieren? Was ist der grundlegende Unterschied zwischen der naturwissenschaftlichen und der philosophischen bzw. zwischen der falschen und der richtigen philosophischen Methode?

Gehen wir aus von der naturwissenschaftlichen Denkweise, die – wenn sie sich als philosophische Methode etabliert – zum Positivismus führt, oder allgemeiner gesagt, zu einer rein analytischen Betrachtung der Wirklichkeit. Ihr ist die Erkenntnisweise des *Verstandes* zuzuordnen. Sie ist wesentlich durch die Forderung der eindeutigen Objektivierung gekennzeichnet und kommt damit dem neuzeitlichen Präzisionsbedürfnis entgegen. Der erkennende Mensch nimmt in dieser Erkenntnisweise den Standpunkt des sich von dem zu untersuchenden Gegenstand eindeutig Distanzierenden ein, er stellt sich außerhalb der von ihm beurteilten Wirklichkeit. Er ist als Subjekt vom Objekt getrennt, er selbst darf in dem von ihm Untersuchten nicht vorkommen.

Diese Einstellung bringt manche Vorteile für das Erkennen mit sich. Zum einen läßt sich klar bestimmen und abgrenzen, was als Resultat zu betrachten ist. Es ist das, was als Gegenstand, als das uns gegenüber Andere vorliegt. Jegliche Selbstbezüglichkeit, aus der immer wieder denkerische Aporien entstehen, ist ausgeschaltet. Zum anderen macht diese Weise der Erkenntnis die Beherrschung des auf diese Weise Erkannten möglich. Weil sie an die Wirklichkeit „von außen" herantritt, eröffnet sie die Möglichkeit der Manipulation der Dinge. Etwas erklären bedeutet in diesem Zusammenhang, es in seiner Funktionalität in einen größeren Rahmen einzuordnen.

Diese Vorteile werden freilich durch gewisse Nachteile erkauft. Da das erkennende Subjekt mit seinem konkreten, praktischen Erkenntnisvollzug aus dem Gegebenen eliminiert ist, ist das so gewonnene Objekt immer Resultat eines Abstraktionsprozesses; es ist nicht mehr die konkrete Wirklichkeit, sondern nur ein Modell derselben, also ein Konstrukt. Dies ist so lange unproblematisch, als es um genau umschriebene, isolierte Fragestellungen geht, die behandelt werden können, ohne das Allgemeingültige, das über den aktuellen Problemkreis Hinausgehende thematisieren zu müssen.

Wenn sich aber umfassende, die Deutung der Gesamtwirklichkeit betreffende Fragen stellen, dann versagt diese Weise der Erkenntnis. Das ist dann auch der Grund, warum diejenigen, die meinen, diese Erkenntnisweise sei die wissenschaftlich allein zulässige, dazu neigen, Fragen hinsichtlich der Gesamtwirklichkeit zu verbieten. Diese lassen sich jedoch vor allem deshalb nicht verbieten, weil sie auch innerhalb des zunächst einmal isoliert untersuchten Gegenstandsbereiches unausweichlich aufbrechen, indem verschiedene Überlegungen zu einander gegengesetzten Resultaten führen. Es taucht also das Antinomieproblem (das Kant so tief verunsichert hat) auf, oder anders gesagt, das Problem der anscheinend gegensätzlichen, tatsächlich aber komplementären Eigenschaften der Wirklichkeit, die aber für ein isolierendes, mit abstrakten Denkmodellen arbeitendes Denken unversöhnbar bleiben. In unserem Fall der Evolution ist es der durch Verstandeserkenntnis nicht versöhnbare Gegensatz von Emergenz und Reduktion als ein auf der Ebene des Untermenschlichen sich ankündigender Aspekt des Freiheitsproblems. Für die reine Verstandesmethode ist dieses Problem unlösbar. Sie kann also nicht die richtige philosophische Methode sein.

Diese ist vielmehr jene, die mit Hilfe der *Vernunft* arbeitet. Sie ist dadurch charakterisiert, daß der erkennende Mensch sich selbst, insofern er Erkennender ist, als ein nicht zu vernachlässigendes Element de Gesamtwirklichkeit, um deren Erkenntnis es letztlich geht, ernst nimmt. Er weiß, er selbst ist, wenn es um die Erkenntnis *der* Wirklichkeit geht, immer mitgemeint, seine selbstbezügliche Subjekthaftigkeit (also das grundsätzlich nicht voll objektivierbare Moment der Wirklichkeit) ist immer mit im Spiel. Diese Weise des Erkennens erfaßt die Wirklichkeit „von innen" aus, d.h. mittels der Analogie der Selbsterfahrung. Für die Vernunfterkenntnis ist das Paradigma des Wirklichen nicht das in seiner Isoliertheit eindeutig beschreibbare Objekt, sondern die immer nur anläßlich des Wissens um Objekte gegebene Selbstgegenwart des Subjekts, durch die dem Menschen ein ursprüngliches, sich selbst begründendes Wissen und damit die Eröffnetheit auf grundsätzlich alles gegeben ist.

Weil diese Methode des Erkennens mittels der Analogie arbeitet, kann sie niemals so eindeutig sein, wie die nur auf das Objekt ausgerichtete, dabei aber das Subjekt vernachlässigende Erkenntnis. Sie kann und will auch nicht irgendwelche abstrakt allgemeinen Gesetze formulieren, die ein Ereignis für uns voraussagbar und damit verfügbar machen. Die Frage, welche funktionalen Zusammenhänge zwischen diesem und jenem Geschehen bestehen, beantwortet sie nicht. Sie eröffnet aber Sinnzusammenhänge, indem sie die Objektivität der spontanen Wertungen begründet, und sie ermöglicht das Zusammendenken der isoliert betrachtet sich ausschließenden Gegensätze.

3. Das Problem der Seinsgrade

Noch eine weitere Vorfrage ist zu klären. Es wurde schon gesagt: Der der Evolutionstheorie zustimmende Mensch deutet die Evolution spontan als eine Höherentwicklung, als ein Entstehen des Höheren *aus* dem Niedrigeren. Sobald aber die Verstandesreflexion einsetzt, wird diese spontane Einsicht problematisch. Deshalb müssen wir uns mit folgender grundlegender Frage auseinandersetzen: Entsteht im Laufe der Evolution tatsächlich etwas qualitativ Höheres? Gibt es ein wirkliches und nicht nur scheinbares Entstehen von Neuem, von vorher nicht Dagewesenem?

Die Beantwortung dieser Frage hängt wiederum davon ab, ob wir die Argumente, die für einen Stufenbau der Wirklichkeit, für die Existenz von Seinsgraden geltend gemacht werden, überzeugend finden. Denn die weiterführende Frage, ob nämlich diese Seinsgrade genetisch miteinander zusammenhängen, wird von einer evolutiven Deutung des Weltganzen selbstverständlich mit Ja beantwortet.

Im Zusammenhang mit der Frage, ob es Seinsgrade gibt, zeigt sich, wie wichtig die angegebene Unterscheidung von Verstandes- bzw. Vernunfterkenntnis ist. Wer nämlich von Seinsgraden redet, wertet spontan die verschiedenen Erscheinungsformen des materiellen Seins. Er sagt, das Organische übertreffe seins- bzw. vollkommenheitsmäßig das Anorganische, und das der Reflexion Fähige (also der Mensch) stehe höher auf der Seinsskala als jenes Lebewesen, das nicht vernunftbegabt ist. Für eine rein verstandesmäßige (nur wissenschaftliche) Wirklichkeitsbetrachtung, die die mitlaufende Selbsterkenntnis des erkennenden Subjekts aus dem Erkenntnisprozeß heraushält, ist aber die Begründung einer solchen Wertung – wie naheliegend sie auch für uns Menschen sein mag – immer eine äußerst schwierige Sache. Sie mutet als Anthropomorphismus an, sie scheint nicht objektiv zu sein, da sie vom Objekt her, insofern dieses dem Subjekt entgegengesetzt wird, tatsächlich nicht begründet werden kann.

Hier zeigt sich also, daß sich in der Rede von den Seinsgraden eine nicht vollkommen eindeutig objektivierbare Werterfahrung des Menschen artikuliert, die jedem von uns von seiner Selbsterfahrung her geläufig ist. Um es etwas salopp auszudrücken: Wir erfahren uns selbst in einem plötzlich bremsenden Fahrzeug als träge Masse, in unseren vitalen Funktionen als lebenden Organismus und im Wissen um uns selbst als reflektierendes, vernünftiges Subjekt. Zugleich wissen wir mit unbezweifelbarer Gewißheit darum, daß das reflektierende Bewußtsein die uns bekannte höchste Form des Vitalen ist, und daß das Lebendige das Leblose wertmäßig übertrifft. Dieses Wissen ist Teil unserer Selbsterfahrung, und deshalb ist die objektive Gültigkeit dieses Wissens für jene Methode, die das ernst nimmt, was dem Subjekt durch seine Vollzüge gegeben ist, eine Selbstverständlichkeit. Denn in diesem Fall ist die das erkenntniskritische Problem heraufbeschwörende Subjekt-Objekt-Spaltung überwunden. Hier den Vorwurf des Anthropomorphismus zu machen, ist deshalb fehl am Platz, weil auch jener Methode, die alle Gewußte auf das eindeutig Objektivierbare beschränken möchte, letztlich keine anderen Begriffe zur Verfügung stehen als jene, die durch die die Selbsterfahrung ernst nehmende Vernunftmethode in ihrer Gültigkeit begründet werden.

4. Exkurs: Der Mensch als Ziel der Evolution

Mit dem (auf grundlegende erkenntnistheoretische Einsichten zurückgreifenden und deshalb hier nur andeutungsweise begründeten) Aufweis der objektiven Gültigkeit der Unterscheidung bzw. Wertung der Seinsgrade sind wir an die Schwelle des Aufweises der freiheitlichen Dimension der Wirklichkeit gelangt. Bevor wir aber diesen Aufweis durchführen, soll eine Frage behandelt werden, in der sich zeigt, welche radikalen Konsequenzen die wertende Betrachtung der Wirklichkeit mit sich bringt. Sie lautet: Kann sich der Mensch als *bloß* zufälliges Produkt der Evolution verstehen?

Die erste Antwort auf diese Frage ist offensichtlich ein Ja. Die Fakten sprechen dafür. Stellungnahmen wie die Jacques Monods und vieler anderer bezeugen es. Freilich könnte man hier einwenden, eben Monod betrachte den Menschen nicht als bloß zufälliges Produkt der Evolution, da er das Entstehen des Lebens auf Erden als Ergebnis des Zusammenspiels von Zufall *und* Notwendigkeit verstehe. Dem ist aber entgegenzuhalten, daß die Notwendigkeit, die Monod im Auge hat – nämlich die deterministische, die sich aus einer starren Bestimmtheit ergebende, den Zufallstreffer für das zeitlich Spätere nur festhaltende Notwendigkeit –, überhaupt nicht geeignet ist, die grundsätzliche Zufälligkeit des Menschen zu überwinden (was übrigens Monod selbst auch gar nicht beabsichtigt). Wenn der Mensch sich selbst sich von sich distanzierend betrachtet, wenn er sich bloß mittels des objektivierenden Denkens denkt, so kann er also behaupten, er sei ein bloß zufälliges, ein in keiner Weise notwendiges Produkt der Evolution. Hiermit ist allerdings mitbehauptet, er sei letztlich ein sinnloses Gebilde. Was nämlich rein zufällig ist, kann niemals auf eine objektiv gültige Weise sinnvoll sein.

Können wir aber uns selbst im Ernst als ein nur zufällig in der Welt vorhandenes und deswegen von sich aus keinen Sinn habendes Gebilde denken? – Hier sind Zweifel geboten. Denn niemand kann im Ernst das Denken, von dem ja das Erfassen der Wahrheit bzw. das Unterscheiden von wahr und falsch abhängen, für sinnlos erklären, ohne dadurch die Grundlage jeglichen Wissens (also auch des angeblichen Wissens, wir seien sinnlose Gebilde) voll und ganz zu zerstören. Anders gesagt: Wer sich als rein zufälliges Produkt der Evolution versteht und damit seine Existenz für sinnlos erklärt, der behauptet etwas, dem er (unabhängig davon, ob er sich darüber Rechenschaft gibt oder nicht) durch das Setzen seiner Behauptung widerspricht. Denn er betrachtet selbstverständlich seine eigene Aussage als wahr, als objektiv gültig und deshalb als sinnvoll. Durch das Setzen der Behauptung drückt er also seine Überzeugung aus, zumindest einige seiner Akte seien von sich aus sinnvoll. Das steht aber im Widerspruch zur Behauptung der Sinnlosigkeit der die Grundlage dieser Akte bildenden Existenz.

Sich als bloß zufälliges Produkt der Evolution zu denken heißt also, die Sinnhaftigkeit des Denkens zu leugnen mit allen Konsequenzen einer solchen Leugnung. Die im Namen der Wissenschaft verbreitete These impliziert demnach die grundsätzliche und vollständige Sinnlosigkeit und damit Unmöglichkeit jeglicher Wissenschaft. Dadurch erweist sie sich aber als falsch.

II. Aufweis der Freiheit in der evolutiven Natur

Jetzt können wir endlich mit dem Aufweis unserer These, die als Höherentwicklung zu verstehende Evolution setze Freiheit, d.h. frei sich selbst Bestimmendes voraus, beginnen.

In der Argumentation soll uns der Text der dritten Antinomie aus der Kritik der reinen Vernunft Kants (A 444–452) als Leitfaden dienen, der bekanntlich zeigen möchte, daß die Analyse der uns zur Verfügung stehenden Erkenntnis der Naturabläufe uns zwingt, einerseits Freiheit (freie Kausalität), andererseits vollständige Determiniertheit in der Natur anzunehmen, womit sich dann das auf seine Naturerkenntnis reflektierende menschliche Denken unausweichlich in einen Widerspruch verstrickt. Den Text auslegend soll gezeigt werden, was von den Ausführungen Kants angenommen werden kann und was abzulehnen ist, um auf diese Weise deutlich zu machen, daß Naturbestimmtheit und Freiheit sich nicht ausschließen, sondern zusammengedacht werden können oder sogar müssen.

Das Problem, mit dem sich Kant konfrontiert sah, hat die Philosophen der Neuzeit schon vor ihm intensiv beschäftigt (zu erwähnen ist hier vor allem Leibniz), denn es geht um ein Problem, das sich aus dem Ernstnehmen der neuzeitlichen naturwissenschaftlichen Forschung ergibt. Für diese ist es eine Bedingung der Möglichkeit der wissenschaftlich zuverlässigen Erfahrung, daß alles, was in der Welt auftritt (erscheint), in einem Zusammenhang des Werdens (in einem Kausalzusammenhang also) sich als Ergebnis eines vorausgehenden Zustandes erweist. Daraus meinte man im allgemeinen deterministische Folgerungen ziehen zu müssen. Zugleich konnte man aber die Erfahrung, die vor allem im Phänomen der sittlichen Verpflichtung impliziert ist, daß nämlich wir selbst der Ursprung unserer eigenen Handlungen sind, daß wir uns also durch unser Tun selbst bestimmen können, nicht ignorieren. Daraus ergab sich das Problem des Verhältnisses von Naturdeterminiertheit und menschlicher Freiheit. Dieses Problem meinte Kant dadurch lösen zu müssen, daß er die Wirklichkeit aufgeteilt hat einerseits in einen Bereich der Phänomene, in dem strikte (deterministische) Notwendigkeit herrscht und der deshalb auch der (natur)wissenschaftlichen Erfahrung zugänglich ist, und andererseits in einen Bereich des an sich Wirklichen, in dem es Freiheit gibt, den wir aber mittels eines theoretisch allgemeingültigen Wissens niemals für uns erschließen können. Von der Freiheit wissen wir laut Kant nur in der Weise eines Postulats der praktischen Vernunft. Die Schwäche dieses Lösungsversuchs besteht in einem letztlich unaufhebbaren Dualismus: Erscheinung und Wirklichkeit bleiben unvermittelt einander entgegengesetzt. – Wenden wir uns nun den Argumenten Kants zu.

1. Es ist notwendig, Freiheit in der Natur anzunehmen

Die Thesis der dritten Antinomie lautet: „Die Kausalität nach Gesetzen der Natur ist nicht die einzige, aus welcher Erscheinungen in der Welt insgesamt abgeleitet werden können. Es ist noch eine Kausalität durch Freiheit zur Erklärung derselben anzunehmen notwendig“ (A 444).

Dieser Thesis muß man unseres Erachtens vorbehaltlos zustimmen. Dies gilt sogar von der anschließenden Beweisführung, wenn man sich nur einfach an den Text, so wie er vorliegt, bezieht und dabei davon absieht, daß nach der Meinung Kants die Geltung dieser

Beweisführung durch den für ihn ebensoviel Geltung beanspruchenden Beweis der Antithesis zumindest in Schwebe gehalten wird.

Den Ausgangspunkt des Beweises bildet der Begriff der „Kausalität als nach Gesetzen der Natur" (A 444), der nach der Meinung Kants als ein Apriori unserer Naturerfahrung zu betrachten ist, durch welches wir veranlaßt werden, jede Erscheinung als Folge einer ihr vorausgehenden anderen Erscheinung zu verstehen. Dementsprechend beschreibt Kant das Gesetz der Kausalität auf folgende Weise: „Wenn wir erfahren, daß etwas geschieht, so setzen wir dabei jederzeit voraus, daß irgend etwas vorausgehe, worauf es nach einer Regel folgt" (A 195). Das so formulierte Kausalgesetz entspricht den Bedürfnissen des Verstandesdenkens und beschreibt somit eindeutig objektivierbare Verhältnisse: Jedes Ereignis verweist auf ein von ihm im Raum getrenntes und in der Zeit ihm vorausgehendes Ereignis, das als seine Ursache zu betrachten ist. Die Selbstkausalität, d.h. die Freiheit, die für das objektivierende Denken immer große Schwierigkeiten bereitet, ist in diesem Begriff nicht vorgesehen.

Nun zeigt aber Kant selbst im Beweis der Thesis, daß die konsequente Anwendung des Kausalitätsgesetzes zu aporetischen Konsequenzen führt und deshalb die grundsätzliche Revision des sich in diesem Gesetz ausdrückenden Kausalitätsverständnisses fordert. Wenn man nämlich das Prinzip, jedes Geschehen müsse eine von ihm verschiedene Ursache haben, ohne Ausnahme gelten läßt, so ergibt sich zwangsläufig ein unendlicher Regreß. Damit ist aber dann auch gesagt, daß – da es keinen ersten Anfang gibt – keine einzige Ursache hinsichtlich ihres Ursacheseins hinreichend bestimmt ist, was aber eben aufgrund des Kausalitätsgesetzes unbedingt nötig ist, um überhaupt wirken zu können. Die ganze Ursachenreihe hängt sozusagen „in der Luft". „Also widerspricht der Satz, als wenn alle Kausalität nur nach Naturgesetzen möglich sei, sich selbst in seiner unbeschränkten Allgemeinheit, und diese kann also nicht als die einzige angenommen werden" (A 446). Demnach muß man mit einer Kausalität rechnen, die *von sich selbst aus* imstande ist, eine Kausalreihe anzufangen, also mit einer Kausalität durch – wie Kant sagt – transzendentale (d.h. nicht bloß zur Erscheinungswelt gehörende) Freiheit. Denn Bewegung, Dynamik kann man nur dann ohne aporetische Folgen zu Ende denken, wenn man so etwas wie Selbstbewegung, Eigendynamik annimmt.

2. Die gegen die Freiheit in der Natur angeführten Argumente sind nichtig

In der Antithesis der dritten Antinomie behauptet Kant: „Es ist keine Freiheit, sondern alles in der Welt geschieht lediglich nach Gesetzen der Natur“ (A 445).

Der Beweis stützt sich auf folgende Überlegung: Die Freiheit setze eine solche Art von Kausalität voraus, die mit dem Kausalgesetz unvereinbar sei. Denn sie besagt, daß eine handelnde Ursache von selbst eine Ursachenreihe anfangen könne, ohne dazu vorher bestimmt zu sein. Wenn man aber das annimmt, so könne man nicht mehr davon ausgehen, daß es in der Natur eine einheitliche Gesetzmäßigkeit gibt. Diese letztere Annahme bildet aber die Möglichkeitsbedingung (die unausweichlich nötige Voraussetzung) für die wissenschaftlich gültige Erfahrung der Natur. Da also die Annahme der Freiheit die Möglichkeit der (naturwissenschaftlichen) Erfahrung (deren Gültigkeit für Kant aufgrund der Erfolge der Newtonschen Himmelsmechanik unbezweifelbar feststeht) zerstöre, könne der Freiheitsbegriff nur ein leeres Gedankending sein. Natur (d.h. deterministische Naturkausalität) und Freiheit stünden sich deshalb wie Gesetzmäßigkeit und Gesetzlosigkeit gegenüber. Würde man den Versuch machen, von einem Gesetz der Freiheit zu reden, so würde man sich auf einen widersinnigen Sprachgebrauch festlegen. Wäre nämlich die Freiheit durch Gesetze bestimmt, so wäre sie nicht Freiheit, sondern selbst nichts anderes als Natur. Freiheit sei also eine blinde Kausalität, die „den Leitfaden der Regeln abreißt, an welchen allein eine durchgängig zusammenhängende Erfahrung möglich ist“ (A 447).

An dieser Argumentation ist zweifellos richtig, daß die Bedingung der Möglichkeit der Welterkenntnis die Annahme einer grundsätzlichen Einheitlichkeit der Welt ist. Richtig ist außerdem, daß man niemals von *einer* Natur (von *einer* Welt) reden könnte, wenn es in ihr eine Vielheit schlechthinniger Anfänge gäbe. Die Annahme einer Vielheit schlechthinniger Anfänge bedeutet die Annahme schlechthin voneinander verschiedener (miteinander überhaupt nichts zu tun habender) Welten, die (unabhängig davon, ob es überhaupt möglich ist, solches anzunehmen) die Möglichkeit einer kohärenten, auch nur irgendwie einheitlichen Welterkenntnis tatsächlich ausschließt.

Diese Einsicht, so richtig sie auch sein mag, wird jedoch von Kant überzogen. Obwohl es nämlich zutrifft, daß jede freie Handlung etwas wirklich Neues, etwas vor ihr in der Welt nicht Vorhandenes in die Welt setzt, ist keine einzige freie Handlung in dem Sinn ein schlechthinniger Anfang, daß sie mit dem ihr Vorausgehenden überhaupt keine Einheit, keine Kontinuität bilden würde. Der fundamentale Fehler Kants besteht also darin, daß er – weil er Wissenschaftlichkeit nur dem alles eindeutig objektivierenden Verstandesdenken zubilligt – es für selbstverständlich hält: Einheit und Vielheit (Kontinuität und Diskontinuität, Identität und Differenz) würden einander ausschließen. Weil er ferner erfaßt hat, daß mit der Annahme der Freiheit unausweichlich Mannigfaltigkeit, Diskontinuität, Verschiedenheit angenommen werden müssen, lehnt er diese Annahme als kohärenterweise nicht zu haltende mit der Begründung ab, sie sei mit der notwendig anzunehmenden Einheit der Welt nicht in Einklang zu bringen. Im Grunde geht es also um das uralte, seit Parmenides in der abendländischen Philosophie diskutierte Problem des Einen und Vielen bzw. der Beharrlichkeit und der Veränderung und in diesem Zusammenhang um die Möglichkeit des echten Werdens, d.h. des Entstehens von Neuem.

Die von uns für richtig gehaltene Lösung des Problems kann hier nicht in der nötigen Ausführlichkeit dargelegt werden. Dafür sei auf anderswo Formuliertes verwiesen[1]. Es seien lediglich folgende Bemerkungen gemacht.

1. Man muß sich mit der für das reine Verstandesdenken widersprüchlichen, aber trotzdem unleugbar gegebenen elementaren Tatsache abfinden, daß von Veränderung sinnvollerweise nur dann geredet werden kann, *wenn etwas im Vergleich zu einem früheren Zeitpunkt sowohl dasselbe als auch nicht dasselbe ist.* Es müssen also sowohl die Gleichheit der betreffenden Sache als auch ihre Ungleichheit zu verschiedenen Zeitpunkten ohne Abstriche zugegeben werden. Handelt es sich nämlich nicht um die gleiche Sache, so kann man nicht von Veränderung, sondern nur von einer Ersetzung des einen durch das andere reden. Geht es aber bloß um die gleiche Sache, dann trat keine Veränderung ein. Wesentlich ist nun, daß man einsieht: Die zugleich zu behauptende Gleichheit und Ungleichheit durchdringen sich gegenseitig; sie können also nicht (wozu unser Verstandesdenken uns ständig drängt) als voneinander abtrennbare Teile betrachtet werden. Tut man das nämlich, so geht zum einen die Einheit der betreffenden Sache verloren, indem sie in einen vollkommen gleichbleibenden (mit der Veränderung nichts zu tun habenden) und in einen mit dem Vorausgehenden keine Gemeinsamkeit besitzenden Teil zerfällt, und zum anderen muß das neu

[1] *B. Weissmahr,* Ontologie, Stuttgart 1985, 135–148 bzw. auch 95–119; *ders.,* Philosophische Gotteslehre, Stuttgart 1983, 72–94.

Entstehende als etwas vollkommen Diskontinuierliches und rein von selbst aus nichts Entstandenes gedacht werden. Beides ist jedoch absurd.

2. Die Veränderung als Werden, als Entstehen von Neuem muß (entsprechend des von Kant in der Beweisführung der Thesis selbst angedeuteten Ansatzes) als selbsterwirkte Vollkommenheitszunahme, also als Freiheitsgeschehen interpretiert werden. Denn ohne eine freie, sich selbst bestimmende und durch diese Selbstbestimmung etwas Neues in der Welt produzierende Kausalität wäre das Aktivsein jeder von sich aus als rein passiv geltenden Ursache immer etwas Unerklärtes, da jede Aktivität ohne die Annahme eines von selbst Aktiven vollkommen unbegründet wäre. Außerdem wäre ohne die Annahme einer Freiheit, einer „von selbst" herstammenden Tätigkeit, einer wirklichen Eigendynamik alles in der Welt stets nur das Gleiche; jede Verschiedenheit, Veränderung, Entwicklung wäre bloßer Schein.

3. Die Freiheit in dem Sinn als absoluten Anfang zu denken, daß man dabei annimmt, aus nichts könne von selbst etwas werden, ist tatsächlich widersinnig. Die Absurdität einer solchen Annahme drückt das metaphysische Kausalitätsprinzip aus, das besagt, daß alles Kontingente – also alles, was tatsächlich, aber nur bedingt, existiert – auf einen letztlich unbedingten Grund seiner Existenz verwiesen ist. Zum Wesen der Einsicht, die im metaphysischen Kausalitätsprinzip zum Ausdruck kommt, gehören zwei aufeinander verweisende Momente: Zum einen, daß wir im Erfassen der Bedingtheit des Bedingten als dessen letzte Möglichkeitsbedingung das Unbedingte, also das, welches die Begründung seiner Existenz in sich hat, miterfassen. Zum anderen, daß das Unbedingte, das die Existenz des Kontingenten letztlich begründet, nicht als ein von diesem nur verschiedenes Seiendes aufzufassen ist, sondern als ein solches, das vom kontingenten Seienden sowohl ganz und gar verschieden (ihm gegenüber transzendent) als auch in ihm innigst gegenwärtig (in ihm immanent) ist.

Die im metaphysischen Kausalitätsprinzip zum Ausdruck kommenden Vernunfteinsichten drückt das (oben in der Formulierung Kants zitierte) naturwissenschaftliche Kausalgesetz entsprechend den Bedürfnissen des Verstandesdenkens aus. Es löst die in eindeutiger Begrifflichkeit nicht darstellbare Identität-in-Differenz bzw. Differenz-in-Identität von Begründetem und seinem Grund in ein Nacheinander auf, und bestimmt das Verhältnis von Ursache und Wirkung als ein äußerliches Aufeinanderfolgen, wobei jedes Glied der so entstehenden Ursachenreihe jeweils nur auf das unmittelbar ihm vorausgehende Glied angewiesen ist. Damit gestattet es eine eindeutige Beschreibung der Determinismen, die auch ein, aber nur ein Aspekt der zur Veränderung fähigen Wirklichkeit sind; es verfehlt aber die Wirklichkeit als Ganze, insofern zu ihr die Selbstbewegung, d.h. die Freiheit gehört. Diese ist aber ohne das für das Verstandesdenken fremdartige Bezogensein auf sich selbst, das letztlich durch die Immanenz des transzendenten Absoluten in diesem Selbst konstituiert wird, nicht zu verstehen. Das naturwissenschaftliche Kausalgesetz verweist auf die Freiheit nur negativ, indem es in voller Konsequenz zu Ende gedacht, selbst aporetisch wird, was – wie wir gesehen haben – Kant im Beweis der Thesis auch zum Ausdruck bringt.

4. Die freie Handlung kommt nicht „aus dem Nichts", sondern ist ein Selbstvollzug im vollen Sinne des Wortes, d.h. ein Vollziehen seiner selbst. Das „von selbst" der freien Handlung bedeutet demnach nicht, daß es für das freie Handeln überhaupt keine, sondern nur daß es keine es eindeutig determinierende Voraussetzungen gibt. Die Freiheit ist also nur in dem Sinn voraussetzungslos, daß sie nichts ihr gegenüber anderes voraussetzt, aber sie ist nicht schlechthin voraussetzungslos, denn sie setzt immer sich selbst voraus. Vollkommen uneingeschränkt gilt dies allerdings nur von der absoluten, der göttlichen Freiheit, denn nur diese setzt allein sich selbst voraus. Jede endliche Freiheit ist dagegen als begrenzte Teilhabe an dieser göttlichen Freiheit zu verstehen. Einerseits partizipiert also jede endliche Freiheit tatsächlich an der nur sich selbst voraussetzenden Absolutheit des Absoluten, indem in ihr wirkliche Selbstbezogenheit verwirklicht ist. Andererseits ist jede endliche Freiheit eine begrenzte Teilhabe an der absoluten Freiheit, was darin zum Ausdruck kommt, daß sie nicht nur sich selbst voraussetzt, sondern sich selbst auch als eine, die eine bestimmte Natur hat.

Der für das Verstandesdenken schwer nachvollziehbare Gedanke der Teilhabe besagt, daß das Teilhabende nur in seiner Bezogenheit auf das, an dem es teilhat, zu verstehen ist. Das verhindert aber die dem Teilhabenden eigene Selbständigkeit (bzw. Eigenaktivität) nicht, sondern ermöglicht sie vielmehr. Dieses der endlichen Freiheit immanente Bezogensein auf das Absolute, das die Freiheit aber nicht zerstört, sondern als solche konstituiert, bildet das der Freiheit innere Gesetz der Freiheit, das die Freiheit – im Gegensatz zur Meinung Kants – aber nicht zur Natur macht, sie also nicht vernichtet. Der endlichen Freiheit kommt also eine sie als solche nicht aufhebende, sondern ermöglichende Ausgerichtetheit zu, nämlich die Tendenz auf das Absolute hin, die sich in dem der Freiheit eigenen Streben nach dem je Vollkommeneren bemerkbar macht.

Aus dieser Perspektive betrachtet wird der Begriff der Natur doppeldeutig. Einerseits bedeutet „Natur“ die Determinismen, die aus der – für die endliche Wirklichkeit als solche charakteristischen – Passivität herstammen und der Freiheit entgegengesetzt sind. Andererseits kann „Natur“ die Tendenz zur Selbstüberbietung auf das seinsmäßig Höhere hin bezeichnen, die der Freiheit eigen ist und die Selbstdynamik des endlichen Seienden als solche konstituiert. Die Richtung der Selbstüberbietung ist der endlichen Freiheit auf eine nichtdeterministische Weise als Natur vorgegeben. Dieses nichtdeterministische Ausgerichtetsein des endlichen Seienden auf das seinsmäßig Höhere nennt man Finalität.

5. Die freie Ursächlichkeit wirkt demnach nicht blind, sondern ist auf die Verwirklichung des jeweils Höheren, letztlich auf die Verwirklichung des geistigen Wesens, der Person ausgerichtet. In dem Sinne ist das Erscheinen des Menschen in unserem Weltall notwendig. Der physiologische Organismus der Lebewesen hätte zwar vermutlich sich auch in einer von der unsrigen verschiedenen Weise entwickeln können. Dann wäre der Geist in einem andersartigen Leib erschienen. Doch es wäre derselbe Geist, die gleiche Intelligenz, die gleiche Freiheit. Denn Subjekthaftigkeit, Selbstbezogenheit als solche, mit denen der absolute Standpunkt und die Offenheit auf das Unendliche gegeben sind, konstituieren das geistige Wesen, das eine unverwechselbare Individualität, zugleich aber auch eine unbeschränkte Allgemeinheit besitzt.

Literatur

Rahner, K., Die Hominisation als theologische Frage, in: *Overhage, P./Rahner, K.* (Hrsg.), Das Problem der Hominisation, Freiburg 1961, 13–90.

Schoonenberg, P., Entwicklung, in: *Ders.*, Gottes werdende Welt, Limburg 1963, 9–49.

V
Der Gott der Evolution

Der kosmische Christus im Werk von Teilhard de Chardin

Von Günther Schiwy

Wenn wir die Geschichte der natürlichen Theologie von ihren Anfängen bei den Vorsokratikern bis in die unmittelbare Gegenwart überblicken, gibt es nur einen Naturwissenschaftler, Philosophen und Theologen in einer Person, der ein glühender Verfechter einer Gotteserkenntnis aus dem in Evolution begriffenen Universum gewesen ist: der Jesuit Pierre Teilhard de Chardin, geboren 1881 in Sarcenat bei Clermont-Ferrand, gestorben 1955 in New York.

1. Auf der Spur des Gottes der Evolution

Sein Leben lang – schon während der Kindheit in der vulkanischen Auvergne, als er sich hin- und hergerissen fühlte zwischen dem göttlichen und doch so schwachen Jesuskind und den soliden Steinen und Metallstücken, die er sammelte und verehrte; dann in den philosophischen, theologischen und naturwissenschaftlichen Studien in England, Ägypten und Paris, in denen sich mühsam eine Synthese anbahnte; vor allem in den Schützengräben des Ersten Weltkrieges, als ihm blitzartig der innige Zusammenhang zwischen dem Gott seines christlichen Glaubens und der Evolution aufging; ferner auf den geologischen und paläontologischen Expeditionen in Asien, in denen sich seine Intuition vertiefte, festigte und immer wieder ihren schriftlichen Ausdruck suchte; schließlich in den aufsehenerregenden Vorträgen der Pariser Nachkriegsjahre bis 1951 und auf den von tiefer Gewißheit erfüllten letzten Forschungsreisen nach Afrika: immer war Teilhard auf der Spur des „Gottes der Evolution".

Schon die Überschriften und Kernsätze einiger seiner Arbeiten zeigen die Kontinuität, mit der Teilhard in jeder Phase seines Lebens dieses Thema verfolgt hat – im Grunde handeln alle seine philosophisch-theologischen Schriften davon. „Das kosmische Leben" (1916) hat bereits als Motto: „Es gibt [...] eine Vereinigung mit Gott durch die Erde."[1] „Auf der ganzen Oberfläche und im Dickicht des Kosmos ist es wirklich das göttliche Handeln, das uns wie den Lehm des ersten Tages knetet", heißt es in „Der Mystische Bereich" (1917).[2] In „Der Priester" (1918) betet Teilhard: „Ich knie nieder, Herr, vor dem Universum, das insgeheim unter dem Einfluß der Hostie zu deinem anbetungswürdigen Leib und deinem göttlichen Blut wurde."[3] Doch „nicht erst seit der verwirklichten Inkarnation, sondern schon zuvor ist (kraft einer geheimnisvollen, aber geoffenbarten Präaktion der Menschheit Jesu) die ganze Weltgeschichte die einer fortschreitenden Information des Universums durch Christus", betont Teilhard in „Forma Christi" (1918)[4].

In „Über den Christus universalis" (1920) versucht Teilhard eine Art Definition: „Unter Christus-Universalis verstehe ich Christus als das organische Zentrum des ganzen Universums: – als *organisches Zentrum,* das heißt als das Zentrum, an dem letzten Endes physisch die ganze, selbst die natürliche Entwicklung hängt; – *des ganzen Universums,* das heißt nicht nur der Erde und der Menschheit, sondern des Sirius, der Andromeda, der Engel, aller Wirklichkeiten, von denen wir nah oder fern physisch abhängen."[5]

Die Konsequenz ist: „Damit durchdringt sein lenkender und informierender Einfluß die ganze Stufenleiter des menschlichen Arbeitens, der materiellen Determinismen und der kosmischen Evolutionen. Diese niederen Bewegungen des Universums nennen wir aus Konvention ‚natürlich'. In Wirklichkeit sind sie kraft der Einsetzung Christi als Haupt des Kosmos bis in ihre greifbarste Wirklichkeit von Finalität, von übernatürlichem Leben durchdrungen. Alles um uns herum ist physisch ‚christifiziert', und es kann ... immer mehr christifiziert werden. Dieser ‚Pan-Christismus' hat, das ist leicht einzusehen, nichts falsch Pantheistisches an sich" (in „Mein Universum", 1924)[6].

Das bedeutet nichts anderes als ein neues Christusbild, das uns die Evolution geoffenbart hat, wie Teilhard in „Christologie und Evolution" (1933) schreibt: „Wirklich, man könnte sagen, die Evolution hat uns unseren Gott erhalten, wenn unsere Religion durch sie zur Anerkenntnis und gewissermaßen zum Aufblühen des Christus Universalis gezwungen wird. Und umgekehrt und noch wahrer

---

1 *P. Teilhard de Chardin,* Frühe Schriften, Freiburg/München 1986, 10.
2 Ebd. 155.
3 Ebd. 257.
4 Ebd. 311.
5 *P. Teilhard de Chardin,* Wissenschaft und Christus, Olten 1970, 37.
6 Ebd. 89f.

müßte man hinzufügen, der Christus Universalis sei genau zur rechten Zeit aufgetreten, um die Idee der Evolution vor sich selbst zu schützen."[7] 1942 schreibt Teilhard „nicht für die ‚Öffentlichkeit', sondern nur für die ‚Berufstheologen'" über den „Christus Evolutor oder eine logische Weiterführung des Begriffs der Erlösung" und fordert eine neue Theologie des Kreuzes gemäß dem Motto: „Ein Kreuz, das zugleich Zeichen des Wachstums und des Loskaufs ist, ist in Zukunft das einzige, mit dem die Welt sich bekreuzigen könnte."[8]

Noch einmal als „Anregungen für eine neue Theologie" versteht Teilhard seinen Aufsatz „Christentum und Evolution" (1945), in dem er ausdrücklich von der Evolution als Stütze der Offenbarung spricht: „Nicht nur spekulativ, sondern in der Erfahrung nimmt unsere moderne Kosmogonie die Gestalt einer Kosmogenese an (oder, genauer, einer Psycho- oder Noogenese), an deren Ende sich ein höchster Brennpunkt personalisierender Personalität abzeichnet. Wer sieht nicht, welche Stütze, welche Verstärkung, welche Kraft der Erweckung die Entdeckung dieses physischen Poles der universellen Synthese den Anschauungen der Offenbarung bringt? – *Identifizieren* wir doch einmal (zumindest seiner ‚natürlichen' Seite nach) den kosmischen Christus des Glaubens mit dem Punkt Omega der Wissenschaft."[9]

Über das Verhältnis des historischen Christus zum kosmischen heißt es im gleichen Aufsatz „Christentum und Evolution" von 1945: „Dieser allgemeinen Ausweitung des Christus-Redemptor zu einem wahrhaften ‚Christus-Evolutor' (der mit den Sünden das ganze Gewicht einer Welt auf dem Wege des Fortschritts trägt); dieser Erhebung des historischen Christus zu einer universellen physischen Funktion; dieser letzten Identifizierung der Kosmogenese mit einer Christogenese hat man entgegenhalten können, sie liefen Gefahr, die menschliche Wirklichkeit Jesu im Übermenschlichen verschwinden, im Kosmischen zerstäuben zu lassen. – Nichts scheint mir weniger begründet als dieses Bedenken. – Je mehr man nämlich über die Grundgesetze der Evolution nachdenkt, um so mehr gewinnt man die Überzeugung, daß der Christus-Universalis am Ende der Zeiten nur auf dem Gipfel der Welt zu erscheinen vermag, wenn er sich vorher unterwegs in sie, und zwar *durch Geburt,* in Gestalt eines *Elements* hineinbegeben hat. Wenn wirklich im Christus-Omega das in Bewegung befindliche Universum seinen Halt hat, so gewinnt umgekehrt Christus-Omega aus seinem konkreten Keim,

---

[7] *P. Teilhard de Chardin,* Mein Glaube, Olten [2]1974, 109.
[8] Ebd. 165.
[9] Ebd. 215.

dem Mann aus Nazareth, (theoretisch und historisch) für unsere Erfahrung all seine Konsistenz."[10]

Zwei Jahre vor seinem Tode, 1953, faßt Teilhard noch einmal in „Der Gott der Evolution" kurz das Phänomen zusammen, „dessen Evidenz mich seit bald fünfzig Jahren bedrängt: ich meine den unwiderstehlichen (und dennoch immer noch verkannten) Aufstieg dessen über unserem Horizont, was man einen Gott (*den* Gott) der Evolution nennen könnte".[11] Doch das Thema läßt ihn auch in den folgenden zwei Jahren nicht los. „Das Christische"[12] heißt der Aufsatz, den er im März 1955, einen Monat vor seinem Tode, abschließt, und worunter er „die ‚implosive'[13] Begegnung des Christlichen mit dem Evolutiven"[14] versteht. In der letzten uns bekannten Tagebucheintragung vom Gründonnerstag 1955, dem 7. April – Teilhard stirbt Ostersonntag, am 10. April –, heißt es: „Die zwei Artikel meines Credo: Das Universum ist zentriert (evolutiverweise, im Oben, im Vorn). Christus ist davon das Zentrum → Noogenese = Christogenese (das christliche Phänomen)."[15] Nach dem Tode Teilhards findet man auf seinem Schreibtisch ein Herz-Jesu-Bild, auf dessen Vorder- und Rückseite Teilhard mit der Hand seine persönliche Herz-Jesu-Litanei aufgeschrieben hat. Sie beginnt auf der Vorderseite: „Der Gott der Evolution. Das Christische, der Trans-Christus. Jesus: Herz der Welt, Wesen der Evolution." Sie endet auf der Rückseite: „Brennpunkt der höchsten und universellen Energie, Zentrum der kosmischen Sphäre der Kosmogenese, Herz Jesu, Herz der Evolution, vereine mich mit Dir."[16]

2. Die „Grundgesetze der Evolution"

So eindrucksvoll die Überzeugung Teilhards auch sein mag, daß sich Gott in der Evolution offenbart, und so folgenreich diese Offenbarungen auch für das Gottesbild und die Religionen der Zukunft sein mögen, man möchte nun doch genauer wissen, auf Grund welcher „Grundgesetze der Evolution", wie Teilhard in „Christentum

[10] Ebd. 216f.
[11] Ebd. 281.
[12] *P. Teilhard de Chardin,* Le Cœur de la Matière, Paris 1976, 93–117.
[13] „Implosion" (nach Duden): schlagartige, plötzliche Zertrümmerung eines (luftleeren) Gefäßes durch äußeren Überdruck (Ggs. Explosion).
[14] Brief Teilhards an seinen Provinzial Ravier in Lyon vom 14. Januar 1955, in: Lettres intimes de Teilhard de Chardin, Paris 1974, 452.
[15] Ebd. 119.
[16] Mein Glaube, 289f.

und Evolution“ sagt (siehe oben), er zu seinen weitreichenden Erkenntnissen gekommen ist.

a) Das erste Grundgesetz der Evolution besteht für Teilhard in dem *Gesetz der Zentrierung.* Auf allen Stufen des Universums, vom sogenannten Anorganischen über das Lebendige bis zum Menschen, beobachten wir „eine experimentelle, im phänomenalen Feld überprüfbare und in angemessener Weise auf die Totalität des Raumes und der Zeit extrapolierbare Rekursionsformel“ [17] von der Tendenz der evolutiven Welt zur immer stärkeren Vereinigung ihrer Elemente. Das ist für Teilhard „keine abstrakte Metaphysik - sondern eine realistische Ultraphysik der Vereinigung“ [18]. „Zu Beginn in den äußersten Tiefen das noch verworren Einfache, das gestaltlich undefinierbar und von der Natur des Lichtes ist. Dann plötzlich ein Gewimmel von positiven und negativen Elementarkörperchen: Protonen, Elektronen, Neutronen, Photonen usw.; ihre Liste wird beständig größer. Dann die harmonische Reihe der Elemente, vom Wasserstoff bis zum Uran wie eine Tonleiter sich entfaltend. Und dann die unermeßliche Verschiedenheit der Verbindungen, in denen die molekularen Massen sich allmählich bis zu einem bestimmt kritischen Wert erheben, oberhalb dessen [...] der Übergang zum Leben anzusetzen ist. Nicht ein Glied in dieser langen Reihe, das man nicht auf Grund guter, beweiskräftiger Experimente als eine Zusammensetzung von Atomkernen und Elektronen ansehen müßte. Diese grundlegende Entdeckung, daß alle Stoffe sich von der Ordnung eines einzigen Atom-Urtypus herleiten, ist der Blitz, der uns die Geschichte des Universums erleuchtet. Auf ihre Weise gehorcht die Materie von Anfang an dem großen biologischen Gesetz [...], dem Gesetz der ‚zunehmenden Verflechtung‘.“ [19]

b) Ausgehend vom Menschen, in dem die Zentrierung des Weltstoffes, soweit wir sehen, ihren bisher höchsten Grad erreicht hat mit dem Effekt, daß der Mensch Selbstbewußtsein besitzt, und wieder, wie schon beim Gesetz der Zentrierung, unter der Voraussetzung, daß eine irgendwo zutage tretende Tendenz für das ganze Universum gültig sein muß, wenn es sich aus einem einzigen Atom-Urtypus herleitet, besteht für Teilhard das zweite Grundgesetz der Evolution im *Gesetz der Verinnerlichung.* „Die ganz träge Materie, die völlig rohe Materie, gibt es nicht. Vielmehr enthält jedes Element des Universums in einem zumindest infinitesimalen Grad irgendeinen Kern

---

[17] *P. Teilhard de Chardin,* Die Zentrologie, in: Die Menschliche Energie, Olten 1966, 335f.

[18] Ebd. 336.

[19] *P. Teilhard des Chardin,* Der Mensch im Kosmos, München 1959, 36f.

der Innerlichkeit und der Spontaneität, das heißt des Bewußtseins. In den sehr einfachen und maßlos zahlreichen Korpuskeln (die sich uns nur durch ihre statistischen Effekte kundtun) bleibt diese Eigenschaft für uns so unwahrnehmbar, *als wäre sie nicht vorhanden*. Andererseits wächst ihre Bedeutung mit der Komplexität – oder, was auf dasselbe hinausläuft, mit dem Grad der ‚Zentrierung' der Korpuskel auf sich selbst. Vor einer atomaren Komplexität in der Größenordnung der Millionen (Virus) an beginnt sie für unsere Erfahrung zu emergieren. Weiter oben wird sie durch aufeinanderfolgende Stoßwellen (durch eine Reihe psychischer ‚Quanten') evident. Im Menschen schließlich erreicht sie infolge des kritischen Punktes der ‚Reflexion' die denkende Form und wird von da an dominierend. – Ebenso wie die großen Zahlen im Winzigen den Determinismus der physikalischen Gesetze erklären; und ebenso wie die Raumkrümmung im Unermeßlichen die Gravitationskräfte erklärt – so läßt in dem dritten Unendlichen die Komplexität (und die ‚Zentriertheit', die sie zur Folge hat) die Phänomene der Freiheit hervortreten."[20]

c) Um ein Mißverständnis des Gesetzes der Zentrierung im Sinne einer Vereinheitlichung und Nivellierung oder gar einer Verschmelzung und Auflösung der Elemente auszuschalten, hat Teilhard ausdrücklich auf ein drittes Gesetz der Evolution hingewiesen, auf das *Gesetz der Differenzierung*, das jedoch je nach dem Grad der Zentriertheit unterschiedlich stark zur Geltung kommt. „*Die Vereinigung differenziert*. Damit will ich sagen, daß die Zentren der Ordnung *n* auf Grund der Tatsache ihrer Gruppierung unter dem Einfluß seines Zentrums höherer Ordnung *n + 1* nicht dahin tendieren, sich zu verwischen oder zu verschmelzen, sondern im Gegenteil in sich selbst gestärkt werden: wie die Räderwerke eines Mechanismus, die untereinander nur zusammenpassen können unter der Bedingung, daß sie strikt determinierte, vielfältige Formen annehmen. So die vielfältigen Zellen, aus denen sich ein Metazoon zusammensetzt. So die Nervenfasern eines Gehirns. So die verschiedenen Glieder eines Insektenstaates ... Die Organisation setzt nicht nur die Komplexität voraus, auf der ihre Einheit aufblüht, vielmehr bringt sie sie hervor. Das ist ein Faktum universeller Erfahrung."[21]

d) Daraus folgt, wenn man wieder vom Menschen ausgeht, in dem der Weltstoff am deutlichsten zeigt, was in ihm ist, das *Gesetz der Personalisierung*. Über das Gesetz der Differenzierung und Ver-

---

[20] *P. Teilhard de Chardin*, Der Ort des Menschen im Universum, in: Die Schau in die Vergangenheit, Olten 1965, 327f.
[21] Die Zentrologie, a.a.O. (Anm. 17) 356f.

innerlichung hinaus weist das der Personalisierung darauf hin, bis zu welchem Grade die Evolution den Weltstoff differenziert: bis zum Personalen, wobei Teilhard das Individuelle vom Personalen unterscheidet: „Ein Zentrum wird dadurch ‚individuell', daß es von den anderen, es umgebenden Zentren unterschieden ist. Es wird ‚personal' dadurch, daß es zutiefst es selbst ist."[22] Dabei scheint das Personale, wie es sich im Menschen mit Deutlichkeit zeigt, auch noch nicht die Vollendung, sondern erst eine von weiteren Entwicklungsstufen des Personalen zu sein. „Im Laufe der Zeit [...] *steigt das Personale – sowohl der Quantität als auch der Qualität nach* betrachtet – *unaufhörlich im Universum empor.* Wenn wir also den Kreis der Noosphäre sich (wirtschaftlich, politisch, sozial ...) unbarmherzig über uns schließen fühlen, haben wir nicht zu befürchten, den Schatz unserer kleinen Personalität in einem blinden Kollektivismus untergehen zu lassen. Wir zittern davor, in diesem Strom ertränkt oder in diesen Mechanismus hineingenommen zu werden, in die Unbewußtheit zurückfallen. Doch das hat seinen Grund darin, daß wir gleich den Fragmenten von Zentren, die sich in den vorlebendigen Bereichen der Materie suchen, nicht begriffen haben, daß wir auf unserem Evolutionsniveau erst nur Skizzen, Bruchstücke von Personen sind, die sich rufen. Wir stellen uns vielleicht vor, daß die Personalität eine spezifische Eigenschaft des isolierten Elements, des Bewußtseinskorns, ist. Die Zentrogenese hat uns eben im Gegenteil gelehrt, daß allein das All [...] letzten Endes und in der Fülle personal ist."[23]

e) Die weitere Entwicklung des Personalen nun unterliegt dem *Gesetz der Amorisierung,* der Vereinigung durch personale Liebe. „In den Zonen des Vorlebendigen und des Unreflektierten existiert die Liebe im strengen Sinne des Wortes noch nicht, da die Zentren sich entweder noch nicht in sich selbst verknüpft haben oder aber noch unvollkommen zentriert sind. Doch ist es nicht schon Liebe, die sich unter der wechselseitigen Affinität abzeichnet und wächst, die die Partikeln untereinander zusammenhängen und im Laufe ihres konvergenten Marsches nach vorn vereint bleiben läßt? – Zumindest kann man jedenfalls sagen, daß sich durch den kritischen Schritt der Reflexion hindurch diese dunkle Intersympathie der ersten Atome oder der ersten Lebewesen, indem sie sich hominisiert, in Liebe transformiert. Im Falle des Sexuellen, der Familie, der Rasse ist der Übergang evident. Für ein aufmerksames Auge jedoch

[22] Ebd. 358.
[23] Ebd. 359.

erstreckt sich das Phänomen sehr viel weiter. Seit zweitausend Jahren hat man viel von einer Liebe zum Menschengeschlecht gesprochen [...] Doch ist es nicht letztlich eine solche Liebe, die theoretisch und faktisch bereits an unserem Horizont aufsteigt und hervortritt? Beginnen nicht die Menschen von dem Augenblick an, da sie, zu dem expliziten Bewußtsein der sie mitreißenden Evolution erwacht, anfangen, alle zusammen nach vorn auf ein und dasselbe Etwas zu schauen, auf Grund eben dieser Tatsache sich zu lieben?"[24]

f) In einer Menschheit, die sich ihrer Personalität bewußt geworden ist und das Gesetz der Liebe als das Entwicklungs- und Überlebensgesetz der Evolution erkannt hat, wachsen der Sinn und das Verlangen für das Irreversible, für die zunehmende Einzigartigkeit, Unersetzlichkeit und Unzerstörbarkeit der Elemente des Universums je nach Höhe der Entwicklungsstufe.[25] Teilhard verallgemeinert diese Erfahrung zum *Gesetz der Irreversibilität,* der Unumkehrbarkeit der Entwicklung des Universums. „Die Irreversibilität der Lebensströmung ist bis zu einem gewissen Grad durch ihren Erfolg selbst bewiesen: weshalb würde sie zurückfallen, da sie in ihrer Gesamtheit seit ihren Ursprüngen nur gewachsen ist? Man kann hinzufügen (und dieser Beweis ist sehr stark, wenn man ihn zu begreifen versteht), das Leben zeigt sich beim Menschen, wo es reflektiert wird, um seiner Funktionsfähigkeit selbst willen mit dem Anspruch, irreversibel zu sein. Gelangten wir nämlich zu der Erkenntnis, das belebte Universum gehe einem totalen Tod entgegen, würde die Freude am Tun ‚ipso facto' in der Tiefe unserer selbst getötet; das heißt, das Leben würde sich automatisch zerstören, indem es seiner selbst bewußt würde. Und das scheint absurd."[26]

Wenn wir diese sechs Grundgesetze der Evolution zusammennehmen, das der Zentrierung, der Verinnerlichung, der Differenzierung, der Personalisierung, der Amorisierung und der Irreversibilität, dann erscheint das Universum nach Teilhard in einer gerichteten Entwicklung begriffen, in einer *Orthogenese,* „derzufolge sich der Weltstoff, soweit wir sehen, auf korpuskulare Zustände hin entwikkelt, die in ihrer materiellen Anordnung immer komplexer und in ihrer psychischen Struktur immer innerlicher werden".[27]

Wenn es aber eine gerichtete Entwicklung gibt, dann drängt sich die Frage nach dem Zielpunkt dieser Entwicklung auf, nach dem *Punkt Omega,* wie ihn Teilhard genannt hat. Wie ist dieser Punkt

[24] Ebd. 360f.
[25] Vgl. ebd. 348f.
[26] Der Ort des Menschen im Universum, a.a.O. (Anm. 20) 248.
[27] *P. Teilhard de Chardin,* Die Entstehung des Menschen, München 1961, 96.

Omega zu fassen, damit er den Erfordernissen der Evolution, die nach den sechs genannten Grundgesetzen verläuft, genügt? „Wenn der Pol seelischer Konvergenz, zu dem die Materie bei ihrer Organisation hingravitiert, nichts anderes und nicht mehr wäre als lediglich die unbegrenzte, unpersönliche und jederzeit reversible Zusammenfassung aller denkenden Elemente des Kosmos, soweit diese sich gerade wechselseitig ihrer selbst bewußt geworden sind, dann würde die Einrollung der Welt (gewissermaßen aus Überdruß an sich selbst) allmählich zum Stillstand kommen, und zwar um so gewisser, als die fortschreitende Evolution immer klarer erkennen müßte, in welcher Sackgasse sie einmal enden wird. Wenn ‚Omega' wirklich den Schlußstein im Gewölbe der Noosphäre bilden soll, dann kann es nur als der Punkt verstanden werden, in dem das zum Abschluß seiner Zentrierung gelangte Universum zusammentrifft mit einem *anderen*, noch unergründlicheren *Zentrum* – einem Zentrum, das aus sich selber existiert, einem absolut letzten Prinzip der Irreversibilität und der Personalisation: dem einzig wahren Omega ... An diesem Punkt nun taucht, wie mir scheint, für die Wissenschaft von der Evolution das Problem Gott auf, denn nur so vermag diese Evolution auch in einem Rahmen, der vom Menschen her bestimmt ist, ihren Fortgang zu nehmen: Gott als Triebkraft, Sammelpunkt und Garant – das Haupt der Evolution."[28]

3. Der kosmische Christus als Punkt Omega der Evolution

Wenn wir noch einmal systematisch mit Teilhard fragen, wieso die Evolution eine Offenbarung Gottes sein kann, genauer, wieso die Evolution uns einen bestimmten Gott offenbaren kann, dann lautet die Antwort: Die Evolution als gerichtete, zentrierte Entwicklung ist ohne die Annahme eines absoluten Zentrums, das diese Entwicklung in Gang gesetzt hat, trägt und auf den die Entwicklung zielt, für ein kritisches Bewußtsein unbegreiflich.

Gäbe es ein solches absolutes Zentrum nicht, dann wäre die Ausrichtung der Entwicklung des Universums auf Personalität und Liebe entweder das Ergebnis einer bewußten, zielstrebigen Aktivität aller Elemente des Universums von den Elementarteilchen an – wofür es nicht die geringsten Anzeichen gibt –, oder das Ergebnis von „Zufall und Notwendigkeit" (Jaques Monod), eines Mechanismus, der zwar vieles in der Evolution des Lebendigen erklärt, aber für die

[28] Ebd. 128f.

zielgerichtete Entwicklung auf der Stufe des Anorganischen und auch wieder auf der des Geistes zu viele Fragen offen läßt.

Wie ist nun dieses absolute Zentrum, Teilhards „Punkt Omega", beschaffen, wenn es für die Entwicklung dieses Universums „verantwortlich" sein soll?

Dem Grundgesetz der *Zentrierung* entsprechend ist das absolute Zentrum sowohl Ausgangspunkt wie Zielpunkt des auf Vereinigung ausgerichteten Universums. Da seine Triebkraft wie sein Orientierungssinn die den Weltstoff konstituierenden Elemente sind, kann er sie sich nicht selbst gegeben haben, sondern ist er Produkt des absoluten Zentrums. Dieses liegt als Ursprung des Universums (Punkt Alpha) diesem voraus, aber geht zugleich als Zielpunkt der Vereinigung (Punkt Omega) aus diesem erst noch hervor.

Auch die Art und Weise, wie das absolute Zentrum sich dem Weltstoff mitteilt, ist durch das Gesetz der Zentrierung angedeutet: auf die innigste Weise der Vereinigung, die möglich ist mit Rücksicht auf das gleichzeitig gültige Gesetz der Differenzierung. Ohne letzteres zu verletzen, ist das absolute Zentrum im Weltstoff so präsent, daß es das Zentrum aller Zentren der Evolution ist.

Dem Grundgesetz der *Verinnerlichung* und *Personalisierung* entsprechend ist das absolute Zentrum selbst im höchsten Grade verinnerlicht, ist es vollkommenes Bewußtsein seiner selbst und aller „außer" ihm existierenden oder auch nur möglichen Dinge. Es ist uneingeschränkte Spontaneität, Kreativität und Freiheit.

Entsprechend dem Gesetz der *Differenzierung* ist das absolute Zentrum trotz seiner Gegenwart in den Zentren der Evolution mit diesen nicht identisch, sondern existiert in radikaler Differenz zu ihnen. Je größer die Einheit zwischen dem absoluten Zentrum und den einzelnen Zentren, um so größer ist auch ihre Verschiedenheit voneinander, um so größer das jeweilige Selbstsein und die jeweilige Freiheit.

Dem Gesetz der *Amorisierung* entsprechend ist das absolute Zentrum die Liebe in Person, die ohne die geringste Notwendigkeit in vollkommener Freiheit alle Möglichkeiten der Liebe verwirklicht. Dazu gehört auch die Schaffung des Universums, die möglichst innige Vereinigung mit ihm bis zur Freisetzung der Geliebten zu deren freier Erwiderung oder Verweigerung der Liebe sowie die „Liebe bis in den (Erlösungs-)Tod".

Entsprechend dem Gesetz der *Irreversibilität* ist das absolute Zentrum schließlich das einzige Absolute, Unbedingte, Unzerstörbare, Urlebendige, Urquell aller Dinge, „Gott" im Vollsinn des Wortes aller Religionen und Philosophien, aller Mystiker und Frommen dieser Welt. „Wenn Omega sich nicht in gewisser Weise den

Bedingtheiten von Zeit und Raum entzöge, könnte es weder bereits gegenwärtig sein – noch wäre es fähig (da es selbst ganz der unbarmherzigen Entropie unterworfen wäre), die Hoffnungen auf Irreversibilität zu begründen, ohne die, vom Menschen an, die Zentrogenese aufhören würde zu funktionieren. Mit einer Seite seiner selbst also, die von jener verschieden ist, unter der wir es sich bilden sehen, emergiert es immer schon über eine Welt, aus der es doch, aus einem anderen Gesichtswinkel gesehen, derzeit emergiert. Und gerade in der Vereinigung dieser beiden Hälften (der emergierten und der emergierenden) seiner selbst will sich in dem Typus einer ‚bipolaren' Vereinigung die universelle Einswerdung vollenden. So in seiner Natur und seinen Eigenschaften definiert, strahlt Omega wirklich am Himmel der Zukunft als der Beweger und der vollständige Totalisator der Zentrogenese. Unter seiner Anziehungskraft und nach seinem Bilde formen und vertiefen sich die elementaren kosmischen Zentren in ihrer Gebärmutter, der Komplexität. Und von ihm gesammelt, gelangen eben diese Zentren zur Unsterblichkeit in eben dem Augenblick, da sie, euzentrisch (das heißt personal) geworden, strukturell fähig werden, mit seiner höchsten Konsistenz von Zentrum zu Zentrum in Kontakt zu treten."[29]

Es fällt nun für einen christlichen Theologen wie Teilhard, dem die Versöhnung zwischen Wissenschaft und Glauben das zentrale Problem seines Lebens war, nicht schwer, in dem so aus den Gesetzen der Evolution abgeleiteten absoluten Zentrum – als der realen Möglichkeitsbedingung für das existierende Universum – die Charakteristika des universalen Christus zu erkennen, *wieder*zuerkennen, muß man korrekterweise sagen, denn als gläubiger Christ hatte er sie immer vor Augen gehabt. „Dieser Christus-Universalis ist der, den die Evangelien und insbesondere der heilige Paulus und der heilige Johannes uns darstellen. Der, aus dem die großen Mystiker gelebt haben. Nicht immer der, mit dem sich die Theologie am meisten befaßt hat."[30]

Welche Attribute dem Christus-Universalis oder dem kosmischen Christus nach Teilhard näherhin zukommen, ist bereits aus den Kernsätzen deutlich geworden, die wir im 1. Kapitel unseres Beitrages zitiert haben. Sie weiter zu entfalten, würde den Rahmen dieses Aufsatzes sprengen. Statt dessen wollen wir uns noch kurz der Auseinandersetzung mit Teilhard zuwenden.

---

[29] Die Zentrologie, a.a.O. (Anm. 17) 352f.
[30] A.a.O. (Anm. 5) 37.

Bei vielen Naturwissenschaftlern hat Teilhards Versuch, im evolutiven Universum den kosmischen Christus auszumachen, Befremden, Unverständnis und Ablehnung hervorgerufen. Zum Beispiel hat der französische Molekularbiologe Jacques Monod von einer „biologischen Philosophie" Teilhards gesprochen, bei der ihn der „Mangel an intellektueller Schärfe und Nüchternheit" abstoße. Über letzteres kann man streiten, nicht aber darüber, daß es sich bei Teilhards Versuch tatsächlich um Philosophie (und Theologie) handelt und nicht um Naturwissenschaft im strengen Sinn. Deshalb sind die Stellungnahmen gegen oder für Teilhard von Naturwissenschaftlern so gut oder so schlecht wie deren philosophische Fähigkeiten oder theologische (Des-)Interessen.

Ein auf den ersten Blick gewichtiger naturwissenschaftlicher Einwand gegen Teilhards aufsteigende Evolutionskraft scheint das „Entropie-Gesetz" nach dem zweiten Hauptsatz der Thermodynamik von Clausius aus dem Jahre 1865 zu sein, wonach „die Entropie der Welt einem Maximum zustrebt", d. h. wonach die sich im Ungleichgewicht befindlichen, ein Energiegefälle darstellenden und somit als Wärme in Erscheinung tretenden Energien einen Gleichgewichtszustand anstreben, der den Kältetod zur Folge hat. Tatsächlich gilt dieser naturwissenschaftliche Erfahrungssatz (kein „Gesetz"!) nur für geschlossene Systeme ohne Energiezufuhr von außen. Ob unser Universum diese Bedingung erfüllt, ist, da ein entsprechendes Experiment unmöglich ist, naturwissenschaftlich unbeantwortbar und philosophisch mehr als zweifelhaft eben wegen der auch von Teilhard aufgewiesenen Phänomene. Der zweite Hauptsatz ist nach Carsten Bresch „weder anwendbar auf die Materieverteilung im Universum noch auf die Wirkung von Mustern, die im Hervorbringen neuer Muster besteht"[31]. Teilhard selbst hat das Problem wiederholt diskutiert: „Das Leben ist im Gegensatz zum nivellierenden Spiel der Entropie die methodische, unaufhörlich erweiterte Konstruktion eines immer unwahrscheinlicheren Gebäudes. Der Einzeller, der Vielzeller, das gesellige Wesen, der Mensch, die Menschheit, alles wachsende Herausforderungen an die Entropie; alles immer maßlosere Ausnahmen zu dem gewöhnlichen Verhalten der Energetik und des Zufalls."[32]

Mit dieser Auffassung steht Teilhard der des Physikochemikers

---

[31] *C. Bresch,* Zwischenstufe Leben. Evolution ohne Ziel? 1979, 283.
[32] Wissenschaft und Christus, 218.

Ilya Prigogine nahe, worauf der Biologe und Theologe Günter Altner hingewiesen hat: „Wer sich durch die dynamische Sprache Teilhards nicht verstören läßt, für den ist unübersehbar, daß Teilhard bei der Interpretation von Evolution über das Denken in geschlossenen Systemen hinausführen will. Die sich selbst überholende Expansion bei Teilhard findet durchaus ihre prinzipielle Entsprechung im Denkansatz Prigogines und den von ihm benutzten Begriffen wie Irreversibilität, Nichtgleichheit, Instabilität bis hin zu dem eigentümlichen Gedanken, man müsse unter Streichung der Vorstellung unabänderlicher Gesetze vielmehr von der ‚Geburt der Gesetze' im Prozeßgeschehen des Universums ausgehen." [33]

Und wenn der Genetiker Carsten Bresch in seinem Werk „Zwischenstufe Leben. Evolution ohne Ziel?" eine an Teilhard erinnernde Beschreibung der Evolution gegeben hat, ohne zunächst Teilhard zu kennen, und dann seinen „Epilog – jenseits von Wissenschaft" mit den Worten beschließt „Omega ist das Ziel" [34], dann ist für Bresch „Omega" zwar (noch) nicht der kosmische Christus, aber immerhin das Ziel der Evolution, wie es Teilhard als Naturwissenschaftler und Philosoph zu beschreiben versucht hat.

Und die christlichen Theologen? Der katholische Theologe Georg Kraus hat in seinem Werk „Gotteserkenntnis ohne Offenbarung und Glaube? Natürliche Theologie als ökumenisches Problem" mehr als dreißig Jahre nach dem Tode Teilhards diesen mit keinem Wort erwähnt, weder auf den fünfhundert Seiten Text noch in den fünfzig Seiten Literaturverzeichnis. Und wenn in dem ganzen Buch der „Gott der Evolution" überhaupt keine Rolle spielt und die „kosmische Christologie" gerade auf zwei Seiten behandelt wird, wobei bezeichnenderweise Karl Rahners wichtiger Text „Die Christologie innerhalb einer evolutiven Weltanschauung" dort und auch in dem Abschnitt über Karl Rahner unterschlagen wird [35], dann zeigt das deutlich, wie wenig die Durchschnittstheologie aller Konfessionen auch heute noch realisiert hat, daß wir uns „innerhalb einer evolutiven Weltanschauung" befinden und sich die Frage „Evolution als Offenbarung" aufdrängen müßte.

Karl Rahner ist neben Teilhards Freund und Berater Henri de Lubac, der in vielen Arbeiten die theologische Bedeutung Teilhards herausgearbeitet hat, einer der wenigen großen Theologen, die we-

---

[33] *G. Altner* (Hrsg.), Die Welt als offenes System. Eine Kontroverse um das Werk von Ilya Prigogine, Frankfurt 1986, 167.

[34] *C. Bresch,* a.a.O. (Anm. 31) 299.

[35] *G. Kraus,* Gotteserkenntnis ohne Offenbarung und Glaube? Natürliche Theologie als ökumenisches Problem, Paderborn 1987, 408f., 197–230.

nigstens andeutungsweise zu erkennen gegeben haben, wieviel sie Teilhard verdanken: „Wir suchen Theoreme zu vermeiden, die von Teilhard de Chardin her geläufig sind. Treffen wir uns mit ihm, ist es gut, und wir brauchen das nicht absichtlich zu vermeiden. Wir selber wollen hier nur das überlegen, was eigentlich jeder Theologe sagen könnte, wenn er seine Theologie unter den von der evolutiven Weltanschauung gestellten Fragen her aktualisiert.“ [36] Diese distanzierte Redeweise sogar Karl Rahners spiegelt das gebrochene Verhältnis der deutschen katholischen Theologen zu Teilhard: Einerseits wissen sie, daß sie, von der französischen „Neuen Theologie“ inspirierte, vor allem Teilhardsche Theologie übernommen haben [37], andererseits wurde diese Theologie von Rom schon sehr früh verurteilt und ist es bis heute geblieben trotz einer gewissen Anerkennung Teilhards durch das II. Vatikanische Konzil und durch Papst Johannes Paul II. anläßlich des hundertsten Geburtstags Teilhards 1981.

Nehmen wir Karl Rahner beim Wort, dann enthält seine „Christologie innerhalb einer evolutiven Weltanschauung“ nur das, „was eigentlich jeder Theologe sagen könnte“, zum Beispiel: „Wir dürfen ruhig das, was wir Schöpfung nennen, als ein Teilmoment an jener Weltwerdung Gottes auffassen, in der faktisch, wenn auch frei, Gott sich selbst aussagt in seinem welt- und materiegewordenen Logos. Wir haben durchaus das Recht, Schöpfung und Menschwerdung nicht als zwei disparat nebeneinander liegende Taten Gottes ‚nach außen‘ zu denken, die zwei getrennten Initiativen Gottes entspringen. Sondern wir dürfen uns Schöpfung und Menschwerdung in der wirklichen Welt als zwei Momente und zwei Phasen *eines* – wenn auch eines innerlich differenzierten – Vorgangs der Selbstentäußerung und Selbstäußerung Gottes denken. Eine solche Auffassung kann sich auf eine uralte Tradition der ‚Christozentrik‘ in der Geschichte der christlichen Theologie berufen, in der eben das schöpferische Wort Gottes, das die Welt setzt, von vornherein diese Welt setzt als eine Materialität, die seine eigene oder die Umwelt seiner eigenen Materialität werden soll.“ [38] In diesen Sätzen ist – wenn auch in anderen Worten und implizit – Teilhards Botschaft vom „Gott der Evolution“ und vom „kosmischen Christus“ als dem „Punkt Omega der Evolution“ enthalten. Es ist das Programm einer

---

[36] *K. Rahner,* Die Christologie innerhalb einer evolutiven Weltanschauung in: *Ders.,* Grundkurs des Glaubens. Einführung in den Begriff des Christentums, Freiburg [5]1989, 182.

[37] Vgl. dazu *G. Schiwy,* Die „Neue Theologie“, in: Teilhard de Chardin. Sein Leben und seine Zeit, München 1981, Band II, 241–260.

[38] *K. Rahner,* a.a.O. (Anm. 36) 197.

Theologie des 21. Jahrhunderts, in der sich natürliche Theologie und die Offenbarungstheologien der Welt verbinden werden[39]

Dieser Ansicht ist auch der evangelische Theologe Jürgen Moltmann. Denn in seiner „Christologie in messianischen Dimensionen" ist ein Hauptkapitel dem „Kosmischen Christus" gewidmet, die Antwort der Christologie auf die ökologische Krise: „Erst das wachsende Bewußtsein für die tödlichen ökologischen Katastrophen in der Welt der Natur erkennt die Grenzen des modernen Paradigmas ‚Geschichte' und läßt nach der Weisheit der antiken kosmischen Christologie und ihrer physischen Erlösungslehre zurückfragen."[40] Moltmann entwickelt nun eigene Ansätze dazu in Auseinandersetzung mit Teilhards „Christus evolutor" und Karl Rahners „Selbsttranszendenz" der Evolution kraft des in ihr wirkenden kosmischen Christus. Moltmann kritisiert an beiden, sie nähmen die Zweideutigkeiten und die Opfer der Evolution nicht ernst genug: „Christus muß zum Erlöser der Evolution werden, wenn er mit ihr zusammengedacht werden soll."[41] Diese Kritik an Teilhard ist die traditionelle, die bei genauerem Studium seines Lebens und Werkes nicht aufrechterhalten werden kann.[42] Sinngemäß findet sich auch bei Teilhard der Satz Moltmanns: „Die verschiedenen Prozesse der Evolution in Natur und Menschheit können nur dann mit Christus dem Schöpfungsvollender in eine positive Beziehung gebracht werden, wenn Christus als das Opfer unter den Opfern der Evolution erkannt wird."[43] Der Christus crucifixus und der Christus evolutor schließen sich für Teilhard nicht aus, sondern sind ein und derselbe: Der Weg der Evolution ist ein Kreuzweg, sein Ziel das kosmische Ostern.

---

[39] Siehe dazu *G. Schiwy*, Der kosmische Christus. Spuren Gottes ins Neue Zeitalter, München 1990.

[40] *J. Moltmann*, Der Weg Jesu Christi. Christologie in messianischen Dimensionen, München 1989, 297.

[41] Ebd. 321.

[42] Siehe dazu *G. Schiwy*, Teilhard de Chardin. Sein Leben und seine Zeit, 2 Bde., München 1981.

[43] A. a. O., 320.

VI
Theologie der Natur als natürliche Theologie

Von Viggo Mortensen

Die wissenschaftliche evolutionäre Betrachtungsweise sei die angemessenste, nicht nur um die Phänomene der Natur und des menschlichen Lebens zu beschreiben, sondern auch um diejenigen Fragen zu beantworten, für deren Deutung und Beantwortung früher die Religion zuständig war, meint der amerikanische Soziobiologe E. O. Wilson. Aber diese Betrachtungsweise erzählt keine guten Geschichten. Wir brauchen ein evolutionäres Epos.

In einem ersten Teil soll dieses evolutionäre Epos (nach)erzählt werden, wobei sich dessen spannungsvolles, aber zugleich komplementäres Verhältnis zum christlichen kreationären Epos, zum Schöpfungs-Epos herausstellen wird.

Darauf folgen eine Reihe von Thesen zu den aktuellen Konflikten im Verhältnis zwischen Theologie und Naturwissenschaft. Das Ziel ist, den Ort zu bestimmen, an dem sich eine wissenschaftliche natürliche Theologie formulieren läßt. Wenn eine lebendige Rekonstruktion natürlicher Theologie möglich ist, dann nur aufgrund einer restaurierten Metaphysik und Ontologie, wobei man davon ausgehen muß, daß es eine fundamentale Einheit zwischen Begriff und Wirklichkeit gibt.

I. Das evolutionäre Epos

1. Prolog

„Erkenne dich selbst“.

Als Linné zum Menschen kam, um ihn in sein System einzuordnen, am Anfang oder am Ende, je nachdem, wie man die Dinge sieht, da konnte er den Menschen nicht besser kennzeichnen als durch das delphische Diktum: Erkenne dich selbst.

Wie erfüllt man dieses Wort heute? Wie lernt man sich selbst kennen?

Sowohl die Religion als auch die Wissenschaften laden uns ein, ihre heiligen Hallen zu besuchen, um uns über die letzten Wahrheiten zu informieren. Einst waren beide dasselbe. Die Priesterin auf ihrem Dreifuß über dem Spalt mit den Dämpfen aus dem Erdinneren verwaltete die mythische Wahrheit. Wenn sie nun in der Zungenrede der Pythia zum Ausdruck kam, so stand stets eine willige Priesterschaft bereit, auszulegen und zu erklären. Ein esoterisches Wissen also. Zugang gab es nur für Mathematiker, wie über der Akademie stand, wobei man wohl eher an Philosophen gedacht haben mag. Eine Trennung zwischen einer religiösen oder mystischen und einer wissenschaftlichen Auffassung der Wirklichkeit bestand nicht.

Aber der Mythos wurde entmythologisiert, die Machtinteressen der Priesterschaft wurden entideologisiert, die Philosophie wurde rationalisiert, und die Weisheit einer neuen Zeit trat in ihre Fußstapfen. Auf den Ruinen des Tempels der Religion und der Akademie der Philosophen wurde das Laboratorium der Naturwissenschaft errichtet. Auch das hat seine Heiligtümer. Die Symmetrie der Naturgesetze kann ein religiöses Gefühl hervorrufen, das so stark ist wie die Begegnung mit dem Übernatürlichen. Das Ziel ist weiterhin dasselbe: Erkenne dich selbst!

Aber die Mittel sind ganz anders, sie sind rational. Messe alles, was meßbar ist, und mache das, was nicht meßbar ist, meßbar, damit die Wirklichkeit so, wie sie in sich ist, vor uns erscheinen kann. Der Schleier, gewebt aus offenbaren Wahnvorstellungen und menschlichen Hirngespinsten, muß endlich von der Natur gerissen werden, damit wir sie als das sehen, was sie ist. Und zur Natur gehört auch der Mensch selber. Was sieht man dann?

Es besteht ein eigentümliches Mißverhältnis zwischen den ungeheuer großen Errungenschaften in der theoretischen Physik dieses Jahrhunderts und dem Einfluß, den diese Errungenschaften gehabt haben. Warum haben sie weltanschaulich fast keine Bedeutung gehabt? Die Errungenschaften haben dazu beigetragen, unsere Welt rein technisch zu verändern, aber welt- und lebensanschaulich hatten sie eine weniger große Bedeutung. Wir haben gelernt, den Tatsachen nicht zu widersprechen, aber zugleich auch, uns durch sie nicht beeinflussen zu lassen.

Es gibt, glaube ich, einen Verspätungseffekt. Erst jetzt, gut hundert Jahre nach dem Tode Darwins, sind seine Gedanken Allgemeingut geworden. Erst jetzt wird das Selbstbewußtsein des Menschen dadurch beeinflußt. Nicht durch die Behauptung der Evolutionstheorie, daß es keine Richtung und kein Ziel für die Entwicklung gebe, sondern nur blinden Zufall – vielmehr von dem, was dies für den Menschen bedeutet. Denn es gehört zum Selbstbewußtsein des Menschen, daß er sich als seinen eigenen Zweck betrachtet. Als das Wesen, das sich Ziele setzen kann und das sich selbst in Distanz zu allen Naturzwecken sehen kann, hat der Mensch Anspruch darauf, als ein Zweck in sich angesehen zu werden. Darin ist die Idee der Menschenwürde begründet. Ist sie durch das evolutionäre Epos bedroht?

2. Die Szene

„Am Anfang“ (Gen 1,1).

Am Anfang war ein großer Knall. Was war vorher? Weder im Mythos noch in der Wissenschaft ist dies eine sinnvolle Frage. In der Wissenschaft ist diese Frage besonders sinnlos, denn vorher gab es nichts, da Zeit und Raum, Energie und Naturgesetze erst durch dieses Ereignis entstanden.

Das evolutionäre Epos beginnt mit der Geschichte von dem Urknall, der in der Urzeit stattfand, die sich in diesem Fall auf vor etwa 20 Milliarden Jahren datieren läßt. In der Hintergrundstrahlung des Universums können wir noch immer den Knall „hören“. Der Geist weht, wo er will, und wir hören sein Brausen.

Der Kohlenstoff, aus dem wir bestehen, die Erde, auf der wir gehen, und die Luft, die wir einatmen, sind vor Milliarden von Jahren aus dem Inneren von Sternen entstanden, die nun erloschen sind. Die Schilderung des evolutionären Menschenbildes muß deshalb bei demjenigen Teil des evolutionären Epos einsetzen, der von der Entwicklung des Universums handelt. War das Universum mit dem Leben schwanger?

Einige auffällige Züge können jedenfalls genannt werden. Es gibt einige Alphabedingungen, einige Naturkonstanten wie z.B. die Lichtgeschwindigkeit, die Konstante Plancks u.a. Es fällt auf, daß alle Teile eines bestimmten Typs, z.B. Protonen und Elektronen, völlig gleich sind und dieselbe Ladung und Masse haben. Auch daß die Ausdehnungsgeschwindigkeit einerseits langsam genug ist, daß sich Galaxien und Sterne bilden können, andererseits schnell genug, um ein Einstürzen zu verhindern. Ja, was geschieht eigentlich, wenn die Ausdehnung des Universums aufhört? Wird es sich dann wieder zusammenziehen? Ist es ewig, oder wird „the big bang“ durch „the big crunch“ abgelöst, oder können wir ein noch immer pulsierendes Universum erwarten?

In der Rede von dem „anthropischen Prinzip“ faßt man die Versuche zusammen, die speziellen physischen Zufälle zu deuten, die eintreffen mußten, damit das Universum zu dem wurde, was es ist, und so das Entstehen von Leben ermöglichen konnten. Wenn die Chancen, daß dies geschehen konnte, so unglaublich klein waren, kann es vielleicht nicht verwundern, daß der eine oder andere dies zum Anlaß nimmt, religiös zu werden und vom Universum als einem *Humiversum* zu reden, das auf den Menschen hin angelegt ist. „Alle Dinge sind durch dasselbe gemacht, und ohne dasselbe ist nichts gemacht, was gemacht ist. In ihm war das Leben, und das Leben war das Licht der Menschen" (Joh 1,3f.).

Jedenfalls hat die Theorie des „big bang" völlig die Theorie des „steady state" als Erklärung für das Entstehen des Universums abgelöst, und von einem metaphysischen Standpunkt aus ist sie sehr positiv aufgefaßt worden. Der Papst z.B. hat diese Theorie sehr schnell – und diesmal vielleicht zu schnell – akzeptiert und erklärt, es bestünden nun sichere wissenschaftliche Beweise für die *creatio ex nihilo.*

Im Gegensatz zu der These, daß der reine Zufall die Grundlage unserer Existenz ist und daß wir das Ergebnis eines Roulettspiels wie in Monte Carlo sind (J. Monod), wird hier also behauptet, daß das Universum faktisch mit dem Menschen schwanger war. Das Universum ist unsere Heimat.

Aber es geschieht auf der Basis eines in sich unwahrscheinlichen Zufalls, daß dieser Gedanke sowohl in der einen als auch in der anderen Form dazu beiträgt, einige einzigartige Züge der menschlichen Existenz hervorzuheben.

3. Die Darsteller

„Und die Erde war wüst und leer" (Gen 1,2).

Als unser Sonnensystem und unser Planet vor etwa 4,5 Milliarden Jahren entstanden, waren sie etwa eine Milliarde Jahre lang „wüst und leer". Es gibt nicht viel zu erzählen, bis im Urmeer solche Urstände entstehen, daß einfache Lebensformen wie Bakterien leben können. Es dauert aber weitere zwei Milliarden Jahre, bis wir die erste Amöbe finden.

Woher kam es, das Leben?

Die Theorie, es sei von außen zum Planeten gekommen, aus dem Universum, z.B. von Meteoriten hierhergebracht (die Panspermienhypothese), findet nicht mehr viel Beachtung. Nein, das Leben ist hier entstanden, und es hat mit Licht zu tun, von dem es in der alten Erzählung heißt: Gott sah, daß es gut war. Zwei Milliarden Jahre lang gibt es auf der Erde kein anderes Leben als Bakterien und Blaugrünalgen. Die letzteren sind wichtig. Sie nutzen das Licht aus und bilden durch Photosynthese langsam den Sauerstoff, der die Atmosphäre der Erde füllt. Diese Sauerstoffrevolution ist die Voraussetzung dafür, daß Sauerstoff verbrauchende Organismen sich entwikkeln können und daß Methan und Ammoniak aus der Atmosphäre verdrängt werden und in die Erde regnen und sie fruchtbar für Pflanzen machen können. Es ist also in Wirklichkeit die Photosynthese, der wir die industrielle Revolution verdanken. Die Triebkraft dieser Revolution sind ja Gas und Kohle, die sich unter dem Druck von Millionen von Jahren aus Pflanzenteilen entwickelt haben.

Es ist oft hervorgehoben worden, daß die Biologie, obwohl sie das Phänomen des Lebens als ihr primäres Untersuchungsobjekt hervorgehoben hat, dennoch nicht imstande ist, eine Definition dessen zu geben, worin es besteht. Ein Versuch verdient dennoch spezielle Aufmerksamkeit, da er den Vorteil hat, daß er alle Formen von Leben verbindet, von den niedrigsten bis zu den höchsten, von den einfachsten bis zu den kompliziertesten. Es handelt sich um die Definition des Lebens als Wissenserwerb, wo Wissen in einem weiten Sinne verstanden wird.

Auf der Erde entsteht Leben dadurch, daß Sonnenenergie die Materie dazu bringt, komplexere Formen anzunehmen; diese Formen nehmen immer höhere Grade von Komplexität an, deren Entwicklung von DNA gesteuert wird. In ihrer Basenreihenfolge wird das Wissen in Form von Instruktionen eingegeben, die der Organismus braucht, um zu überleben und sich zu vermehren. Leben heißt klüger werden.

„Jedes nach seiner Art“ (Gen 1,12).

Aus der wachsenden Komplexität folgt die Möglichkeit der Mannigfaltigkeit. Obwohl die meisten Naturwissenschaftler, die sich mit dem Entstehen des Lebens beschäftigen, zugeben würden, daß sie nicht in allen Einzelheiten das Entstehen von Leben erklärt haben – denn es herrscht eine peinliche Unklarheit über die Anfangsbedingungen –, so sind sie doch alle der Meinung, daß mit einem bestimmten Grad an Komplexität die Möglichkeit entsteht, daß sich eine Struktur bildet, die sich teilen kann. Das Geheimnis ist diese Fähigkeit, mehr aus sich zu machen. Eben diese replikative Invarianz ist das Einzigartige an dem DNA-Molekül. Haben wir erst DNA, läuft die Maschine, dann können die darwinistischen Konstrukteure „Mutation“ und „Selektion“ ihre Arbeit aufnehmen, und nur die Phantasie kann dann der Mannigfaltigkeit der Formen und Arten Grenzen setzen.

Nach der Zelle mit ihrem Stoffwechsel und der Photosynthese folgt die Entwicklung der eukaryoten Zellen, die DNA fein in ihrem

Zellkern verpackt haben. Damit sind die Voraussetzungen für die Erfindung der Sexualität vorhanden, und mit der geschlechtlichen Vermehrung ist die Möglichkeit für eine weit mehr organisierte und phantasievolle neue Kombination des gesamten Erbmaterials gegeben. Neue Formen und Arten können sich entwickeln, hierunter mehrzellige Organismen, die den Vorteil haben, daß sich Gruppen von Zellen spezialisieren können.

„Laßt uns Menschen machen" (Gen 1,26).

Auch das menschliche Leben geht aus der Lebensform hervor, die sich langsam und stufenweise auf dem Planeten Erde entwickelt. Es hätte ohne diesen Prozeß der Differenzierung und Entwicklung nicht entstehen können.

Was die phylogenetische Entwicklung des Menschen betrifft, so wollen wir hier nicht alle Argumente – aus Disziplinen wie Paläontologie bis hin zur molekularen Genetik – dafür aufführen, daß der Mensch sich allmählich aus Primatenformen entwickelt hat, die auch die Vorväter der großen Affen waren. Aber mit dem Faktum der Evolution kommt der Status des Menschen als eines evolutionären Produkts.

Der Weg, den die Evolution geht, ist der Weg herunter von den Bäumen, heraus aus den Steppen, den Körper aufrecht, die Hände frei, man geht in Gruppen auf Jagd, wohnt längere Zeit an derselben Stelle, das Gehirn wächst – wahrscheinlich auf Grund von veränderten Eßgewohnheiten –, die Sprache kommt hinzu und damit auch Traditionsbildung, Schrift und damit Kultur. Man kann diskutieren, wie lange es her ist, daß sich unser Zweig von dem Zweig abgespalten hat, der zu den Schimpansen führte. Der Fortschritt im Bereich der Molekularbiologie deutet darauf hin, daß dieser Zeitpunkt uns näher liegt, als wir früher angenommen haben; vielleicht beträgt der Abstand nur etwa fünf Millionen Jahre.

4. Der Held: Der neurale Computer

„Krone der Schöpfung" (Psalm 8,6).

Mit der Ansammlung von Stoff, die wir Gehirn nennen, bekommt der Organismus weit größere Kapazität, Information zu verarbeiten, eine Fähigkeit, die das menschliche Gehirn längst entwickelt hat.

Dieses Gehirn ist der Held in unserem evolutionären Epos.

Das biogenetische Grundgesetz, das besagt, daß die Ontogenese die Phylogenese rekapituliert, gilt nur in begrenztem Umfang; aber man kann tatsächlich am Gehirn des Fötus beobachten, daß es die phylogenetische Entwicklungsgeschichte des Gehirns durchläuft. Nun hat jede Art ihr besonderes Gehirn, das durch Anpassung entstanden ist. Wenn Neubildungen entstehen, geschieht dies durch die ‚Bricolageweise' (Jacob) der Evolution, indem etwas, was bereits bekannt und vorhanden ist, umgestaltet wird; deshalb gibt es auch kein zentrales Kontrollpult.

Der physiologische Aufbau und die Funktion des Gehirns sind eine Quelle des Wunderns darüber, was es zu leisten vermag. Vieles an seiner Funktion ist noch nicht verstanden. Was ist eigentlich Erinnerung?

Bekannt ist die Theorie, daß das Gehirn als ein Hologramm funktioniert (K. Pribram), d.h. jeder Teil enthält das Ganze, nur schwächer. Die Dinge sitzen nicht an einer bestimmten Stelle, sondern können sich durch Training an anderen Stellen entwickeln. Die beiden Gehirnhälften arbeiten perfekt zusammen. Es ist längst bekannt, daß verschiedene körperliche Äußerungen von den beiden Gehirnhälften gesteuert werden; aber hierzu kommt jetzt die Meinung, daß auch Unterschiede der Persönlichkeit ihre Basis in den beiden Gehirnhälften haben. Dies wird durch die sogenannten Splitbrain-Versuche bestätigt, die in der Tat – konsequent durchgeführt – die philosophische Frage stellen, ob wir zwei statt ein Selbst sind. Überhaupt stellen sich klassische philosophische Fragen wie das Problem Leib-Seele in einem neuen Licht. Die wissenschaftliche Information aber entscheidet nicht darüber, ob man Reduktionist, Mechanist und Identitätstheoretiker oder Holist, Interaktionist oder Mentalist wird. Das Gehirn macht den Menschen zu etwas Besonderem, aber die Einsicht in seine evolutionäre Entstehung und physiologische Einrichtung mit Neuronen und Neuroüberträgern erleichtert uns nicht unbedingt das Verständnis des menschlichen Geistes.

Wenn ein Tier ein so komplexes Nervensystem entwickelt hat, daß es zu einer sprachlichen und symbolischen Aktivität kommt, die wiederum ein primitives Bewußtsein, Erinnerung und Phantasie ermöglicht, setzt eine lange und komplizierte Entwicklung ein.

Man erfindet Geräte, so daß man besser jagen und sich gegen Tiere und andere Stämme schützen kann. Man zähmt das Feuer, bekleidet sich und kann deshalb auch in ungastlichen Gegenden überleben. Es entstehen differenzierte Gesellschaften, es entwickeln sich Spezialisten. Die Verfeinerung der Fertigkeiten verändert das menschliche Leben in einschneidender Weise. Kunst, Politik und Religion entstehen, gefolgt von Philosophie, Mathematik und Naturwissenschaft. Auch wenn er auf der biologischen Grundlage steht und mit ihr verbunden ist, bewegt sich der Mensch über diese

Grundlage hinaus, er wird zu einem geschichtlichen und kulturellen Wesen.

Indem diese komplexen Formen von Sprache auftauchen, durch Erfahrung, Erinnerung und Phantasie sich differenzieren, erfahren Menschen ihr Leben innerhalb eines weiteren Rahmens von Erinnerungen und Geschichten aus der Vergangenheit sowie Träumen und Hoffnungen für die Zukunft. In Kreativität und zielgerichteten Handlungen erfährt der Mensch, daß er einige seiner Möglichkeiten und Hoffnungen realisieren kann. Das geschieht nicht alles auf einmal, sondern im Laufe von Tausenden von Generationen, und dies geschieht gleichzeitig mit einer Entwicklung im Äußeren, in der physischen Kapazität. In dieser Weise ist ein immer komplexeres Gehirn in der Lage, die physischen Veränderungen mit der wachsenden Fähigkeit zu einer symbolischen Repräsentation zu koordinieren.

Überhaupt ist die Sprache entscheidend. Der Mensch ist das einzige Tier, das sprechen, Symbole gebrauchen, verstehen und mißverstehen kann; daran hängt die gesamte Zivilisation.

Aber Tiere kommunizieren auch. Was ist mit den klugen Affen Washoe und Sarah, die eine Zeichensprache erlernten? Gibt es also auch hier gleitende Übergänge? Ja, aber es gibt auch Unterschiede, die sich allein daraus ergeben, daß Sprache bei uns automatisch den Gebrauch einer sehr komplizierten Syntax bedeutet. Und Semantik und Syntax sind menschliche Erfindungen, die durch natürliche Selektion geschaffen sind. Kinder lernen sie nicht durch übermenschliche intellektuelle Anstrengungen, sondern durch einfaches Hören. Die Sprache gibt uns eine erhöhte Kapazität; jetzt können wir uns präzise ausdrücken, und wir können Dinge übertragen. Die Sprache ist die höchste Bildung der Kultur.

5. Das Drama: Das Unbehagen an der Kultur

„*... und setzte ihn in den Garten Eden, daß er ihn bebaute und bewahrte*“ (Gen 2,15).

Traditionell sagt man, daß kulturelle Evolution teilweise anderen Gesetzen folge als die biologische, oder besser: daß zu der biologischen Entwicklung eine andere hinzukomme, die lamarckisch arbeitet. So sind wir mit unserem Gehirn und unserer Sprache faktisch zu einer neuen Stufe der Evolution vorgestoßen, wo wir neue Dinge schaffen, neue künstliche Umwelten, Kultur.

Wenn die Kultur auf den Plan tritt, sind wir geneigt, einen ernsten Einschnitt zu machen und die Biologie auf Distanz zu halten. Hier aber will das *Evolutionäre Epos* die Übergänge betonen und behaupten, daß der Einschnitt weniger tief ist als ursprünglich angenommen. Es besteht eine lebendige Wechselwirkung zwischen Biologie und Kultur. Es verhält sich nicht so, daß die Gene bis zu einer gewissen Grenze reichen, nach der die Kultur beginnt. Die Kultur läßt sich nicht von dem genetischen Einfluß trennen. Nach der Genesis kommt die Epigenesis.

Epigenesis meint den Prozeß, in dem sich die Geschlechtszellen zu dem fertigen Individuum entwickeln, erst im Mutterleib, später in der Umwelt. Betrachtet man diesen Prozeß, so ist er durch ein Zusammenwirken zwischen Genen und Umwelt bestimmt. Die epigenetischen Regeln sind Spuren oder vorweggenommene Entwicklungslinien wie z. B. Phobien oder Prägungen. Die epigenetischen Regeln besitzen eine genetische Basis. Als Beispiel einer epigenetischen Regel ersten Grades läßt sich die Wahrnehmung von Farben nennen. Es gibt eine kulturübergreifende Einigkeit über Farbenbestimmung, die es naheliegend erscheinen läßt, eine Form von genetischer Kontrolle anzunehmen.

Als Beispiel einer epigenetischen Regel zweiten Grades kann man die Inzestverbote in den verschiedenen menschlichen Kulturen nennen. Man kann dafür argumentieren, daß dem nahezu universalen Inzestverbot eine epigenetische Regel zugrunde liegt, nach der gegen Inzucht, die bekanntlich zu einem schlechten Ergebnis führt, selektiert wird. Der genetische Einfluß ist indirekt, aber er existiert.

Auch die höchsten geistigen Fähigkeiten des Menschen werden als Ausdruck für die Fähigkeit des Lebens verstanden, Information zu organisieren. Und das Bestreben, zu beweisen, daß dies für die gesamte Kultur gilt, führt zu der Theorie von der Koevolution des menschlichen Gehirns und der Kultur.

Diese Theorie beruht auf epigenetischen Regeln. Kraft dieser Verbindungslinien zwischen dem ererbten DNA und der endgültigen Struktur sind wir imstande, die vielen Sinneseindrücke, die wir empfangen, zu sortieren, zu sammeln und auszudrücken sowie Informationen zu verarbeiten und zu abstrahieren. Vielleicht ist es eben diese Fähigkeit, die wir anderen Primaten voraus haben und die uns dahin gebracht hat, wo wir sind. So ist das Entstehen der Kultur ein Ergebnis der Fähigkeit des Gehirns, Sinn herauszufinden und zu deuten.

Die Grundidee ist, daß alle Funktionen des Gehirns sich durch natürliche Selektion als Antwort auf die Herausforderungen der Umwelt entwickelt haben. Das Leben hat sich, seitdem es auf unserem Erdball entstanden ist, nach bestimmten Gesetzen entwickelt, die auch für den Menschen und die Entwicklung seiner höchsten geistigen Fähigkeiten gelten. In der gleichen Weise liegen unserem sozialen Leben Motivationen zugrunde, die sich in Vorformen bei anderen Arten finden. Als integrierender Bestandteil dieses evolutionären Prozesses können die Vorformen des Geistes überall im Reich des Organischen wahrgenommen werden. Der Geist ist in der Tat nicht vom Himmel gefallen.

Geht man von einer naturalistischen Auffassung vom Menschen aus und fragt nach der biologischen Organisationsform des Menschen, so zeigt sich, daß die naturgeschichtliche Entwicklung den Menschen dazu befreit hat, eine kulturelle Lebenswelt zu entwikkeln. Die Kulturgeschichte ist die Fortsetzung der Naturgeschichte mit anderen Mitteln.

Trotz der relativierenden Tendenz, die in der wissenschaftlichen Betrachtung liegt, stößt diese doch auf das, was die besonderen Merkmale des Menschen sind: Gehirn, Sprache, Kultur und Religion. Gerade die letztere verweist darauf, daß der Mensch ein Wesen in Beziehung ist. Sie ist die äußerste Bestimmung, zu der die Wissenschaft vordringen kann; und eben hier setzt die theologische Anthropologie ein und spricht von den verpflichtenden Relationen des Menschen: zu Gott, zum Mitmenschen und zur Natur. Oder man kann davon ausgehen, daß der Mensch das Werte setzende Tier ist. Der Mensch hat seine Wurzeln nicht allein in seinen biologischen Bindungen, sondern auch in ethischen Bestrebungen.

Anerkennung ist hier ein Grundwort. Wenn wir von Wissenschaft zu Ethik übergehen, gehen wir von Erkenntnis zu An-Erkenntnis über. Auf Anerkennung ist man stets angewiesen. Im Tierreich überlebt nur der Nachkomme, den die Eltern als den ihren anerkennen und für den sie deshalb sorgen. Und das Menschenkind ist wegen seiner langen Kindheit noch abhängiger von dieser Anerkennung. Das setzt sich im Erwachsenenleben fort, was uns die Psychologie zeigen kann. Ohne eine Form von Anerkennung entwickelt sich die Persönlichkeit nicht normal. Die Mannigfaltigkeit des menschlichen sozialen Zusammenlebens läßt sich zwar mit den spitzfindigen Rollenanalysen und Systemtheorien der Soziologie darstellen. Das kooperative altruistische Verhalten läßt sich durch den Hinweis auf die Theorien der Soziobiologie von der Verwandtschaftsselektion und dem reziproken Altruismus erklären. Aber ganz gleich was für spitzfindige Erklärungen man auch heranzieht, sie beziehen sich auf die einfache Tatsache, daß wahres Leben Zusammenleben ist.

Im christlichen Glauben gibt es eine bestimmte Deutung der menschlichen Existenz. In dieser Deutung wird die anthropologische Analyse bestätigt, die darauf hinausläuft, daß wahres Leben Zusammenleben ist.

Diese Bestätigung gilt auch in einem anderen Punkt.

Wenn man das evolutionäre Konzept auf den Menschen, das Leben und die Welt anwendet, sagt man ganz einfach, daß die Dinge so, wie sie sind, nicht immer gewesen sind und auch nicht immer sein werden. Versucht man die Geschichte des Universums zu rekonstruieren, so stellt sie sich als eine Entwicklung zu immer größerer Komplexität und Ordnung dar – eine Entwicklung freilich, die noch nicht abgeschlossen ist. Ja, der Gedanke liegt nahe, daß wir so, wie wir in einer Kontinuität mit niederen Formen leben, auch das Potential in uns haben, uns zu einer höheren Form zu entwickeln. Wenn der genetische Unterschied zwischen einem Schimpansen und dem Menschen nur ein Prozent beträgt – man bedenke nur, was wir aus diesem einen Prozent gemacht haben –, was könnte ein Prozent in der anderen Richtung dann nicht bedeuten! Die Religion hat immer behauptet, daß wir Glied eines größeren Ganzen seien, des göttlichen Planes, daß wir Kinder Gottes seien, die auf etwas anderes angelegt sind als das, was wir geworden sind.

6. Epilog: Eingebunden in den Kosmos

„Und es besteht alles in ihm“ (Kol 1,17).

Das evolutionäre Epos läßt sich durchführen. Es ist schön. Es schafft Einheit in unserer Auffassung vom Menschen. Es ist materialistisch und wohl auch mechanistisch. Die Wissenschaft kann es nicht anders sehen. Das evolutionäre Epos zeigt, daß es möglich ist, den Menschen naturalistisch auf dem Hintergrund der Ergebnisse der positiven Wissenschaft zu beschreiben.

Welche Bedeutung hat es für die Philosophie und die philosophische Anthropologie, daß der Mensch als ganz in einen Naturzusammenhang eingebunden und in biologischer Kontinuität mit allem Leben gesehen wird? Erstens werden hier ältere Philosophien in Frage gestellt, die dem Menschen eine Sonderstellung zuerkennen, und wir werden gezwungen, auf eine Reihe von klassischen philosophischen Fragen neue Antworten zu finden. Zweitens steht die Philosophie neuen Problemen gegenüber. Wenn sie diese Herausforderungen annehmen will und wenn sie aufnehmen will, was die Evolutionsbiologie lehrt, so hat das unmittelbare Konsequenzen für die Erkenntnistheorie und die Ethik, im weiteren Sinne aber auch für das Philosophieren überhaupt.

Nun gibt es Leute, die bestreiten, daß wir durch diese Erklärung in objektiven und materialistischen Kategorien überhaupt etwas über den Menschen erfahren; denn der Mensch als Person ist eine nicht reduzierbare Größe, die alle natürliche und wissenschaftliche

Determination transzendiert. Andere werden dagegen einwenden, daß man nicht in dieser Weise willkürlich die Grenzen dafür setzen könne, was die Wissenschaft kann und darf. Und darin haben sie recht. Daß es eine Wissenschaft vom Menschen gibt, die ihn rein naturalistisch beschreiben kann, bedeutet nicht, daß dies die einzig mögliche Weise ist, in der man den Menschen beschreiben kann. Man muß den Versuchen widerstehen, die Philosophie von ihrer altehrwürdigen Aufgabe durch die Naturwissenschaft verdrängen zu wollen. Die Aufgabe der Philosophie ist immer dieselbe: der Welt einen Sinn abgewinnen, damit wir sie und uns selbst in ihr verstehen. Das wollen auch Kunst, Wissenschaft und Religion in je ihrer Weise; aber im Sog der Spezialisierung der modernen Welt und der Verwissenschaftlichung der Anthropologie ist zu fragen, was dann als spezifische Aufgabe der Philosophie und Theologie bleibt. Bleibt ihnen anderes als die Funktion des Aufsehers, Wächters oder Koordinators?

Die hier angedeutete biologische, kulturelle und geschichtliche Entwicklung hat das menschliche Leben ermöglicht. Und weil dieselben Mechanismen noch immer wirksam sind, werden wir am Leben erhalten. Die Bedingungen und Entwicklungen, die uns zu Menschen gemacht haben, haben uns zugleich relativiert, d.h. uns auf eine Stufe in einem biologischen und geschichtlichen Entwicklungsprozeß gestellt. Wollen wir von Gott in einer Weise reden, die zu unserer gegenwärtigen Erfahrung in Beziehung steht, dann muß dies in den Metaphern und Bildern geschehen, die diese Entwicklung uns gibt. Wollen wir deshalb heute vom Menschen als von Gott geschaffen und erhalten reden, so kann dies nicht unter Absehung von diesem Wissen geschehen, sondern dieses Reden muß notwendig auf diesem Wissen aufbauen und es deuten. Gott muß dann der sein, der uns zugleich humanisiert und relativiert.

Daß Gott Himmel und Erde geschaffen hat, bedeutet auch, daß die Welt von Gott gewollt und als solche für gut erachtet ist. Deshalb kann der Mensch sie auch annehmen. Kraft dieser Anerkennung der geschaffenen Welt durch Gott ist sie nicht indifferent, sondern wertvoll, und deshalb ist der Mensch mit seinem Sinn für Wert nicht zu kosmischer Einsamkeit verurteilt. „Die Himmel, Herr, erzählen die Ehre Gottes" (Psalm 19). Das legt eine bestimmte Haltung auch seitens des Menschen nahe und gibt eine bestimmte Richtung für die Handlungen an, zu denen der Mensch verpflichtet ist – Handlungen, die unter dem Vorzeichen der Haushälterschaft (nicht Herrschaft, sondern Hirtentum) zu sehen sind. Wenig niedriger als Engel sein (Psalm 8), heißt zu verantwortlichem Handeln berufen sein. Eine theologische Ethik kann die Achtung vor der Mannigfaltigkeit der

Formen des Lebens auf die Behauptung gründen, daß das Leben einen Wert in sich, seinen Ursprung im Willen Gottes und seine Bedeutung im göttlichen Plan hat, der weiter besteht.

Daß der Mensch im Bilde Gottes geschaffen ist, bedeutet, daß er etwas ganz Einzigartiges ist. Diese Singularität zeigt sich darin, daß er mit einer Potentialität versehen ist, die auch versagen kann. Dieses Versagen liegt nicht immer an den Umständen, obwohl sie oft der Anlaß sind und die Schuld immer ihnen gegeben wird, sondern liegt in der Potentialität selbst, also in dem großen Unglück, das dem Menschengeschlecht zugestoßen ist.

II. Thesen

1. Interdisziplinarität ist ein notwendiges, wenn auch nicht zureichendes Mittel, den Gefahren einer allzu rigiden Fachaufteilung und Spezialisierung entgegenzuwirken, wie wir sie in der modernen Universität vorfinden.

2. Die Rolle der Theologie im interdisziplinären Dialog besteht darin, jeder Tendenz zur Verabsolutierung entgegenzuwirken sowie die eigene Einsicht als einen Aspekt der Wirklichkeit darzustellen.

3. Auf der Grundlage der geschichtlichen Entwicklung des Verhältnisses zwischen Theologie und Naturwissenschaft, die sich von Einheit über Konfrontation zur Trennung vollzogen hat, läßt sich eine Typologie für das Verhältnis zwischen Theologie und Naturwissenschaft aufstellen: *Restriktion, Expansion, Vermittlung*.

4. Das Verdienst der *theologischen Restriktion* besteht darin, daß sie den Sinn für die Verschiedenheit der Disziplinen Theologie und Naturwissenschaft bewahrt hat und die Eigenart der Theologie bewahren will. Ihr Mangel ist, daß sie sich nicht wahrer naturwissenschaftlicher Einsicht zu öffnen und diese in die Formulierung der Botschaft einzubringen vermag.

5. Die *Restriktion* wird sprachphilosophisch untermauert. Durch die Unterscheidung zwischen wissenschaftlicher und religiöser Sprache erlangt man ein geschärftes Bewußtsein für die Eigenart der beiden Sprachen. Zugleich erreicht man, daß die religiöse Sprache gegen Falsifikationsversuche immun wird.

6. Benutzt man diese Unterscheidung, um sich der Verifikationsdiskussion zu entziehen, so isoliert man die religiöse Sprache und läuft Gefahr, daß sie zu einem bedeutungslosen Phänomen in einer wissenschaftlichen expansiven Kultur wird.

7. Die *philosophische Vermittlung* in der Metaphysik Whiteheads ist ein spannender Versuch, eine Brücke über die Kluft zwischen

Theologie und Naturwissenschaft zu schlagen. Zu kritisieren ist dieser Versuch allerdings, weil er an eine eigenwillige spekulative Metaphysik gebunden ist, die in eine mehr allgemein religiöse als in die christliche Richtung weist.

8. Der Versuch, durch den Begriff der Komplementarität zwischen Theologie und Naturwissenschaft zu *vermitteln*, zeichnet sich dadurch aus, daß er der Theologie Raum gibt, den Teil ihrer interdisziplinären Aufgabe wahrzunehmen, die darin besteht, ihren Aspekt des Ganzen darzustellen. Er scheitert aber daran, daß der Begriff der Komplementarität keine Interaktion zuläßt, wodurch die Restriktion zu selbstverständlich und die Trennung festgeschrieben wird.

9. Der Gegensatz zu Restriktion ist *Expansion*. Wenn die restriktiven Lösungsmodelle – trotz ihrer Verdienste – letztlich zu verwerfen sind, so deshalb, weil sie die expansiven Züge wissenschaftlichen Arbeitens unterschätzen, die hier durch Beispiele aus der Soziobiologie veranschaulicht werden.

10. Theologische Expansion (die nichts mit Kreationismus zu tun hat) ist eine natürliche Antwort auf die wissenschaftliche Expansion.

11. Naturalisierung ist der Prozeß, durch den Lebensbereiche und Disziplinen, die früher als autonom und selbständig galten, einer naturwissenschaftlichen Betrachtungsweise unterzogen werden.

12. Die Evolutionstheorie gehört zum harten Kern der Modernität. Obwohl sie eine wissenschaftliche Theorie mit großen inneren Spannungen darstellt, die gerade jetzt Änderungen unterworfen wird, die sich als sehr einschneidend erweisen können, besitzt sie mit ihrem reduktionistischen Zugang zu den Phänomenen des Lebens paradigmatische Gültigkeit, ja sie erhält den Charakter von Religionsersatz. Daß die Evolution stattgefunden hat und daß Mutation und Selektion ihre entscheidenden Mechanismen sind, steht an sich nicht zur Diskussion. Die synthetische Tendenz überlebt in den Versuchen, einen mehr holistischen Ausgangspunkt für die biologische Betrachtung zu finden. In dieser Situation ist es eine wichtige interdisziplinäre Aufgabe, an einer Pluralität der Methoden festzuhalten, um Tendenzen zu Verabsolutierungen entgegenzuwirken.

13. Die Soziobiologie – mit ihren Wurzeln in der Ethologie – ist der jüngste und bislang ehrgeizigste Versuch, den Menschen und seine soziale Interaktion einschließlich seiner Moral und Religion auf einer evolutionären Grundlage darzustellen. Genauso wichtig wie die Wendung zur Sprache (the linguistic turn) ist die Wendung zur Evolution und zu den Genen (the evolutionary or genetic turn).

14. Ausgehend von dem Nachweis, daß sich die kontinentale und anglo-amerikanische Erkenntnistheorie teilweise parallel entwickelt

haben, ist festzustellen, daß einige klassische erkenntnistheoretische Probleme in einem neuen Lichte gesehen werden müssen, nämlich dem Licht, das von der Evolutionstheorie her auf diese Probleme fällt. Das Wissen von der evolutionären Genese des Erkenntnisapparates und der evolutionären Gesetzmäßigkeit im Wachsen der Erkenntnis löst jedoch nicht die Frage nach ihrer Gültigkeit (genetischer Fehlschluß) und darf somit nicht zu einem Verzicht auf Normativität und zur Auflösung der Philosophie führen.

15. Auf der Grundlage der scheinbaren Demütigungen, die Gedanken von Kopernikus, Darwin und Freud dem Reden von der Sonderstellung des Menschen zugefügt haben, läßt sich die Verwissenschaftlichung der philosophischen Anthropologie feststellen. Den konsequentesten Ausdruck hierfür finden wir in der soziobiologischen Betrachtung der menschlichen Natur. Kraft dieser Verwissenschaftlichung lassen sich all die vielen wissenschaftlichen Einzelinformationen zu einem evolutionären Epos zusammenfassen. Soll es allumfassend sein, muß es jedoch mehr als eine wissenschaftliche Information einbeziehen und sich des gemeinsamen Bezugsrahmens wissenschaftlicher Beschreibung, philosophischer Analyse und religiöser Deutung der menschlichen Lebenswelt und der alltäglichen Wirklichkeit bewußt sein.

16. Soll die Rede von Gott (die Theologie) in einer Beziehung zu allen unseren Erfahrungen stehen, muß sich dieses Reden der Bilder bedienen, die uns das evolutionäre Epos liefert. Die zentralen christlichen Bestimmungen des Menschen als eines geschaffenen, gefallenen und erlösten Wesens sollten im Lichte der Einsicht reformiert werden, die in dem evolutionären Epos enthalten ist. In diesem Prozeß fällt auch umgekehrt Licht von dem kreationären Epos auf das evolutionäre Epos. Die klassische reformatorische Anthropologie Luthers erweist sich als offen sowohl für philosophische Analyse als auch für wissenschaftliche Information.

17. Gegenwärtige theologische Anthropologie (R. Prenter, E. Jüngel, J. Moltmann, W. Pannenberg) lebt, bei großen Meinungsunterschieden untereinander, in der Spannung zwischen dem restriktiven und dem expansiven Lösungsmodell für das Verhältnis zwischen christlicher Verkündigung und wissenschaftlicher Information, wie sie in dem evolutionären Epos mitgeteilt wird. Hier läßt sich eine Entwicklung in Richtung auf größere Integration wissenschaftlicher Information in die religiöse Deutung und theologische Reflexion beobachten.

18. Die wissenschaftliche Information beeinflußt auch die ethische Reflexion: Teils werden die biologischen evolutionären Wurzeln menschlichen moralischen Verhaltens und menschlicher

Werte aufgedeckt, teils werden die metaethischen und normativ ethischen Probleme in einem ethischen Naturalismus auf evolutionärer Grundlage gesucht.

19. Der klassische Vorwurf gegen den Sozialdarwinismus, er verleite zu politischem Mißbrauch, und der grundsätzliche Vorwurf gegen den Naturalismus (die Vorwürfe des Reduktionismus und des naturalistischen Fehlschlusses) sind angesichts neuer Formen von Naturalisierung der Ethik wieder aktuell.

20. Die guten und berechtigten Intentionen des Naturalismus lassen sich – wenn man den Naturbegriff ausweitet – in solchen Formen theologischer Ethik einlösen, die eine möglichst breite Perspektive an das Handlungsleben des Menschen anlegen: die theozentrische Perspektive.

21. Die theologische Arbeit in der hermeneutischen Spannung zwischen dem geschichtlichen Offenbarungsereignis und der heutigen Wirklichkeit wird zu einer Aufgabe der Rekonstruktion, die durch Vernunft, Phantasie und Gefühl getragen ist.

22. Als Vertreter einer konsequenten theologisch expansiven Einstellung arbeitet R. W. Burhoe daran, durch eine Revitalisierung der Religion eine Synthese zwischen Wissenschaft und Religion herzustellen und so eine Brücke über die Kluft zwischen Wissenschaft und Werten zu schlagen.

23. In dem Entwurf Burhoes für eine wissenschaftliche Theologie werden unvermittelt religiöse Ideen und theologische Reflexion mit wissenschaftlichen Daten verbunden. Burhoe ist für seine Offenheit gegenüber der Wissenschaft zu loben, er ist aber auch zu kritisieren, weil er zu einem Wissenschaftsabsolutisten wird; die theologische Substanz wird verwässert, traditionelle christliche Lehrpunkte werden aufgegeben, und er nähert sich stark dem Pantheismus, indem die Selektion mit Gott identifiziert wird.

24. In Formen evolutionären Christentums (G. Theißen) wird versucht, ein dynamisches Verhältnis zwischen wissenschaftlichen Theorien und Daten und religiösen Aussagen herzustellen, indem beide als Ausdruck des Versuchs verstanden werden, sich der Realität anzupassen, wobei das eine im Lichte des anderen zu verstehen ist. Der traditionelle Gegensatz zwischen Glauben und Wissen wird relativiert. Im Christentum wird die Selektion durch Solidarität ersetzt.

25. Auf der Basis des richtigen Gefühls, daß über die Natur mehr zu sagen sein muß, als die Wissenschaft uns erzählt, entsteht eine Reihe von Formen natürlicher Theologie. In dem Umfang, in dem man die Gottesbeweise wiederbeleben will oder mehr unbestimmt die Rede von Wahrscheinlichkeiten und Konvergenz zum Reden

von Gott führen lassen will, verwandelt man Glauben in Wissen. Das ökologische Modell der Prozeßphilosophie wirft ein erhellendes Licht auf viele Konfliktfelder z. B. ethischer Art. Da die Prozeßphilosophie aber in der Gefahr steht, das Leben mit Gott zu identifizieren, respektiert sie nicht, daß die Natur, obgleich sie ihren Ursprung in Gott hat, dennoch von ihm unterschieden ist, so wie der göttliche Logos, der, obgleich eins mit dem Vater, dennoch von diesem unterschieden ist.

26. Gegenwärtige Versuche, das Transzendente im Immanenten zu sehen (A. R. Peacocke und Ph. Hefner), weisen in eine richtige Richtung für das Denken über das Verhältnis zwischen Theologie und Naturwissenschaft, lassen aber zugleich den Bedarf nach einer genauen Präzisierung der Begriffe erkennen, mit denen die Theologie der Herausforderung durch die Naturwissenschaften begegnen kann.

27. In einer Analyse des Werkes von K. E. Løgstrup „von hinten" – unter Einbeziehung nicht veröffentlichten Materials – wird das metaphysische Denken Løgstrups rekonstruiert, das als eine logische Fortsetzung der Auseinandersetzung mit der Transzendentalphilosophie und dem Positivismus gesehen wird. Dabei wird von der Annahme ausgegangen, daß hier ein Baustein für ein Modell der Relation Theologie-Naturwissenschaft jenseits von Restriktion und Expansion liegt: Der vereinende Gegensatz, bei dem Theologie und Naturwissenschaft zusammengehalten werden, ohne Vermischung und ohne Trennung. Wenn die wissenschaftliche Expansion zur Naturalisierung wird, muß sie sowohl aus theologischen als auch kulturkritischen Gründen mit einer anderen Form von Metaphysik konfrontiert werden, in der man phänomenologisch deskriptiv die Züge der Wirklichkeit hervorhebt, die metaphysische Betrachtungen auslösen, die zu einer religiösen Deutung einladen. Erst dann ist eine gemeinsame Plattform geschaffen. Der Ausgangspunkt ist ein einfaches Sich-Wundern. Dann müssen die metaphysischen Voraussetzungen einer gegebenen Wissenschaft geklärt werden; diese sind dann einer Metaphysik und religiösen Ontologie gegenüberzustellen, wobei das Gewicht auf den Phänomenen in der Natur liegt, die diese transzendieren und die deshalb eine religiöse Deutung nahelegen. In diesem Lichte wird die Unterscheidung zwischen Gott und Natur eine andere; der Mensch erhält eine neue Stellung und das menschliche Tun eine neue Richtung.

28. Der Ursprung des Grundtvigschen Begriffs der *freundlichen Wechselwirkung* wird aufgespürt, der das angemessenste Modell für das Verhältnis zwischen Theologie und Naturwissenschaft darstellt. Sie sind weder miteinander zu vermischen noch voneinander zu

trennen, sondern sie gedeihen in lebendiger Wechselwirkung. Dies geschieht, wenn die Probleme bzw. Phänomene im Zentrum stehen; dann können die verschiedenen Ansätze unter Anerkennung der gegenseitigen Verschiedenheit dazu gebracht werden, zu interagieren, da sie sich gegenseitig beleuchten und erhellen.

29. In dem Modell werden die Ansätze, Sprachen, Haltungen und Gegenstände zusammengestellt, die die Theologie bzw. die Naturwissenschaft kennzeichnen und deren sie sich bedienen. Das Modell macht einleuchtend, daß die Disziplinen verschieden sind, daß sie sich innerhalb eines Kontinuums bewegen können, daß sie in eine Wechselwirkung eintreten sollten. Die Wechselwirkung muß für die Theologie als kirchliche, gottesdienstliche Theologie zu Neuformulierungen zentraler christlicher Begriffe und Vorstellungen (Schöpfung, Vorsehung, Sündenfall, Christologie und Versöhnung) führen.

30. „Denn wir wissen, daß alle Kreatur sehnt sich mit uns und ängstigt sich noch immerdar" (Röm 8,22).

Literatur

Andersen, S. / Peacocke, A. (eds.), Evolution and Creation. A European Perspective, Aarhus 1987.

Burhoe, R. W., Toward a Scientific Theology, Belfast 1981.

Grundtvig, N. F. S. (1907), Udvalgte Skrifter I–X. Ved Holger Begrup. Kopenhagen 1907.

Hefner, Ph., Science and Religion: Athens and Jerusalem in Dialogue about Athen's Salvation, in: Zygon XIV/3, 1979, 217 ff.

Løgstrup, K. E., Skabelse og tilintetgørelse. Religionsfilosofiske betragtninger. Metafysik IV, Kopenhagen 1978 (deutsch: Schöpfung und Vernichtung. Religionsphilosophische Betrachtungen, Metaphysik IV, Tübingen 1990).

Moltmann, J., Gott in der Schöpfung. Ökologische Schöpfungslehre, München 1985.

Monod, J., Zufall und Notwendigkeit, München 1971.

Pannenberg, W., Anthropologie in theologischer Perspektive. Göttingen 1983.

Mortensen, V., Teologi og Naturvidenskab. Hinsides restriktion og ekspansion (Theologie und Naturwissenschaft. Jenseits von Restriktion und Expansion), Kopenhagen 1989.

Peacocke, A. R., Creation and the World of Science, Oxford 1979.

Prenter, R., Skabelse og Genløsning (Schöpfung und Erlösung). Dogmatik I, Göttingen 1960.

Theissen, G., Biblischer Glaube in evolutionärer Sicht, München 1984.

VII
Gott der Vernunft, Gott der Natur und persönlicher Gott

Natürliche Theologie im Gespräch zwischen Naturphilosophie und Worttheologie

Von Sigurd Martin Daecke

Wenn Naturwissenschaftler die „Evolution als Offenbarung“ betrachten und die Frage „Kann man Gott aus der Natur erkennen?“ bejahen, wenn Philosophen die Vernunft für fähig halten, „zu einigermaßen begründeten Aussagen über die Existenz Gottes zu gelangen“[1], so ist das „natürliche Theologie“, zu der die Theologen Stellung nehmen müssen. Sie können entschieden „Nein!“ sagen, wie Karl Barth[2] es tat, und nur das Wort Gottes als Quelle und Medium der biblischen Wortoffenbarung gelten lassen. Sie können aber die Rede vom Gott der Vernunft und vom Gott der Natur auch ernst nehmen und kritisch anerkennen.

Das war die vorherrschende Haltung der christlichen Theologie von Anfang an, bei Paulus und bei Lukas mit seiner Areopag-Rede des Paulus (Apg 17,22ff.). Seit den Apologeten mit ihrer Logos-Theologie, die an die griechische Philosophie anknüpfte, seit Augustinus (credo ut intelligam) und Anselm von Canterbury (fides quaerens intellectum) war die dem Glauben dienende, ihm lediglich nachfolgende und nachdenkende Vernunft, die die Offenbarung vernehmende Vernunft, in Kirche und Theologie anerkannt. Dieser vom Glauben erleuchteten und der biblischen Wortoffenbarung untergeordneten Vernunft wurde dann im I. Vatikanischen Konzil 1870 zugestanden, daß sie mit ihrem „natürlichen Licht“ Gott „aus den geschaffenen Dingen mit Gewißheit“ erkennen könne.

Doch bereits mehr als ein Jahrhundert zuvor hatte sich in der Aufklärung die autonome Vernunft zu Wort gemeldet, die sich in der damals entstehenden Naturwissenschaft verwirklichte. Die aufgeklärte Vernunft entwarf eine „natürliche Religion“, der die christliche Theologie mit einer „natürlichen Theologie“, einer „natürlichen Gotteserkenntnis“ aus der Schöpfung antwortete und den „Gott der Vernunft“ mit dem „Gott der Offenbarung“ – der Offenbarung durch das Wort der Bibel – versöhnte.

---

1 *R. Swinburne,* Die Existenz Gottes, Stuttgart 1987, 11.

2 So der Titel seiner Streitschrift, München 1934.

1. Der Gott der Natur, der Gott der Vernunft und der Gott der Offenbarung

Indem sie es wagte, sich auf die Erkenntnisse der damaligen Naturwissenschaft einzulassen, entdeckte die Theologie im 18. Jahrhundert auch die Natur wieder, die Schöpfung und deren Schöpfer als Gegenstand des christlichen Glaubens. Und so verhalf die „vernünftige Orthodoxie" mit ihrer „Physikotheologie", ihrer Natur-Theologie, mit diesem ihrem produktivsten und originellsten Beitrag zur Theologiegeschichte, dem Schöpfungsglauben zu einer letzten Blüte, bevor er im 19. und 20. Jahrhundert durch die Überbetonung von Christologie und Anthropologie in den Hintergrund gedrängt und erst vor etwa einem Jahrzehnt angesichts der ökologischen Krise wieder neu entdeckt wurde.

Ganz sicher können wir heute daran nicht mehr anknüpfen. Die einzelnen Sparten der Physikotheologie, etwa die Litho-Theologie, die Stein-Theologie, erscheinen uns jetzt, nach zweieinhalb Jahrhunderten, eher skurril, ja komisch. Und dennoch waren sie eine notwendige und nützliche Antwort des christlichen Glaubens auf das Mündig- und Autonom-Werden der Vernunft, die bis dahin nur im Dienst des Glaubens stehen durfte: etwa die „Ichthyotheologie oder vernunft- und schriftgemäßer" (beides zugleich also!) „Versuch, die Menschen aus Betrachtung der Fische zur Bewunderung, Ehrfurcht und Liebe ihres großen, liebreichen und allweisen Schöpfers zu führen" – so der Titel von Gottfried Ohnefurcht Richters Buch im Jahre 1754. Ganz ähnlich lautete bereits 1738 der Titel von Friedrich Christian Lessers Werk: „Insecto-Theologia oder: Vernunft- und schriftgemäßer Versuch, wie ein Mensch durch aufmerksame Betrachtungen derer sonst wenig geachteten Insecten zu lebendiger Erkenntnis und Bewunderung der Allmacht, Weisheit, der Güte und Gerechtigkeit des großen Gottes gelangen könne."[3]

Aus beiden Buchtiteln mit ihrer barocken Wortfülle geht das Anliegen der Physikotheologie hervor, die Vernunft ebenso wie die Heilige Schrift, die Natur ebenso wie die Bibel als Quelle und als Medium der Gotteserkenntnis zu gebrauchen. Lesser schreibt: „Ich bin schuldig, die Fußstapfen göttlicher Eigenschaften nicht nur aus dem geoffenbarten Buch der Schrift, sondern auch aus dem offenbaren großen Buch der Natur zu untersuchen und anderen anzupreisen." Der *Glaube* liest im geoffenbarten Buch der Schrift, die *Vernunft* im offenbaren Buch der Natur, und beide erkennen darin die Wunder Gottes.

---

[3] Vgl. dazu: *K. Barth,* Kirchliche Dogmatik III 1, Zollikon-Zürich 1945, 454ff.; *H. Thielicke,* Glauben und Denken in der Neuzeit, Tübingen 1983, 105ff.

Die Physikotheologie hat damals gewagt, mit der Vernunft gemeinsame Sache zu machen, sich auf deren naturwissenschaftliche Erkenntnisse einzulassen und diese theologisch zu interpretieren. Zwar wirkt dieser „vernunft- und schriftgemäße Versuch“ auf uns heute erheiternd, etwa: „Was sagst du nun, verstockter Atheist,/Der du des Schöpfers Sein und Macht in Zweifel ziehest,/Wenn du die Polizei der Bienen siehest?“ (Lesser). Diese unfreiwillige Komik liegt aber nicht nur am Unterschied der Theologie damals und heute, sondern vor allem daran, daß in zweieinhalb Jahrhunderten die Naturwissenschaft sich grundlegend gewandelt, erweitert und vertieft hat. Für denjenigen, der heute im Buch der Natur lesen will, genügt es nicht mehr, Steine, Insekten und Fische zu betrachten. Die moderne Naturwissenschaft ist abstrakter geworden. Lassen sich die Weisheit und Güte Gottes auch aus kosmologischen Modellen, Evolutionstheorien und physikalischen Gesetzen erkennen? Doch das ist nicht nur durch die hohe Abstraktion schwieriger geworden. Vor allem stellt der methodische Atheismus der modernen Naturwissenschaft deren theologische Funktion in Frage, seit de Laplace auf Napoleons Frage, welche Bedeutung Gott für seine Theorie habe, kühn erklärte: „Sire, ich brauche diese Hypothese nicht.“

Doch daß die Naturwissenschaft Gott zur Erklärung der Natur und ihrer Gesetze nicht mehr braucht, schließt nicht aus, daß Gott aus der Natur erkannt werden kann. Und so ist es kein Rückfall hinter die Aufklärung zurück, vielmehr ihre konsequente Verwirklichung, wenn die Vernunft, gerade auch die naturwissenschaftliche Vernunft, heute wieder denjenigen Platz in der Gotteserkenntnis erhält, den sie in der Physikotheologie der *„vernünftigen* Orthodoxie“ zur Zeit der Aufklärung eingenommen hat. Trotz aller begründeten Skepsis gegenüber natürlicher Theologie und Gotteserkenntnis sollten solche Versuche nicht von vornherein als Häresie verurteilt, sondern auch heute als vernünftige *Orthodoxie* gewürdigt werden.

Die natürliche Gotteserkenntnis lebt aus dem Vertrauen zur Vernunft: daß diese Gott erkennen kann und erkennen will. Und dieses Vertrauen, daß die Vernunft auch ohne die biblische Offenbarung und unabhängig vom Dogma der Kirche denselben Gott finden und erkennen könne – das ist das auch heute noch gültige Erbe der Aufklärung, das sie unserer Theologie als kritische Anfrage hinterlassen hat. Es ist wichtiger denn je in der heutigen Zeit, in der die Naturwissenschaft eine noch ungleich größere Rolle spielt als zur Zeit der Physikotheologie. Können und dürfen wir Christen den Naturwissenschaftlern Mut machen zum Vertrauen in ihre Vernunft, daß sie es auch in der abstrakten Natur, mit der sie heute umgehen, mit Gott dem Schöpfer zu tun haben, nicht nur mit dem Menschen?

2. Natürliche und vernünftige Gotteserkenntnis bei Paulus, Luther und Karl Barth

Die Bibel und Luther haben allerdings weniger Vertrauen zur Haltung der Vernunft gegenüber Gott als die Aufklärung. Im Alten Testament finden sich nur Spuren natürlichen Wissens von Gott, und diese lediglich in den weisheitlichen Büchern, etwa in den Schöpfungspsalmen und in den Sprüchen. Doch ihnen kommt es weniger darauf an, daß die Schöpfung Gott *er*kennt, als daß sie ihn *be*kennt und ihn lobt.

Im Neuen Testament greift Paulus an den beiden Stellen Römer 1,18–23 und 2,15 die stoische Lehre von der dem Menschen von Natur aus eigenen Kenntnis Gottes nicht etwa im positiven Sinne auf, sondern kritisch als Anklage gegen diejenigen, die trotz ihrer faktischen Gotteserkenntnis nicht den Schöpfer, sondern Geschöpfliches verehren, die die Natur an die Stelle Gottes setzen. So geht es Paulus nicht um das *Gelingen,* sondern um das *Versagen* des faktischen Wissens von Gott, nicht um seinen Nutzen, sondern um seine Gefahr, nicht um den *richtigen* Weg zu Gott, sondern um die Warnung vor dem *Irrweg* der Verwechslung von Schöpfer und Geschöpf. Einerseits bestätigt Paulus also, daß die natürliche Gotteserkenntnis nicht nur möglich, sondern sogar eine Tatsache ist – andererseits verschärft dieses Wissen aber nur seine Anklage, weil der Mensch zwar Gott *er*kennt, aber nicht *an*erkennt und nicht *be*kennt.

Dieser paulinischen Auffassung von der Perversion der dem Menschen an sich möglichen natürlichen Gotteserkenntnis entspricht *Martin Luthers* Verständnis der Vernunft. Einerseits betrachtet er die Vernunft des Menschen als etwas geradezu Göttliches[4], und Luther bestreitet auch nicht ihre Fähigkeit zur Erkenntnis Gottes. Denn das Reden von Gott betrifft nach Luther etwas, was im Menschsein des Menschen immer schon gegenwärtig ist – nur so kann es alle Menschen angehen und für alle verbindlich sein[5]. Bliebe die Vernunft in ihren Grenzen und bei ihrer Sache, wäre die Vernunft also *wirklich vernünftig,* so wäre sie nicht hoch genug zu loben[6].

Aber das Verhältnis von Vernunft und Glaube ist bei Luther nicht so harmonisch geordnet wie in der Scholastik, wo der Glaube die ver-

---

[4] WA 39,1; 174,9f.

[5] *G. Ebeling,* Luther. Einführung in sein Denken, Tübingen 1964, 263. „Es gibt also in der Tat eine Gotteserkenntnis der Vernunft." Zu den Luther-Zitaten vgl. ebd. 98, 160 und 263f.

[6] *Ebeling,* ebd. 98.

folgt die Verwerfung der natürlichen Gotteserkenntnis: „Wir verwerfen die falsche Lehre, als könne und müsse die Kirche als Quelle ihrer Verkündigung außer und neben diesem einen Wort Gottes auch noch andere Ereignisse und Mächte, Gestalten und Wahrheiten als Gottes Offenbarung *an*erkennen." Und ebenso deutlich geht es in der zweiten Barmer These um „Gottes kräftigen Anspruch auf unser ganzes Leben, in dem es keine Bereiche geben darf, in denen wir anderen Herren als Jesus Christus zu eigen wären."

Auch Barth, dem entschiedensten Gegner der natürlichen Theologie, nach dessen Meinung sie „nur der Theologie und Kirche des Antichrist bekömmlich" sei [10], ging es also vor allem um die religiösen, ethischen und politischen *Folgen* der natürlichen Gotteserkenntnis: um die Stellung und Haltung des Menschen gegenüber Gott in seinem Denken und Handeln. Weil es bei der Gotteserkenntnis um das Erkennen *Gottes* geht, bleibt es keine rein theoretische, keine bloß erkenntnistheoretische Frage. Kritisiert wird die natürliche Theologie nicht etwa, weil man der Vernunft *nichts* zutraute – im Gegenteil, man traut ihr eben *alles* zu! Grund für Barths Kritik an der natürlichen Theologie ist, daß sie Ausdruck der menschlichen Selbstbehauptung gegen Gott und Selbstrechtfertigung vor Gott sei, Ausdruck der Selbstüberschätzung und Selbstvergöttlichung des Menschen.

3. Gotteserkenntnis durch Glaube und Vernunft

Ein Mißtrauen gegen die Vernunft ist sicher berechtigt. Aber sie *muß* ja nicht unbedingt die – nach Luther – Hure sein, auch wenn sie eine solche oft sein *kann*. Sie bietet sich dem technischen und kommerziellen, politischen und militärischen Mißbrauch an. Doch deswegen nun Vernunft und Wissenschaft grundsätzlich zu verurteilen, das hieße, an Sünde und Schuld zu glauben, statt an deren Überwindung durch Jesus Christus. Daß die Vernunft irren kann und immer wieder Irrwege geht, berechtigt nicht dazu, sie grundsätzlich zu verurteilen.

Ohne ein positives, produktives Vertrauen zur Vernunft ist keine wissenschaftliche Arbeit möglich, auch keine theologische. Die Gotteserkenntnis ist nicht irrational, nicht unvernünftig und nicht widervernünftig. Zwar hat es im Christentum immer Tendenzen gegeben, die – mit den Worten des Paulus in 1 Kor 1,18 – 2,16 – Got-

[10] *K. Barth,* Nein!, 63.

tes Weisheit und die Weltweisheit als Gegensätze sahen, die die Botschaft vom gekreuzigten Christus, diesen - so Paulus - „Unsinn der Verkündigung“, oder, wie Luther übersetzt, die Torheit der Predigt, der Weisheit der Welt entgegensetzten. „Was in der Welt töricht ist, hat Gott erwählt, um die Weisen zu beschämen“ (1,27). Von diesem Lob eines *un*-vernünftigen Glaubens führt eine Linie über manche Aussagen Luthers - der, wie wir gesehen haben, die Vernunft aber nicht *nur* negativ sah - hin etwa zu Blaise Pascals „Memorial“: „Gott Abrahams, Gott Isaaks, Gott Jakobs, nicht der Philosophen und Gelehrten Gott.“ - Ganz abgesehen vom primitiven Irrationalismus, der heute unter der Flagge der Postmoderne zu segeln versucht, einer falschen Flagge, denn postmodernes Denken hält die Vernunft zwar für ergänzungsbedürftig, aber doch für unverzichtbar.

Auf der anderen Seite brauchte die Theologie nicht bis zur Aufklärung zu warten, um die Rationalität, die Vernünftigkeit des Glaubens zu legitimieren. Bereits Apologeten des 2. Jahrhunderts akzeptierten die natürliche Theologie der griechischen Philosophen und identifizierten den vernünftigen Logos der Philosophie mit dem fleischgewordenen Logos des Johannes-Prologs. Und auch Anselm von Canterbury im 11. Jahrhundert entwarf mit seiner Formel „fides quaerens intellectum“ das Programm einer rationalen Theologie. Sola ratione, allein durch die Vernunft, sollte das erwiesen werden, was allerdings nur der *Glaube* erfährt: Fides quaerens intellectum - das heißt, der Glaube sucht sich selbst zu verstehen, er flieht nicht vor der ratio, der Glaube strebt nach seinem vernünftigen Ausdruck. Er schließt die rationale Reflexion nicht aus, er muß also vernünftig, er darf kein blinder und willkürlicher Glaube sein. Aber Anselm geht nicht weiter als schon Augustin mit seiner Formel „credo ut intelligam“, „ich glaube, um zu verstehen.“

Denn der auf die biblische Wortoffenbarung gegründete Glaube bleibt in der kirchlichen und dogmatischen Tradition bis heute Vorzeichen und Vorbedingung des rationalen Erkennens. Der *Glaube* begründet hier auch im logischen und zeitlichen Sinne ein bloßes *Nach*-Denken der in der Heiligen Schrift offenbarten Wahrheit. Er bleibt, so Heinrich Fries, „Voraussetzung, Ausgang und Zielpunkt aller rationalen Tätigkeit und Bemühung“ [11]. Der Glaube ist auf den intellectus ausgerichtet, aber die Vernunft steht im Dienst des Glaubens. Sie darf dem Glauben nur folgen, sie denkt hinterher über den Glauben nach, sie kann seine Aussagen erst nachträglich rational

---

[11] *H. Fries*, Fides quaerens intellectum, in: Vernunft des Glaubens (Festschrift W. Pannenberg), Göttingen 1988, 93.

verstehbar und verständlich machen, sie ist der Offenbarung unter- und dem Glauben nachgeordnet.

Diese Auffassung des Verhältnisses von Glaube und Vernunft blieb bis heute – von Augustin über Anselm, die Scholastik und die Reformation – die maßgebliche theologische Lehre, so als hätte es keine Aufklärung und keinen Rationalismus gegeben. Die Rangordnung, der Stellenwert der Vernunft in ihrer Beziehung zum Glauben blieb unverändert: Das Denken denkt *den* Glauben nach, aber auch *dem* Glauben nach. Doch daß der Glaube nicht irrational behauptet und bekennt, daß die Offenbarung keine blinde Zustimmung fordert, sondern sich vernünftiger Argumente bedient, daß Gott also denkbar ist – wenn auch nur nachträglich aufgrund des Offenbarungswortes und des Glaubens, dem das Denken zu folgen hat: diese verbreitete theologische Auffassung genügte damals der Aufklärung und genügt heute der Naturwissenschaft noch nicht.

„Natürliche", naturphilosophische und naturwissenschaftliche Gotteserkenntnis kann der Offenbarung zwar nicht – wie es früher hieß – als Vorbereitung vorausgehen, aber sie folgt ihr auch nicht nur dienend nach. Die übliche Nach- und Unterordnung würde den ernsten und aufrichtigen Gottesgedanken und Gottesvorstellungen der Naturphilosophen und Naturwissenschaftler nicht gerecht werden, die sich nicht als Ausdruck des Offenbarungsglaubens verstehen und es auch nicht sind, und sie würde eine gemeinsame Gesprächsebene zwischen Gottes-Denken und Gottes-Glauben, zwischen philosophischer, natürlicher Theologie und Offenbarungstheologie von vornherein zerstören. Es wäre vermessen, wenn Christen in sektiererischer Überheblichkeit den im Wort geoffenbarten Gott verabsolutieren und aus der reichen Fülle der Gottesgedanken heraus isolieren, wenn sie den „Gott der Philosophen" zum Nicht-Gott degradieren und den „Gott der Vernunft", den „Gott der Natur" mit dem „Gott der Offenbarung" – dem Gott der biblischen Wortoffenbarung – konfrontieren würden. Nur ein religiöser Provinzialismus kann engstirnig und unbeeindruckt an den vielfältigen Entwürfen natürlicher Theologie vorübergehen, am *natürlichen Gott* etwa Spinozas, Schellings oder auch Newtons, und am *vernünftigen Gott* von Leibniz und Hegel, oder auch am Planer des Universums der heutigen Physik, am Gott der Evolution in der Biologie.

Auch eine selbstkritische Theorie der *natürlichen* Gotteserkenntnis weiß allerdings, daß – mit den Worten des englischen Philosophen Richard Swinburne – „trotz der Fähigkeit unserer Vernunft, zu einigermaßen begründeten Aussagen über die Existenz Gottes zu gelangen, sie doch immer nur zu wahrscheinlichen, nicht zu zweifelsfreien Ergebnissen kommen kann". „Daß es einen Gott gibt, der das

Universum und den Menschen erschaffen hat und alles im Dasein erhält", ist für Swinburne aufgrund von Natur und Geschichte nur „insgesamt wahrscheinlicher, ... als daß es ihn nicht gibt". Daher bleibt trotz aller vernünftigen Gotteserkenntnis, so Swinburne, „ein weiter Raum für den Glauben"[12].

Der Gott der Natur und der Gott der Vernunft, der Gott der alten und der neuen natürlichen Theologie, der Gott, der sich etwa als schöpferischer Prozeß und Plan im Universum, als Faktor der Evolution offenbart, der ist für den an Gottes Selbstkundgabe in Jesus Christus Glaubenden nicht der Gott in der Fülle seiner Offenbarung, nicht der erbarmende und erlösende Gott. Er ist zwar der Schöpfer und Planer, aber nicht der Retter. Er ist nicht „der Gott Abrahams, Isaaks und Jakobs", er ist der „Gott der Philosophen", der Gott der Naturwissenschaftler. Der vernünftige und natürliche Weg zur Gotteserkenntnis führt zum metaphysischen Gott, zur Gottesidee, zu Newtons immateriellen Naturkräften im Universum, zum Absoluten des Deutschen Idealismus, zu Tillichs Sein-Selbst, zu Einsteins Harmonie alles Bestehenden, zu Heisenbergs zentraler Weltordnung, zu Portmanns Geheimnisgrund – zu diesem pantheistisch verstandenen, unpersönlichen und innerweltlichen Göttlichen. Das sind auch für den Christen Aspekte des einen und wahren Gottes. Über das, was er darüberhinaus an Glaubenserkenntnissen von Gott hat, besteht keine Einigkeit mit den Philosophen und Naturwissenschaftlern, die eine „übernatürliche Offenbarung" ablehnen. Aber darf der Christ andererseits den „natürlichen Gott" leugnen?

4. Ist die Naturwissenschaft ein sicherer Weg zu Gott?

Ein seit einigen Jahren neu begangener Weg zu diesem „natürlichen" Gott führt über das sogenannte „anthropische Prinzip". Während ein Teil der Naturwissenschaftler die Denkweise des „anthropischen Prinzips" ablehnt oder ihm jedenfalls keine theologische Bedeutung zumißt – für seine Begründer war es ja auch lediglich ein *„anthropisches"* Prinzip –, führt nach John Eccles, dem Neurophysiologen und Nobelpreisträger, „die Kette der Zufälligkeiten unmißverständlich auf den Planeten Erde zu, als folge sie, wie in der Vorstellung der Natürlichen Theologie, einem großen Plan". Und so schließt Eccles, „daß dem Ursprung und der Geschichte des Universums ein großangelegter Plan zugrunde liegt. Wir sind keine bloßen

[12] A. a. O. 11.404 (s. o. Anm. 1).

Kreaturen des Zufalls und der Notwendigkeit, sondern Hauptdarsteller in dem großen kosmischen Drama". „Aber noch wunderbarer ... ist die Entstehung der einzigartigen Individualität, des einmaligen Selbst", und daher ebenfalls „ein Thema für die Natürliche Theologie". In seinen Gifford Lectures über das Geheimnis des Universums und „das Rätsel Mensch" faßt Eccles diese natürliche Theologie so zusammen, „daß die Kette der Zufallsbedingtheiten, die ... zu uns geführt hat, auf irgendeine geheimnisvolle Weise gelenkt wird", und „daß außer den materialistischen Geschehnissen der biologischen Evolution und über sie hinaus eine Göttliche Vorsehung wirksam ist"[13]. Und so unterstützt John Eccles die Auffassung: „Naturwissenschaftliche Erkenntnisse führen zu einer natürlichen Theologie, die große religiöse Möglichkeiten bietet. Das Universum wird in seinem einzigartigen Plan nicht nur beim anfänglichen ‚Urknall', sondern auch bei der Kette der Zufälle, die zu unserer Existenz jetzt und hier geführt hat, ... als noch wunderbarer als bisher erkannt"[14].

Diese Gedanken des Nobelpreisträgers zur natürlichen Theologie sind den Überlegungen Carsten Breschs über das „Alpha-Prinzip" ähnlich, das in der Vermutung begründet ist, daß die Alpha-Bedingungen, die Anfangsbedingungen des Universums, Muster wachsender Komplexität hervorbringen. Was wie Zufall und Ziellosigkeit aussieht, wird in Wahrheit überlagert von einer Kette von Systemzwängen, die den gesamten Prozeß auf ein Ziel hin ausrichten. Man muß sich wundern, daß die zu unserer Existenz notwendigen, ungeheuer speziellen Voraussetzungen in der Evolution überhaupt erfüllt worden sind. Bei der Betrachtung dieses „Wunders des Anfangs" ist nur die Haltung des Staunens möglich – aber wir können nach Bresch darin auch eine Offenbarung sehen, die Offenbarung der Evolution, die auf Alpha, den Grund, hinweist.

Und nach dem englischen Physiker Paul Davies „muß das allem Anschein nach wunderbare Zusammentreffen numerischer Werte, die die Natur ihren Grundkonstanten beigeordnet hat, der zwingendste Nachweis dafür bleiben, daß Planung in den Aufbau des Kosmos hineinspielt", daß es „einen großen Plan" im Universum gibt[15]. Naturwissenschaftler wie Eccles, Bresch und Davies erkennen also, daß die Tatsache, daß in der Evolution das Leben und der

[13] *J. C. Eccles*, Das Rätsel Mensch. Die Gifford Lectures 1977–1978, München 1984, 32.48.123.130f.

[14] *J. C. Eccles*, Die Psyche des Menschen. Die Gifford Lectures 1978–1979, München 1985, 215.

[15] *P. Davies*, Gott und die moderne Physik, München 1986, 247.244.

Mensch überhaupt entstanden sind, nur auf ganz spezielle Grundkonstanten der Natur zurückzuführen ist, die kein bißchen anders hätten sein dürfen und über deren Gegebensein man nur staunen kann, und sie deuten dieses Geheimnis des Urgrundes religiös. Auch wenn wir die „Urkraft des Universums“ erklären und verstehen können, bleibt sie das Wunderbare. Wir können sie „Gott den Schöpfer“ nennen – so unwahrscheinlich, so staunenswert, so überwältigend ist die Entwicklung, die vom Urknall bis zu uns heute hin geführt hat.

Aber ist dieses „anthropische Prinzip“ ein dieses Universum und seinen Evolutionsprozeß transzendierendes Prinzip, das ähnlich wie der Entwurf Teilhards de Chardin Ursprung und Ziel, Alpha und Omega im Blick hat – oder spricht es nur von einer Auszeichnung dieses Kosmos und des ihn bewohnenden Menschen, ist es also ein dem Universum immanentes Prinzip, das den Kosmos nicht transzendiert?

Paul Davies schließt von der naturwissenschaftlichen Erkenntnis des „großen Plans“ im Universum auf einen „natürlichen“, einen endlichen und vergänglichen, einen dem Universum immanenten Gott. Zwar steht am Anfang und am Schluß seines Buches „Gott und die moderne Physik“ die wohl stärkste These natürlicher Theologie in unserer Zeit, daß nämlich „die Naturwissenschaft einen sichereren Weg zu Gott als die Religion“ biete. Dieser Weg zu Gott, den die Naturoffenbarung sicherer als die Wortoffenbarung bietet, führt dann aber zu einem – so Davies – *natürlichen* „Gott statt eines übernatürlichen“, also einem innerweltlichen Gott, „der als Teil jenes einzigartigen physikalischen Universums existiert“. Der „sicherere“ Weg der Naturwissenschaft führt also zu einem weltlichen Gott, der in einem endlichen, zeitlichen Universum, das „langsam an seiner eigenen Entropie erstickt, gemeinsam mit ihm sterben“, gemeinsam mit dem Universum ersticken muß[16]. Und so beschränkt Davies sich auch in seinen beiden anderen Büchern – „Die Urkraft“ und „Prinzip Chaos“ (mit dem treffenderen englischen Titel „Cosmic Blueprint“)[17] – auf Aussagen von einem schöpferischen Universum und der Erkenntnis eines Bauplans dafür, verzichtet aber auf die Gedanken von einem Schöpfer und einem Planer – die eine andere Offenbarung voraussetzen würden, die von der wissenschaftlichen Vernunft nicht anerkannt wird.

Der Gott, den Naturwissenschaftler finden können, ist – so Paul

---

[16] Ebd. 15.294.271 ff.286.

[17] *Ders.*, Die Urkraft, Hamburg 1987; *ders.*, Prinzip Chaos, München 1988.

Davies – ein „natürlicher“, ein endlicher und vergänglicher Gott, der ein Teil des von Physikern erforschten Universums ist und sich eben daher der naturwissenschaftlichen Erkenntnis erschließt[18]. Kann denn die Natur mehr offenbaren als einen natürlichen, einen innerweltlichen Gott? Läßt Gott nicht in seiner „natürlichen Offenbarung“ nur seinen immanenten, seinen weltlichen Aspekt sichtbar werden: als Tiefe des Seins (Paul Tillich), als Grund und Geheimnis der Welt (A. Portmann), als Prinzip und Ordnung der Wirklichkeit (W. Heisenberg), als Prozeß der Schöpfung (A. N. Whitehead), als Faktor und Kraft der Evolution (A. Hardy), als Dynamik der Selbstorganisation (E. Jantsch), als „leitender, überwachender, alles umfassender Geist, der den Kosmos durchdringt und die Naturgesetze so handhabt, daß dabei ein bestimmter Zweck erfüllt wird“ – der aber „außerhalb der Naturgesetze nicht tätig zu werden“ vermag, wie Paul Davies meint[19]? Mit „Wundern“, die den Naturgesetzen, die Gott selbst geschaffen hat und durch die er immer noch schafft und wirkt, widersprächen und sie aufheben würden, setzte Gott sich ja zu sich selbst in Widerspruch. Die „natürliche Theologie“ des Physikers kann zwar die schöpferische Kraft des Universums und seinen Bauplan erkennen, aber Davies zieht daraus ganz bewußt keine Folgerungen über die Erkenntnis eines personal verstandenen Schöpfers und Planers. Der „natürliche“ Gott der „natürlichen Theologie“ bleibt ein unpersönliches göttliches Prinzip, er ist kein personaler Gott. Die „natürliche Theologie“ kann und will nur diesen „natürlichen“, unpersönlichen Gott entdecken, der auch anders genannt werden kann als „Gott“ und der diesen Namen überhaupt nicht braucht.

Wie könnten natürliche Theologie und natürliche Gotteserkenntnis auch zu einem anderen als einem natürlichen Gott führen – wie könnte sich in natürlicher Offenbarung ein anderer als ein natürlicher Gott manifestieren? Der späte Karl Barth, der in seiner Versöhnungslehre Ende der fünfziger Jahre die natürliche Theologie nicht mehr in derselben Radikalität ablehnte wie ein Vierteljahrhundert zuvor zu Beginn seiner Kirchlichen Dogmatik, läßt in der Geschöpfwelt auch andere Lichter neben dem einen Licht Jesus Christus, auch andere wahre Worte neben dem einen wahren Wort Gottes gelten, allerdings nur innerhalb der christologischen Klammer, also im Rahmen der Christus-Offenbarung. Doch auch in diesen anderen Worten und anderen Lichtern sieht er keine Selbstoffenbarung Gottes, sondern lediglich Selbstkundgaben des geschöpflichen, natürli-

---

[18] Gott und die moderne Physik, 286.
[19] Ebd. 273.271.

chen Seins, „keine Erschließungen Gottes, keine ewigen Wahrheiten", sondern „nur weltliche Wahrheiten"[20].

In der Überzeugung, daß die natürliche Offenbarung nur weltliche Wahrheiten, nur einen natürlichen Gott, und keine ewigen Wahrheiten, sondern nur einen vergänglichen Gott erschließt, scheinen sich also der theologische Kritiker der natürlichen Theologie und ein naturwissenschaftlicher Vertreter der natürlichen Theologie überraschenderweise einig zu sein. Von einem Gott, der nicht nur Teil dieses Universums ist, sondern es transzendiert, und von seinem Plan kann nur der Glaube an den Schöpfer, Erhalter und Vollender der Welt im Bekenntnis sprechen. Die Vernunft, die naturwissenschaftliche Forschung etwa, überläßt der Religion auch gern solche Aussagen, die für sie nur metaphysische Spekulationen und anthropomorphe Vorstellungen sein können.

Stephen Hawkings „Suche nach der Urkraft des Universums"[21] schließt mit dem Satz: „Wenn wir die Antwort auf diese Frage fänden" (auf die Frage nach dem Warum des Universums, nach der Urkraft), „wäre das der endgültige Triumph der menschlichen Vernunft - denn dann würden wir Gottes Plan kennen"[22], dann - so variiert er seine Aussage im „Spiegel"-Interview[23] - wüßten wir soviel wie Gott. Genau das sind Barths Bedenken gegen die natürliche Theologie, gegen die Kenntnis von Gottes Plan: daß sie als Triumph der menschlichen Vernunft verstanden werden können, die sich an Gottes Stelle setzt und Gott ablöst. „Wo wäre dann noch Raum für einen Schöpfer?" - das ist dann auch Hawkings skeptische Folgerung aus seiner Theorie vom grenzenlosen Universum ohne Anfang und ohne Ende. Hawkings Buch ist - wie es in der Einleitung heißt - „ein Buch über Gott ... oder vielleicht über die Nichtexistenz Gottes"[24]: also eine natürliche Theologie. Ist es diejenige, die Barth ablehnt: das eigenmächtige Wie-Gott-sein-Wollen? Oder aber ist es nicht doch berechtigt, daß die Vernunft Gottes Plan verstehen will? Muß sie es nicht sogar, wenn Gott den Menschen im evolutionären Fortgang seiner Schöpfung als Mit-Schöpfer in Dienst nimmt?[25]

---

[20] *K. Barth,* Kirchliche Dogmatik IV 3/1, Zollikon-Zürich 1959, 160.

[21] So der Untertitel von: *St. Hawking,* Eine kurze Geschichte der Zeit, Reinbek 1988.

[22] Ebd. 218.

[23] Der Spiegel, Nr. 42/1988.

[24] *St. Hawking,* a.a.O. 179.11 f.

[25] Vgl. *S. M. Daecke,* Der Mensch als Mitschöpfer. Ethische Überlegungen zu Gentechnologie und Reproduktionsmedizin, in: Pastoraltheologie 1989, 196-211; ferner: *P. J. Hefner,* The Human Being as Created Co-Creator, in: *C. E. Braaten/R. W. Jenson* (eds.), Christian Dogmatics I, Philadelphia 1984, 325-328;

5. Warum wir Gott in der Natur erkennen können und dürfen

Natürliche Gotteserkenntnis als ein Wiedererkennen desjenigen Gottes in der Natur, der dem Glauben zuvor in der Wortoffenbarung begegnet war, als eine nur sekundäre Gotteserfahrung in der Natur, ist kaum umstritten. Derjenige, der bereits aufgrund der Wortoffenbarung an Gott glaubt, muß dankbar sein für naturwissenschaftliche Erkenntnisse, die ihn in seinem Glauben an den Schöpfergott ermutigen und stärken können. Wer den in der Verkündigung zuvor erkannten Gott etwa in der Evolution wiedererkennt, für den wirkt Gott in der Evolution nicht nur als Schöpfer und Vollender, sondern auch als Retter und Erlöser[26]. Für den bereits Glaubenden ist die Evolution als Offenbarung Gottes ein Wiedererkennen Gottes, das seinen Glauben bestätigt und bewahrheitet[27]. Die als Offenbarung verstandene Evolution könnte Gott bewahrheiten, ihn als denkbar und daher „glaubwürdig“ erweisen. Während aus den klassischen Gottesbeweisen die Denk*notwendigkeit* Gottes gefolgert werden sollte, ist die heutige natürliche Theologie bescheidener: naturwissenschaftliche Erkenntnisse über Gottes Plan in der Evolution könnten immerhin seine Denk*möglichkeit* erweisen. Wer Gott in der Natur wiederfindet, freut sich darüber, auch mit seinem Verstand einzusehen, was er zuvor nur aus der Verkündigung wußte: daß Gott in unserer natürlichen Wirklichkeit gegenwärtig ist. Die Betonung dieser „ontologischen Verbundenheit mit allen Menschen“ ist nach Eberhard Jüngel[28] ja der berechtigte Aspekt der natürlichen Theologie.

---

ders.: The Evolution of the Created Co-Creator, in: Currents 1988, 512–525; R. Cole-Turner, Is Genetic Engineering Co-Creation?, in: Theology Today, 1987, 338–349.

[26] Vgl. *S. M. Daecke*, Putting an End to Selection and Completing Evolution: Jesus Christ in the Light of Evolution, in: *S. Andersen/A. Peacocke* (eds.): Evolution and Creation, Aarhus 1987, 153–161, und neben Teilhard de Chardin die angelsächsische Evolutionstheologie, z. B. *A. R. Peacocke*, Science and the Christian Experiment, London 1971, 140–177 (Man, evolution, and Christ); *ders.*, Creation and the World of Science, Oxford 1979, 187–254 (Evolved Man and God Incarnate); *ders.*, God and the New Biology, London 1986, 103–107 (Nature as Creation), 116–127 (Matter in religion and science).

[27] Als bewahrheitende, als „verifikative Theologie“ möchte *G. Kraus* (Gotteserkenntnis ohne Offenbarung und Glaube? Natürliche Theologie als ökumenisches Problem, Paderborn 1987, insbes. 473 ff.) die „natürliche Theologie“ lieber bezeichnen als mit ihrem traditionellen Namen.

[28] *E. Jüngel*, Gelegentliche Thesen zum Problem der natürlichen Theologie, in: Entsprechungen: Gott – Wahrheit – Mensch, München 1980, 200.

Dem Glaubenden mag das genügen. Demjenigen Philosophen und Naturwissenschaftler aber, dem an der Erkenntnis Gottes liegt, ist es zu wenig, was halbherzige Verteidiger der natürlichen Theologie ihr noch als Berechtigung zugestehen: nachträgliche Bewahrheitung der christlichen Botschaft zu sein. Diese Aufgabe hat sie nur für denjenigen, der an die Wortoffenbarung glaubt. Manche Naturwissenschaftler dagegen wollen von sich aus, aufgrund ihrer eigenen Forschung und ihrem persönlichen Nachdenken darüber, von Gott reden. Erst wenn wir dieses Interesse ernst nehmen, kann das Gespräch zwischen Theologie und Naturwissenschaft beginnen.

Wer würde es wagen, Gott zu verbieten, sich als der Schöpfer und Vollender, als der er in der Evolution wirkt, auch zu offenbaren? Und wer würde es wagen, denjenigen, die staunend diese Offenbarung Gottes im Wunderbaren des Kosmos und des Lebendigen empfangen, diese Gotteserfahrung abzusprechen? Denn der Gott Abrahams und Jesu Christi ist doch nach christlicher Überzeugung auch der Schöpfer, der heute in der Natur gegenwärtig ist. Auf die Offenbarung dieses Gottes in der Natur aber mit rechthaberischer Besserwisserei und einer autoritären Begrenzung der Offenbarung auf das Wort der Bibel zu antworten, hieße, die Möglichkeiten von Gottes Offenbarung kleinlich zu beschränken. Die „natürliche Offenbarung" kann bejaht werden aus Respekt vor der Freiheit Gottes, sich auch in der Natur zu offenbaren, und aus Vertrauen in die menschliche Vernunft, die Gottes Plan in der Natur erkennen will, zugleich aber – wo ihr das nicht gelingt – das wunderbare Geheimnis seiner Schöpfung anerkennt.

„Es ist christlicher Theologie aufgegeben, die außerchristlichen Weisen der Gottes- und Welterfahrung theologisch ernstzunehmen und in ihre Reflexion einzubeziehen", schreibt Gerhard Ebeling in seiner Dogmatik[29]. Ein Gespräch der Theologie mit der Naturwissenschaft – ebenso wie mit der Philosophie und anderen Wissenschaften – ist nur möglich, wenn eine „natürliche", vernünftige Gotteserfahrung der Gesprächspartner anerkannt wird. Wenn wir deren „natürliches", evolutionäres Gottesbild von vornherein für unangemessen halten, weil es durch die Vernunft gewonnen ist, so wird das Gespräch gar nicht erst beginnen. Daher kann eine natürliche Theologie die gemeinsam anerkannte Grundlage für ein Gespräch zwischen der Naturwissenschaft und der Religion bilden. Im Gedanken der Offenbarung Gottes können sich Naturwissenschaft-

[29] *G. Ebeling*, Dogmatik des christlichen Glaubens, Band I, Tübingen [3]1987, 279.

ler und Theologen treffen, auch wenn sie sich für die einen in der Evolution, für die anderen in der Bibel ereignet.

Die Worttheologie bedarf der Ergänzung durch eine natürliche Theologie, die von der Welt- und Naturerfahrung des Menschen ausgeht, weil sie „nicht den Zusammenhang mit der Welterfahrung verlieren und eben dadurch einen Gewißheitsverlust erleiden" darf. Denn nach Gerhard Ebeling „hat sich christliche Theologie im Zeitalter der Naturwissenschaft daran erinnern zu lassen, daß die Lehre von der Schöpfung nur dann sachgemäß zu entfalten ist, wenn sie mit dem in Kontakt bleibt, was als die Wirklichkeit der Natur wahrgenommen wird"[30]. Aus der Preisgabe der natürlichen Theologie folgte schon im 19. Jahrhundert die Preisgabe der Natur durch die Theologie, der Rückzug aus der Schöpfung, die – so Carl Friedrich von Weizsäcker – der Naturwissenschaft zum Fraße hingeworfen wurde. Die Umweltkrise und die Sprachlosigkeit der Theologie in der Bioethik sind Folgen davon.

6. *Natürliche Theologie als trinitarische Theologie der Natur*

Ohne natürliche Theologie fallen Wissenschaft und Religion, Forschen und Glauben in zwei sauber voneinander getrennte Bereiche der menschlichen Existenz auseinander, liegen sie auf ganz verschiedenen Ebenen. So hat nach Karl Barth die Naturwissenschaft „freien Raum jenseits dessen", was die Theologie aussagt, und „die Theologie darf und muß sich da frei bewegen", wo die Naturwissenschaft ihre Grenzen hat[31]. Nach dieser gerade unter protestantischen Naturwissenschaftlern auch heute weit verbreiteten Auffassung haben naturwissenschaftliche und Glaubensaussagen jeweils eine verschiedene Qualität. Bildhaft gesprochen ist es das Modell des sogenannten „Doppelschlüssels", das in der Anekdote zum Ausdruck kommt, nach der Faraday – oder wem sonst sie auch immer zugeschrieben wird – Labor und Betkammer jeweils sorgfältig verschließt, wenn er den anderen Raum seines Hauses betritt. Viele Naturwissenschaftler können so, zwischen den beiden Räumen ihrer Existenz hin und her eilend, in dieser „Zwei-Zimmer-Wohnung" von Naturwissenschaft und Religion ganz komfortabel und zufrieden leben. Aber dadurch wird nicht nur die Wirklichkeit dualistisch aufgespalten, sondern auch die Persönlichkeit des christlichen Na-

---

[30] Ebd.

[31] *K. Barth,* Kirchliche Dogmatik III 1, Vorwort (o. S.).

turwissenschaftlers. Teilhard de Chardin hat zeit seines Lebens vor dieser „Schizophrenie“, diesem „Doppelleben“ gewarnt. Und so ist es verheißungsvoll, daß Naturwissenschaftler heute wieder nach einer neuen natürlichen Theologie fragen.

In dieser neuen natürlichen Theologie von Naturwissenschaftlern werden Gott und Geist nicht als selbst transzendent, sondern als Selbsttranszendenz der Welt in ihrer Selbstorganisation verstanden. Gibt es nun eine Vermittlung zwischen der theistischen Trennung einer ungöttlichen Natur von einem übernatürlichen Gott einerseits und ihrer pantheistischen Verschmelzung andererseits, zwischen Welttranszendenz und Weltimmanenz Gottes, zwischen dem persönlichen Schöpfer der Natur und dem schöpferischen Prozeß *in* der Natur? Es sieht ja so aus, als stünden sich im Gegenüber von kirchlicher und natürlicher Theologie, von Wortoffenbarung und Naturoffenbarung wieder nur die seit Jahrhunderten gleichen Fronten von Theismus und Pantheismus gegenüber. Wie kann dieses starre Schema gesprengt werden, wie kann Gott als zugleich transzendent und immanent, als sowohl übernatürlich wie auch natürlich gedacht werden?

Diese falschen Alternativen werden gesprengt, die Gegensätze überwunden durch eine Theologie der Natur, die Gott und Natur verbindet. Derjenige, der an Gott den Schöpfer, an Jesus Christus und an den Heiligen Geist glaubt – wobei diese trinitarische Gottesvorstellung als Symbol der verschiedenen Erfahrungsweisen Gottes verstanden werden kann –, ermöglicht es, Gott und Natur in einer Theologie der Natur zu verbinden. In der creatio continua, der fortdauernden Schöpfung, ist Gott erstens als schöpferischer Prozeß – die Tradition sprach vom Schöpfer und Erhalter, von der creatio continua – in der Natur gegenwärtig. Der Glaube an die Inkarnation Gottes versteht ihn zweitens sakramental als denjenigen, der auch in die Materie eingegangen und in der Natur präsent ist. Und als Heiliger Geist wirkt Gott drittens schöpferisch und vollendend in der Materie weiter, er „materialisiert“ sich in den Geiststrukturen der Materie, in der Einheit von Geist und Natur, über die Naturwissenschaftler heute immer mehr nachdenken[32].

Die trinitarische Denkstruktur des christlichen Glaubensbekenntnisses ist kein historischer Ballast, der die Verständigung mit Natur-

---

[32] Vgl. *S. M. Daecke*, Säkulare Welt – sakrale Schöpfung – geistige Materie. Vorüberlegungen zu einer trinitarisch begründeten Praktischen und Systematischen Theologie der Natur, in: Evangelische Theologie 1985, 261–276; *ders.*, Gott – Opfer oder Schöpfer der Evolution? Christlicher Glaube und Entwicklungslehre, in: Evolution, Heidelberg 1983, 171–186; ähnlich in: Kerygma und Dogma 28/1982, 230–247.

wissenschaftlern, denen diese Tradition fremd ist, belastet[33]. Vielmehr bietet sich die Möglichkeit, christologisch von einem Gott zu sprechen, der in die Natur eingeht, ohne in ihr aufzugehen, und pneumatologisch von einem Geist zu reden, der als heiliger, als Gottesgeist auch in der Natur und Materie wirkt. Das trinitarische Denken ist eine theologische Ermöglichung für ein Gottesbild, bei dem Immanenz und Transzendenz, Natur und Übernatur nicht mehr im Gegensatz zueinander stehen, in dem natürliche und übernatürliche Gotteserkenntnis vereint werden[34].

Das trinitarische Symbol kann zumindest der innertheologischen Verständigung dienen. Das Symbol der drei Aspekte Gottes hält dem Theologen den Rücken frei, wenn er sich auf Sprache und Denken des Naturwissenschaftlers einläßt, vom Deus Evolutor (Teilhard de Chardin) spricht oder von dem Gott, der im Weltwerdeprozeß, in der Selbstorganisations-Dynamik erscheint (E. Jantsch, F. Cramer). Für den Christen ist also der transzendente Gott, der sich in Jesus Christus offenbart hat, zugleich ein immanenter und natürlicher Gott, der der natürlichen Gotteserkenntnis zugänglich ist. Die natürliche Theologie steigt mittels der Vernunft auf von der Natur zu Gott hin. Die Theologie der Natur dagegen denkt gleichsam von oben nach unten: aufgrund der Wortoffenbarung weiß sie von der Präsenz Gottes in der Natur, in der Materie, in der Evolution des Universums, des Lebens, des Menschen und des Geistes.

Die Theologie der Natur braucht die natürliche Theologie der Naturwissenschaftler: sonst würde sie den ihr nur aus dem Wort bekannten Gott in der Natur nicht wiederfinden. Aber die natürliche Theologie braucht auch die Theologie der Natur: sonst würde sie das Lenkende und Planende, das Geheimnisvolle und Wunderbare in der Natur überhaupt nicht als „Gott" identifizieren – die meisten Naturwissenschaftler kommen ja auch ohne diese Deutung aus. Mit anderen Worten: der Glaube braucht die Vernunft, und andererseits braucht die Vernunft auch die biblische Offenbarung. Einerseits braucht der Glaube die Naturwissenschaft und die Philosophie, um den Bezug Gottes zur natürlichen Wirklichkeit unserer Welt und zu ihrer vernünftigen Struktur nicht aus den Augen zu verlieren, um Gott nicht übernatürlich und den Glauben nicht unvernünftig werden zu lassen. Aber andererseits braucht die Vernunft auch die Chri-

---

[33] So *G. Altner,* Die Überlebenskrise in der Gegenwart, Darmstadt 1987, 150f., gegen Überlegungen des Verf. Dazu S. M. Daecke, Gott in der Natur? Kontroversen im Dialog zwischen Theologie und Naturwissenschaft, in: Evangelische Kommentare 1987, 624–627.

[34] *S. M. Daecke,* Gott in der Natur, in: Pastoraltheologie 1988, 29–43.

stus-Offenbarung, um „den Gott der Vernunft“, den „natürlichen“ Gott, überhaupt als *Gott* erkennen und von der *natürlichen* Welt unterscheiden zu können.

Wenn nun aber der Glaube die Vernunft braucht: Ist dann die Vernunft nicht mehr, wie bei Luther, des „Teufels Hure“? Wenn der Glaube die Vernunft braucht, darf er sie doch nicht mehr als Bestie erschlagen? Doch Luther meinte damit nur diejenige Vernunft, die sich selbst auf Gottes Thron, an Gottes Stelle setzen und wie Gott sein möchte. Diese Spielart der wissenschaftlichen Vernunft, die, ihre Grenzen überschreitend – etwa in der Kosmologie –, Gottes Plan erkennen, die – etwa in der Gentechnologie – sich selbst als Schöpfer an die Stelle Gottes des Schöpfers setzen will[35], die gibt es in der Tat. Aber durch eine solche Grenzüberschreitung und einen solchen Mißbrauch sind nicht *die* Vernunft, auch nicht *die* Physik und nicht *die* Gentechnologie diskreditiert. Es ist mißverständlich, wenn Luther die Vernunft schlechthin verurteilt.

Selbst die autonome, mündige Vernunft, die sich von der Unterordnung unter die Wort-Offenbarung und den Glauben emanzipiert hat, darf als solche nicht verteufelt werden. Denn die neuzeitliche Vernunft kann nur autonom und mündig sein. Das ist das Erbe der Aufklärung, mit dem wir heute leben müssen – oder vielmehr leben dürfen, denn mit einer dem Glauben nur dienenden Vernunft ist uns nicht mehr gedient. Ein widervernünftiger oder auch nur unvernünftiger, ein unaufgeklärter Glaube, der Gottes übernatürliche Offenbarung in Gegensatz zur Naturerkenntnis setzt, ist kein der biblischen Botschaft angemessener Partner. Der Gott der Offenbarung *ist* der Gott der Vernunft. Ob man Gott aus der Natur erkennen kann, wird umstritten bleiben. Aber ganz sicher kann der Glaube ihn in der Natur *wieder*erkennen.

Unser Gottesbild umfaßt *beide* Aspekte Gottes, den universalen und den persönlichen, den kosmischen und den geschichtlichen Gott. Gott hat zwar „den Glauben in unser Herz, aber auch den Verstand in unser Hirn gesenkt“ (Schalom Ben-Chorin[36]). Das „natürliche“ Gottesbild ist das Gottesbild des Kopfes, des „Hirns“, das „persönliche“ Gottesbild aber ist dasjenige des Herzens. Die „natürliche“ Gotteserkenntnis ereignet sich intellektuell, die Begegnung Gottes im Menschen jedoch existentiell. Die Urkraft des Universums erfahre ich mit der Vernunft, den menschlichen Gott in Jesus aber im persönlichen Engagement. Den Gott in der Natur erkenne ich, den persönlichen Gott erkenne ich *an* als *meinen* Gott.

---

[35] Vgl. *ders.*, Der Mensch als Mitschöpfer (s. o. Anm. 25).

[36] *Schalom Ben-Chorin*, in: F.A.Z. vom 25.02.1989.

VIII
Evolution als Offenbarung – Kann man Gott aus der Natur erkennen?

Zusammenfassung eines Gesprächs *

Teilnehmer:
PROF. DR. CARSTEN BRESCH, Genetiker, Universität Freiburg i. Br.;
PROF. DR. SIGURD DAECKE, evangelischer Theologe, Rheinisch-Westfälische Technische Hochschule Aachen;
PROF. DR. GÜNTHER KREIL, Biochemiker, Österreichische Akademie der Wissenschaften, Salzburg;
PROF. DR. BÉLA WEISSMAHR SJ, Philosoph und katholischer Theologe, Berchmanskolleg München.
Moderation:
DR. GÜNTHER SCHIWY, Schriftsteller, Steinebach (Wörthsee).

SCHIWY: Kann man Gott aus der Natur erkennen, und zwar aus einer Natur, die, wie wir heute wissen, in unentwegter Entwicklung begriffen ist und ungeheure Ausmaße angenommen hat gegenüber dem, was wir früher von der Natur gewußt haben? Diese Frage, ob man Gott aus der Natur erkennen kann, hat schon seit jeher die Menschen bewegt, von der Antike bis heute. Die Theologen haben immer wieder gesagt, das kann man. Und moderne Naturwissenschaftler haben gesagt, das kann man nicht mehr. Herr Bresch, Sie sind bekannt als Evolutionsforscher, Sie kennen die Evolution sehr gut, haben sich ein Leben lang damit befaßt. Meine Frage: Hat diese Arbeit Sie religiös gemacht, wenn Sie vorher nicht religiös waren – oder sind Sie, wenn Sie vorher geglaubt haben, jetzt Atheist geworden?

Religiös durch naturwissenschaftliche Forschung?

BRESCH: Mehr das erste. Ich bin im evangelischen Elternhaus groß geworden und habe dann im Konfirmandenunterricht gelernt, daß man Gott nicht durch Vernunft erkennen kann – es war die Zeit der

* Dieses interdisziplinäre Gespräch wurde im Rahmen der Sendereihe „Disputationes“ des ORF-Fernsehens, Landesstudio Salzburg (Redaktion: Dr. Hans Spatzenegger), am 26. April 1989 gesendet.

Karl Barthschen Dominanz in der evangelischen Kirche –, sondern daß man einfach glauben müßte. Ich war schon als Schüler so naturwissenschaftlich orientiert, daß mir das so sehr gegen den Strich ging, daß ich das Christentum vergessen habe. Ich habe Naturwissenschaft studiert, Physik erst und dann Biologie, habe mich eigentlich Jahrzehnte lang als Agnostiker gefühlt, und dann habe ich angefangen, mich mit Evolution zu beschäftigen. Dann ging das große Wundern los, und ich habe so viele Dinge gefunden, die mich wundern ließen, daß ich dabei – muß ich sagen – religiös geworden bin. Das bedeutet aber keine Rückkehr zum Christentum.

SCHIWY: Vielen Dank. Darf ich die gleiche Frage an den anderen Naturwissenschaftler stellen, der unter uns ist? Sind Sie religiös geworden durch Ihre Forschungsarbeit?

KREIL: Je naturwissenschaftlicher man denkt und je mehr man sich auch mit Evolutionstheorie befaßt, um so weniger braucht man einen Schöpfer, braucht man irgendein Wesen, das da Hand anlegt. Wir haben natürlich noch große Lücken in unserem Verständnis der Evolutionstheorie, um die es ja heute speziell gehen soll, aber wir schließen die in einem erstaunlich raschen Maße. Ich habe vor ungefähr 30 Jahren während meiner Dissertation das erste Mal begonnen, über Evolution und Evolutionstheorie nachzudenken, und in diesen Jahrzehnten ist erstaunlich viel passiert. Das Prinzip von Zufall und Notwendigkeit hat sich in wirklich überraschender Weise immer wieder bestätigt, und die neuen Entdeckungen, gerade der Gentechnik der letzten zehn Jahre, haben das in hohem Maße verstärkt.

SCHIWY: Vielen Dank, wir kommen noch auf die Wunder oder Nicht-Wunder der Evolution zu sprechen. Ich möchte jetzt die Theologen und Philosophen fragen, zuerst Professor Daecke. Sie sind evangelischer Theologe, und kann es sein, daß Sie sich gesagt haben: Ich befasse mich jetzt mit der Evolution, das ist so eine wunderbare Sache, und wenn ich das den Leuten sage, dann fangen sie auch wieder an, an Gott zu glauben. Ist das die Motivation, die Sie gehabt haben, um sich als Theologe mit Naturwissenschaften zu befassen?

DAECKE: Nein, der Glaube braucht die Beschäftigung mit der Natur, weil die Natur ja das ist, was von Gott geschaffen ist. Und um das kennen zu lernen, was nach dem christlichen Glauben Gott geschaffen hat, muß ich die Naturwissenschaftler fragen. Es war verhängnisvoll, daß der Glaube, wie er es zeitweise getan hat, mit dem Wort Carl Friedrich von Weizsäckers, die Natur den Naturwissenschaften zum Fraße hingeworfen hat, um sich nur noch mit Gott und dem Menschen zu beschäftigen.

BRESCH: Was meinen Sie, Herr Daecke, wenn Sie sagen: „was Gott geschaffen hat"? Sie sind kein Kreationist, soweit ich das weiß.

SCHIWY: Was heißt „Kreationist"? Wer ist das?

BRESCH: Kreationist wäre jemand, der die Worte der Bibel wörtlich nimmt und in dem Schöpfergott so etwas wie einen Super-Handwerker sieht, der eine Tierart nach der anderen macht und dann die Parasiten für all die Tiere und dann die Parasiten für Parasiten und so weiter: das wäre ein Kreationist. Aber Sie sind doch überzeugt, daß eine Evolution gelaufen ist, Herr Daecke?

DAECKE: Selbstverständlich! Schöpfungsglaube und Evolutionstheorie sind keine Gegensätze, wie diese Kreationisten meinen, die heute die Evolutionstheorie ablehnen und behaupten, die Erde wäre gemäß dem biblischen Schöpfungsbericht vor etwa 4000 oder 8000 Jahren geschaffen worden. Sondern nach allgemeinem Verständnis der Theologie, heute auch der katholischen, schafft Gott *durch* die Evolution.

SCHIWY: Herr Weissmahr, Sie befassen sich auch mit Naturwissenschaft, sind aber Philosoph.

WEISSMAHR: Ich bin Theologe, aber doziere seit geraumer Zeit ausschließlich Philosophie. Mein Forschungsgebiet sind Grundlagenfragen und darin auch das, was man traditionell „natürliche Theologie" genannt hat. Ich bin überzeugt und meine es wirklich nachweisen zu können, daß das Phänomen der Evolution in einer ganz bestimmten und früher so nicht gekannten Weise auf einen Schöpfer hinweist, der allerdings nicht als ein von der Welt getrennter Schöpfer, sondern als innerhalb der Welt wirkender Schöpfer aufzufassen ist, mit dem Wort von Teilhard de Chardin: „Gott macht, daß die Dinge sich selbst machen."

Wunder der Evolution?

SCHIWY: Ja, aber was ist denn mit den Wundern der Evolution? Wollen wir nicht versuchen, diese Wunder etwas zu beschreiben, wenn es geht, damit wir Herrn Kreil heute abend noch bekehren, wenn es nötig ist – oder er uns bekehrt, daß es gar keine Wunder sind?

KREIL: Wenn wir uns Evolution anschauen, so ist es das Unvollkommenste, was es gibt. Es ist etwas, was mit der höchsten Fehlerrate arbeitet, die man sich vorstellen kann. Es wird geschätzt, daß es für jede lebende Art ungefähr 500 ausgestorbene gibt. Also Aussterben ist sozusagen die natürlichste Sache der Welt. Die Evolution ist sehr aperiodisch verlaufen. Es hat Perioden gegeben, wo eine große Vielfalt von Lebewesen da war, die dann innerhalb – in geologischen Zeiträumen gesehen – kurzer Perioden auf sehr wenige zusammengeschrumpft ist.

SCHIWY: Ja, aber ein Künstler, der etwas Gutes bringt, muß viel probieren, oder? Wie ist das mit den vielen Abfallprodukten der Evolution?

KREIL: Wenn ich mich an meinen Katechismusunterricht erinnere, so war eine gewisse Vollkommenheit schon immer dabei. Es hat geheißen, daß das etwas sei, was doch mit einigem Können gemacht wurde. Dagegen will ich einen französischen Nobelpreisträger zitieren, François Jacob, der sich viel mit Evolutionstheorie befaßt und der gesagt hat, wenn er Evolution mit einer menschlichen Aktivität vergleichen müßte, so würde ihm nie und nimmer ein Ingenieur einfallen, sondern es wäre eher ein Pfuscher, ein Bastler, jemand, der alle möglichen Dinge für alle möglichen Sachen verwendet.

SCHIWY: Herr Daecke, sind wir als Menschen heute das Ergebnis eines Pfuschers? Haben Sie den Eindruck? Sie sind doch Theologe, Sie müssen doch den lieben Gott jetzt verteidigen, der hier als Pfuscher bezeichnet wird!

DAECKE: Ich glaube, Herr Kreil, Sie sprechen hier nicht von *Gott,* Sie haben nicht *Gott* als Pfuscher bezeichnet, sondern den Prozeß der Evolution.

KREIL: Ja, ich rede von der Evolution.

SCHIWY: Aber Gott ist doch verantwortlich für diese Evolution, oder nicht?

WEISSMAHR: Ich würde dem glatt widersprechen, wenn Sie sagen, Evolution ist das Unvollkommenste, was es gibt. Immerhin, die Evolution hat *uns* zustande gebracht, und ich meine wirklich, ich bin so eingebildet, daß ich meine, wir sind ziemlich vollkommene Wesen – trotz allem!

BRESCH: Ich möchte noch einmal sagen, was Evolution ist. Meistens wird ja unter Evolution selbst heute noch verstanden: Darwin. Was hat Darwin beschrieben? Die Stammesentwicklung der Vielzeller. Das ist selbst von der biologischen Evolution bloß ein kleiner Teil. Evolution ist in den heutigen Augen, und das meinen Sie sicher auch, sehr viel mehr. Evolution fängt damit an, daß ein Universum erst einmal da ist, und in diesem Universum sich Galaxien, also Milchstraßensysteme bilden, daß Sterne entstehen, und in diesen Sternen werden Atomkerne gekocht, im wahrsten Sinne des Wortes.

Kreil: Ich meine das nicht, aber ...

Bresch: Das ist aber Evolution!

Kreil: Das hat nur den Namen Evolution zufällig gemein in der deutschen Sprache.

Bresch: Das glaube ich nicht!

Kreil: Die Evolution eines Spiralnebels ist etwas anderes als die Evolution der Lebewesen.

Bresch: Zum Thema Leben komme ich gleich. Aber zunächst entsteht in den Sternen die erste Komplexität in Form von Atomkernen. Dann werden durch Supernova die „gekochten" Atomkerne, höhere Atomkerne in den Raum hinausgeschleudert, und dann bilden sich aus diesen Produkten sekundär wieder neue Sonnensysteme. Die meisten Atomkerne – vom Wasserstoff abgesehen, Herr Kreil – stammen aus einer solchen Supernovaexplosion. Ich möchte das schöne Wort von Teilhard, „Komplexifikation", hier erwähnen. Das Wort bedeutet: die Evolution besteht darin, daß immer komplexere Dinge gebildet werden. Und die Komplexität fängt eben in den Sternen an mit einfachen Atomkernen, zu denen kommen später Hüllen, dann kommt die nächste Stufe, nämlich, daß dieses Produkt, das aus den Sternen herauskommt, sich zusammentut zu Molekülen – eine zweite Integration. Dann werden diese Moleküle zu Polymeren – wie Sie, Herr Kreil, als Biochemiker besser wissen –; aus Polymeren werden dann immer größere Gebilde, und schließlich kriegen wir Zellen, und Zellen werden zu Vielzellern. Das heißt, es passiert immer wieder derselbe Prozeß, daß aus bisher unabhängigen Teilelementen ein neues Ganzes höherer Stufe wird. Vom Kochen der ersten Atomkerne bis zur menschlichen Gesellschaft ist es eine ganze Kette von stufenförmigen, hierarchischen, also aufeinander folgenden Integrationen, Zusammenschlüssen.

Evolution – naturwissenschaftlich, philosophisch, theologisch

Schiwy: Bedeutet das, daß die Evolution gerichtet ist? Wenn ich in der Rückschau sehe, daß immer weitere Komplexe entstanden sind, immer höhere bis hin zu uns, so kann man doch rückblickend eine Richtung erkennen – oder wie sehen Sie das?

KREIL: Das ist eine Frage, die, glaube ich, naturwissenschaftlich heute nicht zu klären ist: ob die Komplexität, der Übergang von einfachen zu komplexeren Systemen, ob das etwas ist, was der Materie inhärent ist oder nicht, ob es sich hierbei um Zufallsereignisse handelt, die einen mehr oder weniger großen Seltenheitswert haben, oder ob das etwas ist, was zwangsläufig erfolgen muß. Ich glaube nicht, daß wir das entscheiden können.

WEISSMAHR: Ich würde Evolution philosophisch so definieren: Evolution ist das Entstehen eines Höheren, eines Vollkommeneren. Hier muß ich natürlich schon ein wertendes Moment hereinbringen. Ich weiß, das ist in der Naturwissenschaft eigentlich verpönt. Ich werde vielleicht später erklären können, warum ich das hier tue und tun muß. Jedenfalls, Evolution ist das Entstehen des Höheren aus dem Niedrigeren, und zwar so, daß das Höhere zwar aus dem Niedrigeren entsteht, aber darauf nicht ohne weiteres zurückgeführt werden kann. Also Emergenz, aber keine Reduktion. Von Emergenz spricht man, wenn etwas Höherstehendes aus Niedrigerem entsteht, und von Reduktion spricht man, wenn man dieses Höhere voll und ganz auf Niedrigeres zurückführen kann.

SCHIWY: Ja, Herr Daecke, ist es so, daß die traditionelle Theologie gesagt hat: Dieses Vollkommenere, das ich nicht durch Reduktion erklären kann, also nicht auf die Bestandteile zurückführen kann, die vorher da waren – das kommt dann direkt von Gott. Also zum Beispiel die menschliche Seele oder das Lebensprinzip in der Pflanze usw. Stimmt das?

DAECKE: Ja, die traditionelle Theologie setzt zunächst mal umgekehrt an wie die These von der Evolution. Sie sagt, daß am Anfang Gott die Welt vollkommen geschaffen hat. Dann kam die menschliche Sünde dazu – das alte Symbol des Sündenfalls –, und dann ging's bergab, und dann sandte Gott seinen Sohn, kam die Menschwerdung, und die Welt wurde erlöst. Also vollkommenes Geschaffensein, Abstieg und Erlösung, während die Evolutionslehre ja – wenn ich sie recht verstehe – von einem allmählichen Werden spricht. Das wäre eine Entwicklung vom Unvollkommenen hin zum Vollkommeneren. Und das scheint in der Tat die dem Schema von Schöpfung und Fall genau entgegengesetzte Richtung zu sein: nicht abwärts, sondern aufwärts. Ich weiß nicht, ob Sie „Aufstieg" sagen würden, aber dieses Komplexer-Werden kann man wohl in gewissem Sinne als Aufstieg bezeichnen.

BRESCH: Ob „Aufstieg", das wäre eine zweite Frage. Ich wollte erst einmal Herrn Kreil davon überzeugen, daß tatsächlich dieses von

Stufe zu Stufe immer Komplexer-Werden in der Natur beobachtbar ist. Und wenn wir immer von Komplexität reden, da kann man fragen: was ist denn überhaupt Komplexität? Ich habe ein Jahr meines Lebens damit zugebracht, eine Mathematik für Komplexität zu entwickeln. Ich bin daran gescheitert. Das habe ich nicht geschafft. Vielleicht schafft es mal irgend jemand. Man kann Komplexität bloß so erklären, daß man sagt: Wenn du sehr lange reden mußt, um ein Ding zu beschreiben, dann ist es komplex, und je länger du reden mußt, um es zu beschreiben, desto komplexer ist es. Man kann auch die Zahl der Elementarteilchen bestimmen. Herr Kreil, wenn Sie die Zahl der Elementarteilchen schätzen, die Ihrer Meinung nach am Beginn des Lebens der allererste Protobiont, das Urlebewesen, gehabt hat, dann die eines Bakteriums, dann die von späteren Organismen und so weiter, so würden Sie zu Ihrer Überraschung feststellen, daß das – im halblogarithmischen Maßstab aufgetragen – recht genau eine Gerade liefert mit einer Verdoppelungszeit von 50 bis 60 Millionen Jahren.

Kreil: Wobei die Frösche an oberster Stelle stehen!

Bresch: Die Frösche? Warum?

Kreil: Weil die Frösche zum Teil hundertmal mehr DNA haben als wir.

Bresch: Ich habe ja nicht von DNA geredet, sondern von der Gesamtheit des Individuums, der Gesamtheit der Elementarteilchen.

Kreil: Also je größer, um so besser! Aber dann waren die Saurier ja noch viel größer!

Bresch: Ja, da hat es einen kleinen Rückschritt gegeben. Aber da der Mensch ja die Horde gebildet hat, müssen wir heute die Menschheit als Gesamtmenschheit ansehen, denn wir sind ja schließlich ein Verbundsystem. Kein Mensch könnte heute noch allein leben. Wir leben als *eine* riesige Menschheit, was ja auch unsere Probleme mit sich bringt.

Schiwy: Herr Kreil, kann es sein, daß die Tatsache, daß Sie soviel Schrott, Abfall in der Evolution feststellen, mit der alten theologischen Lehre – ich möchte jetzt nicht gleich sagen vom Sündenfall, aber – von der Unvollkommenheit der Welt zu tun hat, die durch Gottes Gnade, wie es dann heißt, zur Vollendung kommt? Und ist das nicht ein Gedanke, den auch ein Naturwissenschaftler ernstnehmen muß: Wenn die Welt, das Universum sich aus irgendeinem Anfang mit Anfangsbedingungen entwickeln muß, das aber nicht determiniert geschieht, also nicht fertig auf eine Schiene gestellt abläuft, sondern es ein tastendes Suchen und Versuchen gibt, dann muß das ja vom Naturwissenschaftler festzustellen sein.

KREIL: Sie können da möglicherweise einen sehr weit gefaßten Gottesbeweis hineinlesen. Mir scheint es eher – wie heute Biologen, Biochemiker, Molekularbiologen und Paläontologen die Evolution verstehen –, daß sie so ausgerichtet war, daß es offensichtlich ein maximales Durchspielen von Möglichkeiten geben mußte, und zwar möglichst rasch und in möglichst kurzen Zeiträumen. Und das verstehen wir immer besser, wie dieses Lotteriespiel abgelaufen ist und wie in einem relativ kurzen Zeitraum eben sehr viele Möglichkeiten ausprobiert werden konnten.

Macht die Evolutionstheorie Gott überflüssig?

DAECKE: Herr Kreil, Sie sagten erst in Ihrer Einleitung, als Sie sich auf die Frage von Herrn Schiwy hin vorstellten, daß diese Erfahrung der Evolution – im Gegensatz zu dem, was Herr Bresch gesagt hat – bei Ihnen den Glauben oder die Religion überflüssig gemacht hat. Wie ist das zu verstehen?

KREIL: Es gab Dinge, die uns rätselhaft erschienen: etwa, wie entsteht eine so komplexe Information, wie sie ein einzelnes Eiweißmolekül darstellt? Das war in den fünfziger Jahren rätselhaft. Heute wissen wir, diese Dinge sind alt, sie gehen in der Evolution zurück über hunderte Millionen von Jahren. Sie sind in einfachen Paketen entstanden, aus kleinen Elementen zusammengebaut worden, die ausgetauscht werden, die sich verdoppeln, die herumspringen. Die gesamte Organisation der genetischen Information, die in jeder Zelle von uns enthalten ist, die verstehen wir heute viel besser, und wir verstehen auch den Zufallsgenerator, der da drinnen ist. Und es ist eine der erstaunlichsten Erkenntnisse der letzten Jahre – sie gilt ganz generell für tierische und pflanzliche Organismen –, daß nur ein geringer Teil dessen, was wir an DNA, an genetischer Information in unseren Chromosomen tragen, daß nur ein geringer Bruchteil, nur einige Prozent davon wirklich gebraucht werden. Der Rest ist offensichtlich das Spielfeld der Evolution. Wir können es gar nicht anders interpretieren. Der Rest ist nur da, um Möglichkeiten durchzuspielen. Und wenn man heute die Chromosomen eines tierischen Organismus oder eines Menschen analysiert, so findet man dort die Müllhalde der Evolution.

BRESCH: Aber das ist doch wunderbar, wenn aus dem Müll wieder etwas gebaut werden kann!

Kreil: Daher auch mein Vergleich, der Vergleich von François Jacob, mit dem Bastler. Der Ingenieur dagegen hat einen Plan, der hat präzise vorgefertigte Teile, aus denen er seine Maschine baut.

Bresch: Es gibt verschiedene Techniken. Es gibt den Professor Rechenberg in Berlin, der hat Techniken entwickelt, wo er durch Zufallsmechanismen beste Flugkörper entwickelt. Das kann man. Die Benutzung des Zufalls kann durchaus das Ganze weiterbringen. Wenn ein Ingenieur ein neues Auto konstruieren will, wird auch alles Mögliche gedanklich ausprobiert. Und wenn Sie vorhin gesagt haben, es gibt massenweise Schrott und Abfall in der Evolution – absolut richtig! Auf jeden positiven kleinen Mutationsschritt wird es tausendmal soviel Murks geben, Mißbildungen, Defekte und so weiter. Aber diese Defekte vermehren sich nicht, und das ist faszinierend. Evolution ist ja nicht bloß diese Veränderung im Erbgut, sondern auch immer wieder die Selektion, das heißt die Auswahl dessen, was besonders geeignet ist. Und aus dieser Kombination von Zufall und Notwendigkeit, wie Goethe schon gesagt hat, daraus entwickelt sich dann die ganze Sache zu höherer Komplexität.

Daecke: Herr Kreil, Sie wollten ja erklären, warum Gott für Sie überflüssig geworden ist. Verstehe ich Sie recht, wenn sie sagen wollten: durch eben diesen Fortschritt der naturwissenschaftlichen Erkenntnis, dadurch, daß durch die Naturwissenschaft immer mehr erklärbar wurde, dadurch ist Gott, der Schöpfer, für Sie überflüssig geworden?

Kreil: Evolution ist ja ein Thema, das im Zentrum der Weltanschauung, glaube ich, eines jeden Menschen steht: Woher kommen wir, und haben wir uns wirklich vor wenigen Millionen Jahren vom Affen her entwickelt? Oder ist da ein besonderer Akt in der Schöpfung passiert, bei dem der Mensch gebildet wurde und eine Seele bekommen hat und alle diese Dinge, wie uns die Theologie das lehrt? Das nicht, würde ich behaupten. Aber sie können mich gerne korrigieren.

Weissmahr: Habe ich Sie richtig verstanden, daß die Erschaffung der Seele mit der Evolution nichts zu tun hat? Aber das Erschaffen und Entstehen der Seele ist nach meiner Ansicht auch ein Schritt im evolutionären Prozeß. Das heißt, etwas kann Produkt der Evolution sein und trotzdem etwas wirklich Höheres, etwas wirklich qualitativ anderes sein.

Bresch: Mit „Seele“ habe ich Schwierigkeiten, ich kann das nicht nachvollziehen. Ich meine, daß man von intellektueller Information reden sollte, von Gedächtnis, von Dingen, die wir im Gehirn speichern, die früher nicht da waren und später dazu gekommen sind: eben vom Gehirn, das Lebenserfahrung aufbewahren und benutzen kann, zum besseren Überleben des Individuums.

Weissmahr: Das ist ausgezeichnet, aber zu wenig.

Kreil: Wenn man die Evolution der Arten und des Menschen im besonderen sich anschaut, so besteht keinerlei Grund, in irgendeiner Weise eine Sonderstellung des Menschen anzunehmen. Über 98 Prozent unserer genetischen Information sind mit der eines Schimpansen identisch. Es besteht keinerlei Grund, daß wir da etwas Besonderes annehmen, das die Evolution des Menschen verglichen mit anderen Arten auszeichnet.

Bresch: Aber das ist jetzt rein quantitativ ausgedrückt.

Kreil: Doch es ist für manche Leute eine beunruhigend hohe Zahl.

Daecke: Aber was die bloße Natur des Menschen betrifft, so würde wohl jeder Theologe Herrn Kreil zustimmen.

Bresch: Es heißt ja oft bei den Kreationisten, daß es keine Zwischenglieder gibt zwischen dem Affen und dem Menschen. Es gibt aber nirgends so viele Zwischenglieder wie zwischen dem heutigen Menschen und dem Australopithecus zum Beispiel. Wir haben Schädel en masse in allen Schattierungen. Wir haben so viele, daß es schwer ist, richtige Linien reinzubringen.

Kreil: Die aber zum Teil eben tote Enden sind!

Bresch: Absolut, aber der Mensch war meiner Ansicht nach - ich weiß nicht, ob Sie da zustimmen, Herr Kreil - eifrig dabei, alles um ihn herum aus Konkurrenzgründen umzubringen, und wir sind heute wieder dabei, zuzugucken, wie die Menschenaffen verschwinden. Und wenn die vier Menschenaffenarten, die jetzt noch da sind - von Berggorillas gibt es nur noch 300 Stück -, aussterben, wenn man sieht, wie diese letzten Menschenaffen dabei sind zu verschwinden, dann sind wir bald noch weiter aus dem Tierreich heraus, weil die nächsten Verwandten, die wir im Tierreich haben, dann auch noch umgebracht sind.

Schiwy: Aber das war doch ein Grund, weshalb die Theologie daran festgehalten hat, daß es so etwas wie Seele gibt, und sie hat noch einmal unterschieden zwischen der pflanzlichen Seele, der Seele des Lebendigen und der geistigen Seele des Menschen. Sie wollte damit zunächst nur einen Qualitätsunterschied festhalten eben gegenüber dem Schimpansen. Wir haben jetzt Verantwortung für die Zukunft der Evolution, soweit sie sich in uns bündelt und mündig wird, und der Schimpanse hat sie nicht. Da muß man doch einen Qualitätsunterschied festmachen.

Die Evolutionstheorie ist in ihrem Kern richtig

WEISSMAHR: Meiner Ansicht nach ist die entscheidende Frage, die ich sowohl an Herrn Kreil als auch an Herrn Bresch richten möchte: sind unsere Erkenntnisse hinsichtlich der Evolution gültig? Ja oder nein?

BRESCH: Es gibt im Detail immer Streitereien unter Fachleuten. Wo gibt es zwei Wissenschaftler, die genau dieselbe Meinung vertreten? Aber 95 Prozent aller Naturwissenschaftler sind fest davon überzeugt, daß wir die wesentlichen Grundlagen der Evolution heute voll verstanden haben.

KREIL: Es ist sicher so, daß Evolution sich im Verlaufe von so und so viel hundert Millionen Jahren auf diesem Planeten abgespielt hat. Da besteht überhaupt kein Zweifel. Das zweite, was meiner Meinung nach mindestens genauso wichtig ist, ist die Tatsache, daß das Leben auf diesem Planeten offensichtlich auf eine gemeinsame Wurzel zurückgeht, daß also letztlich nur eine Form zur Urzelle, zum Stammvater alles dessen wurde, was auf diesem Planeten existiert. Alles andere würde derartig komplizierte Zusatzannahmen und dergleichen erfordern. Ich glaube, diese Auffassung ist Allgemeingut.

WEISSMAHR: Ausgezeichnet. Meine Frage geht nämlich ganz genau in diese Richtung. Meinen Sie, daß die Evolutionstheorie, also die Lehre, daß tatsächlich Evolution stattgefunden hat, eine noch revidierbare Theorie ist? Meinen Sie, daß sie noch falsifizierbar wäre?

KREIL: Im Prinzip ja. Wenn Sie heute unter dem Gestein des Kambriums Fossilien von höheren Säugern finden, das würde die Evolutionstheorie in große Probleme bringen. Dann würden wir mit dem zeitlichen Ablauf offensichtlich nicht richtig liegen.

WEISSMAHR: Ja, aber es geht mir nicht um Einzelheiten. Würden Sie sagen, Evolutionstheorie ist auch heutzutage noch nicht mehr als eine Hypothese, die in ihrer Grundaussage falsifiziert werden kann?

KREIL: Ich glaube, daß sie in ihrem Kern richtig ist. Sie wollen auf die erkenntnistheoretische Frage hinaus. Ist sie eine wissenschaftliche Theorie im Popperschen Sinn, das heißt, ist sie falsifizierbar oder nicht?

Bresch: Sie ist im Prinzip falsifizierbar. Aber wir sind alle fest davon überzeugt, daß das niemals eintreten wird. Um Ihnen ein Beispiel zu geben: Wir haben zwei Stammbäume. Der eine ist der uralte: Aufgrund des genauen Anschauens der Gestalt der Individuen (wie sieht das aus?) hat man einen Stammbaum von Verwandtschaft hergestellt. Und die heutige Molekulargenetik – Herr Kreil ist Experte – hat mit Hilfe von Proteinen oder Nukleinsäuresequenzen feststellen können: was ist mit wem verwandt? Jetzt könnte es theoretisch passieren, daß der Stammbaum, den wir molekulargenetisch finden, ein total anderer ist als der, der bisher in der Evolutionstheorie behauptet wurde. Das wäre der Zusammenbruch der gesamten Evolutionstheorie. Das heißt: Man ist nicht im Recht, wenn man meint, daß Evolutionstheorie nicht widerlegbar wäre. Es können durchaus Dinge passieren wie diese total verschiedenen Stammbäume, die in Widerspruch geraten, so daß jeder Naturwissenschaftler die Theorie aufgeben würde. Aber Herr Kreil ist genauso davon überzeugt wie ich, daß das nicht eintreten wird, und zwar gerade, weil wir im Laufe der Zeit immer neue Bestätigungen gefunden haben. Was ich eben als Beispiel der möglichen Falsifizierbarkeit erwähnt habe, ist ja gerade ein Beispiel der Bestätigung. Wir haben in den letzten beiden Jahrzehnten völlig unabhängig in der Molekulargenetik ganz parallele Stammbäume gefunden.

Weissmahr: Worauf ich aber hinaus will, ist tatsächlich eine etwas hinterlistige Frage, muß ich ehrlicherweise zugeben: Meinen Sie, daß es dem Menschen möglich ist, Erkenntnisse zu haben, zu Erkenntnissen zu kommen, die nicht revidierbar sind?

Bresch: Da muß ich den Philosophen fragen, da bin ich überfragt.

Kreil: Ich würde sagen: ja. Die Kugelgestalt der Erde ist nicht revidierbar. Wir haben es zuletzt aus dem Weltall beobachten können. Ja, die Hohlwelttheorie gab es, aber ich glaube, das ist endgültig ad acta gelegt.

Weissmahr: Der Mensch hat also unrevidierbare Erkenntnisse, dort wo wahr und falsch eindeutig zu unterscheiden sind. Da taucht etwas Unbedingtes im menschlichen Erkennen auf, und das ist dieses im Bereich des Lebewesens nicht auffindbare Plus, was bei dem Menschen als Intellektualität, als Vernunft da ist.

Schiwy: Ich glaube, darüber sind wir uns einig, daß der Mensch eine Sonderstellung hat, ganz gleich, wie man sie jetzt begründet. Sie versuchen das jetzt transzendentalphilosophisch, das kann man gut machen. Aber unser Thema ist ein bißchen anders. Ich darf jetzt

Herrn Bresch noch einmal fragen: Sie haben vorhin gesagt, ja, ich bin zwar religiös geworden, aber ich habe eigentlich nicht den Gott des Christentums, den ich als Konfirmand gelernt habe, wiedergefunden. Was ist das denn jetzt für ein Gott?

„Da wird man religiös"

BRESCH: Wenn man nachdenkt und grübelt, so ist das, was man erlebt, das ungeheure Wunder an vielen Stellen. Was nicht direkt zur Evolution gehört, aber was jetzt in einen Bezug zur Evolution gesetzt wird, ist eine ganz komische Betrachtung in der Physik. Seit vielleicht zehn Jahren betreibt man eine Physik des „was wäre, wenn ...?" Da kann man die Frage stellen: Wie wäre das denn eigentlich geworden, wenn die Schwerkraft zehnmal so stark wäre, als sie eigentlich ist? Also die Schwerkraft ist minimal im Verhältnis zu anderen Kräften, nämlich 10^{40}mal kleiner als die Kraft in einem Atomkern. 10^{40}mal kleiner: das ist eine 1 mit 40 Nullen! Unvorstellbar für unser Gehirn. Und wenn sie nun ein bißchen größer wäre, was wäre dann passiert? Das ist eine ganz neue Betrachtung in der Physik. Damit kann man keine Blumentöpfe gewinnen, weil man ja keine neuen Erkenntnisse gewinnt in der Physik, wenn man sagt: was wäre wenn ...? Und deswegen betreiben das nicht viele. Ein Beispiel: Was wäre gewesen, wenn die Schwerkraft größer gewesen wäre? Dann würden alle Sterne ganz schnell zu blauen Riesen werden und wieder zerpuffen. Es würde kein Stern so lange strahlen können, daß auf einem Planeten Leben entstehen könnte. Das ist also ein Beispiel, und so könnte man fortfahren: Was wäre, wenn die Lichtgeschwindigkeit anders wäre, größer oder kleiner, und welche Grenzen könnte sie haben? Diese Art, Physik zu betreiben, nennt sich „anthropisches Prinzip", vom griechischen *anthropos* hergeleitet, also das auf den Menschen bezogene Prinzip. Wenn man das macht, geht man von der Evolution aus, und deswegen betrifft das uns Evolutionsleute. Man geht von der Evolution aus und sagt: Wenn die Gesetze der Physik ganz anders wären, welche Wirkung hätte das auf die Evolution gehabt? Wenn man sich damit beschäftigt, dann kommt dabei heraus, daß es nicht nur die Evolution gibt, sondern daß diese Evolution auf dem Drahtseil stattgefunden hat. Und damit meine ich, daß es so wahnsinnig unwahrscheinlich ist, daß alle diese Dinge gerade so gut zusammenpassen. Und da wird man religiös.

SCHIWY: Warum?

BRESCH: Weil das etwas ungeheuer Bewundernswertes ist, was ich nicht verstehe. Karl Rahner hat einmal gesagt, Gott sei das unergründliche Geheimnis. Das klingt nicht so christlich. Ich meine, diese Aussage, Gott sei das unergründliche Geheimnis, könnte auch, zum Beispiel, ein Muslim von seinem Allah sagen. Insofern ist es genereller als das Christentum, wenn man dieses unergründliche Geheimnis dahinter schimmern sieht.

SCHIWY: Weil es so gut hineinpaßt, zwei Sätze: Valéry hat einmal kritisch gesagt, Gott hat die Welt aus nichts geschaffen, und das Nichts schmeckt durch. Teilhard de Chardin hat gesagt: Nicht die Epiphanie Gottes, das Auftauchen Gottes irgendwann einmal in Jesus Christus, ist das Entscheidende, sondern die Diaphanie. Er scheint überall durch.

KREIL: Der englische Biologe Haldane wurde gefragt – die Frage, die Sie eingangs gestellt haben –: Kann man aus der Natur Gott erkennen? Und die Antwort von Haldane war: Er muß eine maßlose Vorliebe für Käfer haben, weil das die häufigsten Arten sind, die es auf diesem Planeten gibt.

DAECKE: Herr Bresch, wenn jetzt Evolution für Sie Offenbarung ist – wer oder was offenbart sich Ihnen in diesem Geheimnis? Was ist es, worüber Sie sich da wundern?

BRESCH: Erst einmal ist in meinen Augen Offenbarung nicht so etwas, was auf den Tisch fällt, und dann steht es plötzlich da. Sondern Offenbarung ist, was ganz langsam durchschimmert. Man arbeitet sich so langsam heran und versteht immer ein bißchen mehr – und so ist das mit der Naturwissenschaft auch. Was sich da offenbart, ist eben dieses Unergründliche, dieses absolute Gefühl, dahinter steht eine ungeheure Sache, die für mich auch bloß ein unergründliches Geheimnis sein kann.

SCHIWY: Kann es sein, daß man zu einer solchen Erkenntnis als Naturwissenschaftler nur kommt, wenn man möglichst das Ganze ins Auge faßt?

BRESCH: Das könnte sein, vor allem, wenn man Dinge nicht als selbstverständlich nimmt. Man nimmt etwa Wasser, Wasser hat einen Dipol, Eis schwimmt oben, das nimmt man als selbstverständlich. In Wirklichkeit, wenn man sich ein bißchen mit dem periodischen System beschäftigt, ist Wasser die allerverrückteste Flüssigkeit, die man sich vorstellen kann. Und da fragt man sich: warum ist das so?

KREIL: Darf ich versuchen, es so zu formulieren, daß ich es auch verstehe? Das läuft ja dann darauf hinaus, daß Sie ein höheres Wesen irgendwo dort ansiedeln, wo die Naturgesetze gemacht wurden.

Die Naturwissenschaft als sicherer Weg zu Gott

DAECKE: Das wollte ich auch fragen. Sie sprechen von „Offenbarung". Und mit dem Begriff „Offenbarung" verbindet man doch meistens Gott. Gott ist es, der sich offenbart. Würden Sie dieses Geheimnis, dieses „unergründliche Geheimnis", von dem Sie sprechen – Portmann hat es ganz ähnlich formuliert –, würden Sie das *Gott* nennen? Der englische Physiker Paul Davies spricht vom großen Plan, der sich in der Natur offenbart. Das führt wieder zum „anthropischen Prinzip", das Sie vorhin erwähnten. Der Neurobiologe und Nobelpreisträger John Eccles spricht in seinen Gifford Lectures, in denen es ihm auch um natürliche Theologie geht, ebenfalls vom „großen Plan" und von der „göttlichen Vorsehung", die sich in dieser wunderbaren Entwicklung äußert. Aber alle gehen nicht bis zur konkreten Aussage von einem personalen Gott. Paul Davies spricht vom Plan, aber nicht vom Planer, er spricht vom schöpferischen Prozeß, der in der Natur erkennbar ist, aber nicht von einem Schöpfer. Und trotzdem schreibt Davies in seinem Buch „Gott und die moderne Physik" diesen doch wohl stärksten Satz natürlicher Theologie in unserer Zeit, daß die Naturwissenschaft ein sichererer Weg zu Gott ist als die Religion. Würden Sie das auch sagen?

BRESCH: Das würde ich voll unterschreiben. Vor allen Dingen, weil es ja nicht *die* Religion gibt, sondern viele Religionen. Es gibt auch eine Evolution des Christentums mit so und so viel Verzweigungen, und es gibt andere Religionen. Aber wenn man „Gott" sagt, so ist in unserem Kulturkreis damit der christliche Gott gemeint. Das stört mich. Ich würde lieber von „Alpha" sprechen und Alpha kein Geschlecht zuordnen. Gott heißt immer „er". Woher wissen wir das alles?

DAECKE: Seit es die „feministische Theologie" gibt, darf man aber nicht mehr „er" sagen, wenn man von Gott spricht, zumindest nicht in Amerika.

BRESCH: Deswegen spreche ich lieber von Alpha mit keinem Geschlecht, als von Gott, weil die Verwechslung mit dem christlichen Gott zu naheliegend ist.

WEISSMAHR: Für viele Menschen können heute naturwissenschaftliche Einsichten ein sicherer, ein guter Weg zu Gott sein. Nur ist es nicht der Naturwissenschaftler als solcher, der durch seine Errungenschaften für andere Menschen Hinweise auf Gott gibt, sondern es ist immer der deutende Mensch. Das rein naturwissenschaftliche Denken, da bin ich mit Herrn Kreil vollkommen einverstanden, führt nicht zu Gott, und zwar aus dem Grund, weil das naturwissenschaftliche Denken als solches die Fragen hinsichtlich des Ganzen nicht stellt, und von der Methode her gar nicht stellen darf, wenn man die Methode streng nimmt.

Bresch: Da muß ich widersprechen, wenn Sie sagen „führt nicht zu Gott". Es ist natürlich nicht so, daß ich damit direkt vor Gottes Thron komme, aber die ganzen Hinweise, „da guck mal, das beobachte mal", die bleiben, wenn ich Naturwissenschaft treibe. Das Schwierige ist, daß wir heute wieder so ein bißchen wie im Mittelalter sind: nämlich im Mittelalter wurde Latein gepredigt, und das arme Volk hat das alles nicht verstanden. Und jetzt sind wir auch in der Situation, daß diese Erkenntnisse ungeheuer viel Arbeit verlangen.

Weissmahr: Sie deuten als Mensch und Sie sehen darin einen Sinn. Dieses Sich-Wundern bedeutet, daß Sie sich die Frage der Bedeutung stellen. Und wo Bedeutung, wo Sinn ist, dort kommt so etwas wie eine personale Dimension hinein, auch wenn man es nicht ausdrücklich personal nennt.

Daecke: Ja, ist es wirklich der personale Gott? Ist es der christliche Gott? Der eben erwähnte englische Physiker Paul Davies macht da eine gute Unterscheidung. Er sagt, dieser naturwissenschaftliche Weg zu Gott, wenn der „große Plan" erkannt wird, führt nur zu einem „natürlichen Gott", nicht zum übernatürlichen Gott des christlichen Glaubens. Diese Unterscheidung von „natürlich" und „übernatürlich" ist zwar nicht so ganz befriedigend. Aber was er damit sagen will, das finde ich richtig. Er sagt, dieser natürliche Gott, das ist ein endlicher, ein vergänglicher Gott, der gemeinsam mit dem Universum an der Entropie erstickt.

Schiwy: Aber diese Auffassung ist dann ja Pantheismus. Da fällt Gott mit der Natur in eins, und wenn die Natur verschwindet, dann verschwindet Gott.

Was offenbart die Natur?

Daecke: Gott wird hier als bestimmendes Prinzip der Natur verstanden. Aber das Erstaunliche ist: dieser naturwissenschaftliche Vertreter einer natürlichen Theologie ist sich in diesem Punkte einig mit dem von Herrn Bresch erst erwähnten größten theologischen Kritiker der natürlichen Theologie, nämlich Karl Barth, der gesagt hat: Selbstverständlich offenbart die Natur etwas, aber sie offenbart eben nur weltliche Wahrheiten.

SCHIWY: Ja, aber das können Sie als Christ doch nicht ernst nehmen, selbst wenn Karl Barth das gesagt hat! Denn wir glauben doch an die Menschwerdung Gottes in diese Welt hinein, und Gott ist nicht vom Himmel gefallen. Er ist aus der Evolution gekommen, also muß doch etwas von diesem Gott auch in dieser Welt sein.

DAECKE: Das setzt aber den christlichen Glauben an die Menschwerdung Gottes in Jesus Christus voraus.

SCHIWY: Ja, wenn ich das weiß, kann ich mir das besser erklären, was ich erfahre und beobachte. Aber es muß auch beobachtbar und erfahrbar sein für einen, der nicht den christlichen Glauben hat. Deuten kann ich ihm das dann nachträglich. Diese beiden Dinge muß man auseinander halten.

DAECKE: Ja, aber woher weiß der, der in der Natur dieses wunderbare Geheimnisvolle entdeckt, daß das Gott ist? Das muß man doch schon vorher irgendwo erfahren, aus einer anderen Offenbarung.

BRESCH: Das ist das unergründliche Geheimnis! Wenn ich „Natur" sage, dann kann es alles das bedeuten, was ich im Gegensatz zum Geistigen anfassen kann, Planeten und Sonne und unsere Galaxie und so weiter. Wenn ich sage, die Natur hat diese oder jene Konzepte, kann es aber auch bedeuten, daß ich damit die Grundgesetze der Physik und des Universums meine, das Abstrakte und nicht das konkret Anfaßbare. Und dann ist es also durchaus ein unergründliches Geheimnis und kommt der Aussage von Karl Rahner näher.

DAECKE: Mit welchem Recht nennen Sie dieses Unpersönliche, das ja viele Naturwissenschaftler erkennen, „Gott"? Wenn Heisenberg etwa von der zentralen Weltordnung spricht, oder Portmann, ähnlich wie Sie, vom Geheimnis der Welt – mit welchem Recht nennen Sie das „Gott"?

BRESCH: Ich nenne es ja auch gar nicht „Gott", sondern bloß im Gespräch mit Ihnen, damit wir uns besser verständigen. Ich habe es eben ja auch schon korrigiert und betont, daß ich es eigentlich lieber „Alpha" nenne, um es ganz abstrakt zu machen und vom christlichen Gott abzuheben.

SCHIWY: Da taucht ja auch der Begriff „Offenbarung" auf, nicht?

Bresch: Auch nur wegen der sprachlichen Verständigung, weil es doch tatsächlich eine Begegnung mit Alpha ist, wenn ich vor all diesen ungeheuren, faszinierenden Wundern stehe. Aber wichtig ist mir die Tatsache, daß es über das Christentum hinaus eine Möglichkeit gäbe, religiöse Gespräche auch mit anderen zu führen. Wenn man an den Fanatismus im Islam denkt, den wir jetzt gerade erleben, wäre es, glaube ich, ungeheuer wichtig, daß wir eine theologische Grundlage finden, auch auf religiöser Basis mit dem Islam zu sprechen.

Weissmahr: Richtig, dem stimme ich voll und ganz zu. Aber warum insistieren Sie, Herr Daecke, so auf diese Frage? Woher weiß der Naturwissenschaftler, daß das jetzt Gott ist? Genügt es nicht, daß Herr Bresch zu etwas Letztem gekommen ist, zu etwas, was tatsächlich etwas nicht Überbietbares ist, etwas Absolutes, etwas, das Sinn gibt, etwas, das Bedeutung hat, etwas, das sich als Prinzip der Freiheit manifestiert?

Daecke: Natürlich, Herr Weissmahr, das genügt für den Naturwissenschaftler, und das genügt für den Philosophen. Aber ich als Theologe möchte eben wissen, ob wir von demselben reden, wenn wir hier von „Gott“ und „Offenbarung“ sprechen?

Bresch: Kardinal König hat einmal in einem „Humanismus-Gespräch“ gesagt, es gibt nur *eine* Wahrheit. Und den Gott, den man durch die christliche Verkündung erfährt, der kann nicht im Widerspruch stehen zu dem, was man aus naturwissenschaftlichem Denken ermittelt.

Verantwortung für die Evolution

Schiwy: Ich glaube, wir sind im tiefsten doch darüber einig. Jetzt komme ich zum letzten Thema unseres Gespräches: wie geht es weiter mit der Natur? Die Evolution hat uns so weit gebracht, daß wir jetzt, wie Teilhard sagt, die Spitze sind – ich meine, für das, was wir überschauen können. Wir wissen heute, daß wir durch den Treibhauseffekt und die Zerstörung der Ozonschicht wahrscheinlich das Leben auf dieser Erde auslöschen können. Das heißt, dieser Zweig der Evolution ist dann am Ende. Ich frage, was müssen wir jetzt eigentlich *tun?* Folgt aus all dem, was wir hier zusammen überlegt haben, nicht wenigstens die *eine* Offenbarung, daß wir jetzt Verantwortung für diese Natur übernehmen müssen, für diese Evolution? Und damit auch Verantwortung für Gott, der sich mit dieser Evolution eingelassen hat? Die Offenbarung, daß wir jetzt Verantwortung für die Evolution haben, die sollten wir doch ernst nehmen? Was können wir tun? Was kann der Naturwissenschaftler heute tun?

Bresch: Mein spezielles Interesse richtet sich auf den Schutz der Menschenaffen, von dem ich vorhin gesprochen habe. Man muß sich ein kleines Ziel setzen, das ist schon riesig genug.

Schiwy: Aber sehen Sie die Menschenaffen in einem größeren Zusammenhang? Es geht doch nicht nur um die Menschenaffen, um die Tierliebe?

Bresch: Nein, vor allen Dingen geht es um die Betrachtung der Evolution, weil die Menschenaffen unsere nächsten Verwandten sind und der Mensch sowieso schon immer zur Überheblichkeit neigt. Ich fürchte, der Mensch würde noch überheblicher, wenn die Menschenaffen nicht mehr da wären und man sie nicht mehr bewundern könnte.

Schiwy: Herr Weissmahr, warum gibt es noch keine Enzyklika des Papstes über das Verhältnis des Christen oder des Menschen zur Natur und über die Aufgabe, die wir heute alle haben, mit allen Kräften die Natur zu retten?

Weissmahr: Ich meine, daß die Evolution letztlich überhaupt nicht kaputt zu kriegen ist. Und zwar deshalb, weil ich mit Teilhard feststellen möchte: Evolution hat etwas hervorgebracht, nämlich uns Menschen, die in der Perspektive der Ewigkeit leben. Der Tod ist hominisiert. Und das heißt schlicht und einfach, die Evolution hat ein Wesen hervorgebracht, nämlich den Menschen, das der Ewigkeit fähig ist. Und dadurch ist es so, daß – wie auch immer wir auf diese Erde aufpassen – es irgendwann hier auf der Erde nicht mehr möglich sein wird, als Mensch zu leben.

Schiwy: Herr Daecke, kann es der Wille Gottes sein, daß wir jetzt das Ende dieser Erde herbeiführen, den Jüngsten Tag?

Daecke: Im Gegenteil. Es geht darum, daß wir ebenso wie der Schöpfer handeln, das heißt also die Schöpfung bewahren. Die Gotteserkenntnis aus der Natur, über die wir heute hier gesprochen haben, ist ja – eben weil es sich um Erkenntnis des Gottes handelt, der ein Tätiger, ein Handelnder ist – nichts Theoretisches, Abstraktes, sie ist nicht nur eine Frage der Erkenntnistheorie, also etwas Noetisches, sondern diese Gotteserkenntnis aus der Natur ist etwas Ethisches. Es geht bei dieser natürlichen Gotteserkenntnis um unser *Handeln*. Weil wir in unserer Zeit durch die Naturwissenschaft vieles erkennen können, was nach der Auffassung früherer Generationen Gott vorbehalten war, haben wir heute eine ungeheure Macht. Stephen Hawking hat ja in seinem Buch „Eine kurze Geschichte der

Zeit" geschrieben: Wenn wir die Fragen, deren Antwort er sucht, beantworten könnten, dann würden wir Gottes Plan erkennen, dann wüßten wir soviel wie Gott. Am erschreckendsten ist es etwa in der Gentechnologie, wo der Mensch wirklich die Schöpfung verändern kann. Er kann Mitschöpfer werden, er kann, wenn er Gottes Plan kennt, Mitplaner Gottes werden, und das kann sowohl gut sein als auch verheerende Folgen haben. Die Erkennbarkeit Gottes in der Natur ist von evangelischen Theologen und besonders auch von Luther nicht bestritten worden. Es war nicht so, daß man der Vernunft nichts zugetraut hätte – im Gegenteil, man traute der Vernunft eben alles zu, auch alles Schreckliche, auch daß sie diesen Plan Gottes total pervertieren und, wie auch immer, die Schöpfung zerstören kann. Das steht heute in der Macht des Menschen, und darum kommt es besonders darauf an, daß der Mensch den Plan des Schöpfers erkennt und versucht, ein *Mit*schöpfer, *Mit*planer mit Gott zu werden – aber nicht einer, der sich selber an Gottes Stelle setzt. Daß sie das täte, das war es, was besonders Luther von der Vernunft befürchtet hat.

SCHIWY: Vielen Dank. Und nun Ihr Beitrag, Herr Kreil, zum Thema „Zukunft unserer Verantwortung"?

KREIL: Ich kann da nur mit Trivialitäten aufwarten. Schon aus egoistischen Gründen müssen wir versuchen, die Natur auf diesem Planeten einigermaßen intakt zu halten, und das wird letztlich nur möglich sein, wenn es dem Menschen mit seiner Intelligenz auch möglich ist, das Bevölkerungswachstum unter Kontrolle zu bekommen. Wenn wir das nicht schaffen, dann ist das Ende irgendwo absehbar. Und in dieser Frage bekommen wir leider von den Kirchen sehr wenig Hilfe.

SCHIWY: Wir sind am Ende dieses sehr interessanten Gespräches. Wir haben uns gestritten, aber wir sind uns wohl in dem einen einig: Die Evolution ist etwas Faszinierendes. Sie hat ihre grausamen Seiten, das macht sie geheimnisvoll und manchmal erschreckend, aber sie hat auch ihre großartigen Seiten, das macht sie anziehend. Wir sind gemeinsam so weit gekommen, daß wir uns für diese Natur, die in Evolution, in Entwicklung begriffen ist, stark machen wollen. Und sollten wir dabei das Glück haben, daß wir uns dann gleichzeitig für Gott stark machen, um so besser. Albert Schweitzer hat sein Leben lang nach einer Formel gesucht, die es allen Religionen, allen Menschen guten Willens erlaubt, zusammen ein Werk anzugehen, nämlich die Rettung der Menschheit und die Rettung der Natur. Und die Formel war: Ehrfurcht vor dem Leben.

Die Autoren des Bandes

Helmut *Riedlinger,* Katholisch-Theologische Fakultät der Universität Freiburg i. Br., em. o. Professor für Dogmatik und Geschichte der Theologie des Mittelalters.

Herbert *Gahmig,* Diplom-Chemiker in Ludwigshafen am Rhein.

Carsten *Bresch,* Fakultät für Biologie der Universität Freiburg i. Br., em. o. Professor für Genetik.

Béla *Weissmahr SJ,* Berchmanskolleg München, Professor für Metaphysik und Philosophische Gotteslehre.

Günther *Schiwy,* Publizist und Verlagslektor, München.

Viggo *Mortensen,* Institut für Ethik und Religionsphilosophie der Universität Aarhus, Dänemark, Professor für Ethik.

Sigurd Martin *Daecke,* Philosophische Fakultät der Rheinisch-Westfälischen Technischen Hochschule Aachen, Universitäts-Professor für Systematische Theologie.

QUAESTIONES DISPUTATAE

113 Tiefenpsychologische Deutung des Glaubens? Anfragen an E. Drewermann
H. Bürkle, E. Dassmann, F. Furger, A. Görres, W. Kasper, R. Schnackenburg, J. Splett, J. Sudbrack 3. Auflage. ISBN 3-451-02113-7

114 Jürgen Moltmann, Was ist heute Theologie? 104 Seiten. ISBN 3-451-02114-5

115 Vorsehung und Handeln Gottes
G. Bachl, H. Häring, F.-L. Hossfeld, H. Jorissen, Th. Schneider (Hg.), R. Schulte, R. Studer, L. Ullrich (Hg.), J. Wanke, L. Weimer 208 Seiten. ISBN 3-451-02115-3

116 Erzählter Glaube – erzählende Kirche
E. Arens, G. Fuchs, O. Fuchs, K. Müller, B. Sill, H. P. Siller, A. Stock, L. Wachinger, E. Zeller, R. Zerfaß (Hg.) 208 Seiten. ISBN 3-451-02116-1

117 Schriftauslegung im Widerstreit
R. Brown, W. Lazareth, G. Lindbeck, J. Ratzinger (Hg.)
128 Seiten. ISBN 3-451-02117-8

118 Ars moriendi. Erwägungen zur Kunst des Sterbens
H.-M. Barth, H. Ebeling, W. Falk, T. Kruse, Th. Maas-Ewerd, J. Manser, H. Rolfes, H. Wagner (Hg.), H. R. Zielinski 200 Seiten. ISBN 3-451-02118-8

119 Gerhard Ludwig Müller, Was heißt: Geboren von der Jungfrau Maria?
Eine theologische Deutung 124 Seiten. ISBN 3-451-02119-6

120 Eheschließung – mehr als ein rechtlich Ding?
H. Becker, T. Berger, A. Jilek, A. Kallis, M. Kunzler, A. Müller, R. Puza, K. Richter (Hg.), F. Schulz, H. J. Vogt, H. Vorgrimler 184 Seiten. ISBN 3-451-02120-X

121 Mann und Frau – Grundproblem theologischer Anthropologie
E. Gössmann, K. Lehmann, D. Mieth, H. Pissarek-Hudelist, I. Riedel-Spangenberger, T. Schneider (Hg.), H. Schüngel-Straumann 224 Seiten. ISBN 3-451-02121-8

122 Gottesdienst – Weg zur Einheit. Impulse für die Ökumene
W. Bühlmann, B. Bürki, K. Ch. Felmy, A. Hänggi, J. Halkenhäuser, A. Häussling, K. Schlemmer (Hg.), H.-Ch. Schmidt-Lauber, E. Ch. Suttner
144 Seiten. ISBN 3-451-02122-6

123 Der Umgang mit den Toten. Tod und Bestattung in der christlichen Gemeinde
M. Ausel, D. Emeis, J. Gaedke, A. Kallis, A.-Th. Khoury, K. Löning, F. Merkel, K. Richter (Hg.), P. Schladoth, W. Schweidtmann, H. Vorgrimler, R. Waltermann, E. Zenger 200 Seiten. ISBN 3-451-02123-4

124 Versöhnung in der jüdischen und christlichen Liturgie
D. Ellenson, H. Hainz (Hg.), K. Kienzler (Hg.), J. Magonet, H. Merklein, J.J. Petuchowski (Hg.), K. Richter, Sh. Safari, M. A. Singer, C. Thoma
232 Seiten. ISBN 3-451-02124-2

126 Metaphorik und Mythos im Neuen Testament
U. Busse, O. Fuchs, H. Giesen, K. Kertelge (Hg.), J. Kremer, O. Schwankl, Th. Söding, M. Theobald, P. Trummer 304 Seiten. ISBN 3-451-02126-9

127 Die größere Hoffnung der Christen. Eschatologische Vorstellungen im Wandel
W. Berg, A. Gerhards (Hg.), M. Kehl, H. Kramer, G. Lange, G. B. Langemeyer, H. J. Pottmeyer, A. Sand, R. Schaeffler 184 Seiten. ISBN 3-451-02127-7

128 Glauben durch Lesen? Für eine christliche Lesekultur
R. Lettmann, P. Deselaers, F. Furger, A. Kallis, K. Kertelge, A. Th. Khoury (Hg.), H. Lichtenberger, L. Muth (Hg.), K. Richter, H. Vorgrimler
152 Seiten. ISBN 3-451-02128-5

Herder Freiburg · Basel · Wien